LA MÉTHODE OKR
OBJECTIVES & KEY RESULTS : LE GUIDE PRATIQUE

LE MANAGEMENT
EN PRATIQUE

Elie CASAMITJANA
Juuso HÄMÄLÄINEN
Henri SORA

LA MÉTHODE OKR

OBJECTIVES & KEY RESULTS : LE GUIDE PRATIQUE

deboeck SUPÉRIEUR

Pour toute information sur notre fonds et les nouveautés dans votre domaine de spécialisation, consultez notre site web : **www.deboecksuperieur.com**

Dépôt légal :
Bibliothèque Nationale, Paris : février 2022
Bibliothèque royale de Belgique, Bruxelles : 2022/13647/018

ISSN 1773-0274
ISBN 978-2-8073-3693-3

Sommaire

Avant-propos

Chez Google, on affirme que la méthode OKR a permis de multiplier par dix les objectifs initialement fixés.

Chez Intel, il est dit que la stratégie de l'entreprise est une vraie réussite précisément grâce au modèle OKR.

De plus en plus de conseils d'administration et d'équipes dirigeantes ne jurent que par ce modèle de management ; parce qu'il permet :

- de lier la vision stratégique à des objectifs et des actions concrètes ;
- d'aligner les équipes sur les priorités à court et moyen terme ;
- d'accélérer le rythme d'exécution tout en permettant d'ajuster rapidement la direction lorsque cela est nécessaire.

Ce livre est né de notre enthousiasme d'avoir découvert et appris une méthode de gestion stratégique qui marche sur la durée. Une méthode flexible et efficace qui apporte dynamisme, efficacité et agilité. Une méthode qui met le collectif au centre et qui favorise la transparence et la collaboration. Enfin, une méthode qui ramène du sens dans le quotidien des personnes et qui les embarque dans le projet d'entreprise. Nous l'avons observée, utilisée et mise en place à de nombreuses occasions et les résultats nous ont stupéfiés. À tel point qu'à notre tour, nous avons envie de vous la transmettre.

Ce chemin ne fut pourtant pas de tout repos. Chacun d'entre nous a découvert OKR dans des contextes où de nombreux obstacles se dressaient devant celles et ceux qui voulaient mettre en œuvre des stratégies ambitieuses.

Nombre de ces obstacles ont trait à la capacité du collectif à collaborer efficacement et grèvent fortement les résultats des équipes dirigeantes du monde entier : manque d'alignement, manque de focus, faible engagement des équipes, défaut de visibilité, etc. Ils sont d'autant plus impactants que les équipes travaillent à distance.

Ainsi, après avoir nous-mêmes expérimenté un certain nombre de méthodes, nous avons finalement trouvé un remède efficace : la méthode OKR (*Objectives and Key Results*) – Objectifs et Résultats Clés.

Les OKRs offrent un cadre clair pour définir des objectifs et, avec eux, la stratégie d'entreprise devient un défi collectif inspirant.

Cette méthode nous a permis d'accélérer le changement dans nos organisations, de renforcer une culture de l'apprentissage permanent et d'accroître le sens des responsabilités et la motivation de nos équipes.

Notre conclusion est que les OKRs constituent l'outil le plus efficace pour accélérer l'exécution stratégique, c'est-à-dire pour permettre aux collectifs d'intégrer l'implantation de leur stratégie à l'activité courante de l'entreprise sans perdre le cap et en minimisant les perturbations. Des bénéfices que nous avons tous les trois pu expérimenter à de multiples reprises :

Passionné d'OKR, Henri a ainsi implanté la méthode dans toutes les entreprises dont il était membre du conseil d'administration.

Juuso a lui mis au point un logiciel de gestion de stratégie où la méthode OKR joue un rôle essentiel et il continue de conseiller les entreprises dans leur transformation, avec elle.

De mon côté, je me suis vite rendu compte du potentiel de cette technique après l'avoir mise en place dans de multiples organisations. La méthode OKR est devenue un des outils clés que je propose aux leaders qui veulent mettre en œuvre des stratégies ambitieuses par le biais du collectif.

Autant dire que lorsqu'Henri et Juuso m'ont contacté avec l'envie d'écrire un livre sur le sujet et de le proposer au lectorat francophone, cela m'a semblé une excellente idée.

Nous ne sommes bien sûr pas les premiers à avoir été emballés par cette méthode :

- Dans le livre de John Doerr, *Mesurez ce qui compte*, vous trouverez ainsi des tas d'histoires inspirantes sur les superpouvoirs du modèle. Une mine d'exemples…
- Sur Internet, vous trouverez de nombreuses instructions dessus, parfois contradictoires. Il existe aussi des solutions logicielles pour vous aider (mais sans la théorie et l'expérience concrète, il peut être un peu difficile de se lancer) et vous pouvez écouter des débats, lire des retours d'expériences d'équipes dirigeantes.
- La France n'est pas en reste avec le développement d'un écosystème dédié, notamment par le biais de l'OKR Forum, initiative portée par le groupe Sthree, OKRmentors, Talenco et Zest.

Ce que nous voulons vous offrir avec ce livre, c'est une feuille de route claire, qui va droit au but et vous aide à répondre aux questions immédiates de : « et maintenant, je fais comment ? », « *en pratique*, comment ça se passe ? ». Pour des changements hyperconcrets, pragmatiques, efficaces rapidement.

Après tout, s'il y a bien une chose que nous aurons apprise avec la méthode OKR, c'est que la seule façon d'obtenir des résultats, c'est de s'y mettre !

Désireux de vous offrir un panorama le plus complet et le plus riche possible, nous avons aussi recueilli les témoignages de leaders d'entreprises qui utilisent la méthode. Vous pourrez ainsi lire des retours d'expérience de Google, Société Générale, Natixis, Worldline, Simplebo, et d'autres encore.

Elles sont globales ou locales, industrielles ou digitales, en télétravail ou en présentiel. Nous nous réjouissons aujourd'hui de vous présenter le fruit de ce travail collectif que nous destinons aux membres des conseils d'administration, à des PDG, à des équipes dirigeantes, aux responsables du changement, aux champions et championnes en interne, ainsi qu'à toute personne qui envisage d'utiliser les OKRs ou qui cherche à soutenir un processus de transformation en cours.

À cet égard, nous avons opté pour une écriture où le neutre est favorisé lorsque c'est possible.

Que vous vouliez vous informer ou vous lancer, allez-y, nous sommes avez vous !

Et nous espérons que les OKRs vous permettront de faire de votre vision une réalité, et de profiter du voyage de l'un vers l'autre !

Remerciements

L'idée de ce livre est venue à la suite d'un forum international sur l'exécution stratégique, l'OKR Forum International. Juuso, Henri et moi y étions tous les trois intervenus comme conférenciers. Lors de cet événement, nous avons pris conscience des écarts d'adoption de la méthode en fonction des pays. La méthode OKR est un vecteur de compétitivité fort pour les écosystèmes qui l'utilisent et nous voulions en faire profiter nos régions respectives. Juuso et Henri avaient déjà mis en route un guide OKR en finnois. La machine était donc lancée et servait de bonne base à partir de laquelle nous pouvions développer l'édition francophone.

Si « La Méthode OKR – Le Guide Pratique » existe, c'est largement grâce à Dominique De Raedt, Elisa Heikura, Katleena Kortesuo, Jussi Haaja, Taina Parviainen et Janne Jääskeläinen. Pour leurs commentaires, leurs conversations et leurs idées, un grand merci à Florian Stenström, François Gilson, Alexandre Bonetti, Maeva Manantsara, Lamia Moussaoui, Paul De Fombelle, Alberto Libretti, Magaly Fréon, Kevin Duchier, Lucie Verlinden, Ia Adlercreutz, Margareta Fellman-Hämäläinen, Heidi Hyysalo, Hanna Kivelä, Eeva Lennon, Sini Kolehmainen, Mirell Põllumäe, Yacine Samb, Janne Ala-Äijälä, Joonatan Henriksson, Sami Hero, Timo Herttua, Jüri Kaljundi, Antti Kirjavainen, Julius Kuutti, Matti Lamminsalo, Timo Lappi, Ismo Salminen, Vesa Silfver, Richard Snaith, Ari Tanninen, Teemu Tiilikainen et, Viljami Väisänen, Elina Palovuori et Hilla von Essen. Merci aussi à Jean-Yves Katelan pour sa traduction et sa fine relecture. Et merci aussi à toutes celles et ceux que nous avons oubliés.

Henri tient à remercier personnellement sa famille : Elina, Suvi, Seela et Sulo. « Il semble que j'ai encore eu une idée de projet chronophage. Merci de l'avoir soutenu et de m'avoir encouragé tout du long. Un mot à mes enfants : quand l'école est terminée, il faut continuer à apprendre. Les notes et les professeurs sont juste différents. Je crois que ce livre en est un exemple. J'aimerais aussi remercier toutes les personnes qui travaillent chez Ambientia, Aucor et Labrox. Ces expériences ont beaucoup d'importance pour moi. »

Juuso tient à remercier personnellement les nombreuses personnes qui ont soutenu cette entreprise et qui ont exercé une forte influence sur ses réflexions, ce livre, sa manière de diriger et sa vie en général. Elles sont trop nombreuses pour être toutes citées, mais en voici tout de même quelques-unes. « Vous savez qui vous êtes et pourquoi. Sheryl Wong, Lauri Siljamäki, Petri Viima, Jaakko Kankaanpää, Ingela Walhelm, Timo Vaajoensuu, Jari Still, Sameer Saigal, Lauri Asikainen, Jarkko Rantanen, les collaborateurs et collaboratrices de F-Secure au fil des ans et l'équipe de Tangible Growth. Outre ces personnes, je voudrais remercier les nombreux managers et clients qui nous ont accompagnés sur cette voie et qui ont osé mettre en place les OKRs dans leur organisation. »

Elie remercie personnellement toutes les personnes qui ont contribué de près de ou loin à l'élaboration de ce livre par le biais de témoignages, de mises en contact et d'échanges sur les moyens de mobiliser le collectif dans un monde du travail en constante évolution. « Je pense notamment à Ludovic Houri, Saskia Courcelles, Mathieu Libessart, Mathilde Leroy, Helena Brandist, François Sarramagnan, Louis Sorlat, Gabriel de Montessus, Marie Sautelet, Tristan Pelloux, Lydie Federgrün, Michel et Lola Casamitjana. Je dédie cet ouvrage à Rose-Marie et Joseph Casamitjana ainsi qu'à Colette et Maurice Moyal, passionnés de collectif et de savoir. »

Contenu de l'ouvrage

Ce livre comporte sept chapitres.

Le premier décrit les bénéfices des OKRs. Il s'adresse à celles et ceux qui se demandent si ce modèle sert vraiment à quelque chose.

➡ **Si vous cherchez des arguments pour soutenir votre intérêt naissant, commencez par-là !**

Les chapitres 2 et 3 passent en revue les éléments essentiels des OKRs. Le chapitre 2 **décrit en détail** ce qu'ils sont ; le chapitre 3 explique **comment** les planifier et les suivre.

➡ **Si vous avez besoin de mieux comprendre en quoi consistent précisément les OKRs, ils vous seront très utiles.**

Les chapitres 4 et 5 se focalisent sur l'implantation du modèle. Le chapitre 4 donne un aperçu des différentes étapes de mise en œuvre ; le chapitre 5 aborde la question de la conduite du changement et de la communication.

➡ **Si vous connaissez déjà bien le modèle OKR et que vous avez un projet de mise en place, vous pouvez démarrer ici, chapitre 4.**

Le chapitre 6 veut vous aider à **déjouer les pièges**, c'est-à-dire les problèmes qui font généralement stopper ou échouer la mise en place du modèle OKR.

➡ **Si vous avez connu une défaite lors d'une première tentative ou que la situation actuelle semble compliquée, c'est le bon endroit pour trouver des explications et des ressources.**

Le chapitre 7 s'intéresse à ce qui se passe **après la mise en œuvre du modèle OKR** et vous montre jusqu'où la méthode peut s'étendre sur le plan opérationnel.

➡ **S'il vous semble intimidant lors d'un premier abord, laissez de côté ce chapitre pour l'instant, pour vous concentrer sur la dynamique de lancement.**

Vous y viendrez quand vous aurez besoin d'explorer les extensions possibles d'une transformation réussie.

Chaque partie du livre est agrémentée d'études de cas et de témoignages d'expertes et d'experts ainsi que de dirigeantes et dirigeants de petites et grandes entreprises. Ils et elles vous partagent leurs expériences et différents éclairages sur les façons de mettre en place la méthode OKR.

La méthode OKR. Guide pratique se veut complet, et pratique donc. Notre objectif a été d'y inclure tout ce que nous aurions aimé savoir lorsque nous nous sommes lancés avec les OKRs, et tout ce que nous utilisons aujourd'hui avec les organisations que nous accompagnons. Au fur et à mesure du livre, nous faisons aussi des renvois vers des ressources que nous avons préparées pour vous aider à vous (re)lancer avec cette méthode. Vous pourrez vous les procurer sur le site web du livre www.lamethodeokr.fr.

Ce livre emploie les termes « modèle OKR » ou « méthode OKR » ainsi que « les OKRs ». « OKR » signifie donc Objectifs et Résultats Clés (*Objectives and Key Results*). Lorsque nous nous référons à la théorie, nous parlons du *modèle OKR ou de la méthode OKR*, et quand nous faisons référence à des éléments concrets de l'entreprise, nous dirons *les OKRs*.

Sauf mention contraire, les illustrations de ce livre ont été créées par les auteurs, à l'exception notable d'une image que vous retrouverez tout au long du livre, créée par Ari Tanninen que nous remercions encore de nous l'avoir gracieusement prêtée.

Chapitre 1. Introduction
Comment les OKRs concrétisent une stratégie d'entreprise

Le modèle OKR (objectifs et résultats clés) gère les objectifs d'une organisation. L'histoire de ce modèle, c'est l'histoire de Google, puisque c'est la réussite de Google, grâce à ce modèle, qui l'a mieux fait connaître. Ces dernières années, le modèle OKR s'est largement répandu et a été un sujet de discussions dans de nombreuses conférences à travers le monde.

Le modèle OKR est notamment utilisé chez Atlassian, Slack, Facebook, Twitter, Netflix, Amazon, Deloitte, SAP, Microsoft et Panasonic. En France, Deezer, Renault, Décathlon, Société Générale, Worldline, Natixis sont quelques exemples d'organisations qui ont opté pour l'utilisation des OKRs. Dans ce livre, nous partagerons les retours d'expériences très riches de plusieurs d'entre elles.

Il est aussi en phase de test dans bon nombre d'autres entreprises avec réussite ou pas. Mais tout le monde ne s'ouvre pas sur ses tentatives. Très peu réussissent immédiatement, et les échecs sont rarement rendus publics. Il arrive aussi, tout simplement, qu'une tentative de déploiement du modèle OKR échoue. L'objet de ce livre, c'est de vous indiquer les écueils à éviter sur le chemin de la réussite et aussi de vous aider face aux difficultés qu'on rencontre dans la gestion du changement.

Pour les entreprises qui ont réussi à mettre la méthode OKR en place, elles sont unanimes : elles considèrent tous les bénéfices apportés comme des avantages concurrentiels. Lorsqu'il est mis en œuvre avec succès, le modèle OKR tient ses promesses : mise en place d'une stratégie d'entreprise, agilité de l'organisation, apprentissage permanent, motivation accrue. Dans ce chapitre, nous allons détailler les sept bénéfices principaux tirés de l'utilisation du modèle OKR.

Les avantages concurrentiels du modèle OKR

1. Clarification et concentration au sein l'organisation.
2. Alignement de l'organisation.
3. Incitation à un apprentissage permanent.
4. Hausse de la transparence et du sens des responsabilités.
5. Atteinte des résultats plus rapide.
6. Vue d'ensemble en temps réel donnée à la direction.
7. Augmentation de la motivation du personnel

Figure n° 1 : Le modèle OKR améliore l'efficacité d'une organisation

1.1. COMMENT LES OKRs ALIGNENT L'ENSEMBLE D'UNE ORGANISATION

Les équipes dirigeantes du monde entier sont confrontées au même problème : traduire leur stratégie d'entreprise, nouvelle et audacieuse, en actions concrètes et en résultats visibles. Souvent, la façon de fixer les objectifs manque de cohérence, ils ne sont pas régulièrement mesurés et les objectifs des différents domaines d'une même organisation ne sont pas suffisamment harmonisés pour que tout le navire avance dans la même direction.

Dans le modèle OKR, la façon de fixer les objectifs est transparente. Chaque échelon d'une organisation connaît les objectifs de tous les autres et peut aligner les siens en conséquence, pour aller dans le sens de la stratégie générale. Mais le plus important, ce sont les débats, très ouverts, sur les objectifs. Les objectifs du management découlent directement de la stratégie d'entreprise. Ils sont communiqués à l'ensemble de l'organisation. Les équipes définissent ensuite leurs propres objectifs, en s'appuyant sur ceux de la direction.

Ces discussions permettent aussi d'harmoniser et de modifier les objectifs du management. Bien souvent, la justification essentielle d'un objectif peut venir d'ailleurs que du conseil d'administration ou de la direction. Quand l'ensemble de l'organisation est impliqué dans une discussion objective, c'est tout le savoir, et tout le savoir-faire de l'organisation, qui peut être utilisé.

Avec un dialogue permanent sur la stratégie, l'état du marché, le contexte économique et les objectifs, on peut corriger la trajectoire d'une entreprise à tout instant. On repère aussi avec facilité les pans de l'organisation qui s'écartent de la stratégie générale. Les OKRs rendent les choses visibles et permettent de réagir rapidement.

1.2. COMMENT LES OKRs CLARIFIENT CE QUI EST IMPORTANT

Il n'est pas rare qu'une organisation ait une douzaine de projets de changement simultanément en cours. L'excitation prend le dessus et chacun se lance dans des tâches. Et aussi vite, elles sont oubliées ou abandonnées. Ce mode de fonctionnement est inefficace et frustrant, car l'abandon d'un projet peut être douloureux ; alors que mener une tâche à terme peut être très motivant.

Pour une entreprise, il peut être difficile d'instaurer un nouveau modèle de management quand tout le monde est déjà débordé, mais c'est précisément dans cette situation que le modèle OKR est particulièrement utile. Il concentre les attentions sur ce qui est important.

Selon les principes de la philosophie *lean*[1] , on s'est rendu compte que la mesure de l'efficacité n'était pas le taux de consommation des ressources mais le temps mis à exécuter une tâche. Même si toute l'organisation est débordée en permanence, si les projets ne sont pas menés à terme, on ne peut pas dire qu'elle soit efficace. Le nombre de projets en cours est moins important que le nombre de projets qu'on mène à bien.

Le modèle OKR est un bon outil pour lutter contre ce problème. Il réduit la quantité de travail en cours et indique la direction suivie par l'ensemble de l'organisation. Il aide le personnel à établir des priorités et à refuser les changements soudains. Les tâches non essentielles sont remises à plus tard ; avant cela, on va atteindre les objectifs identifiés comme importants pour le trimestre en cours.

Les OKRs éliminent également les situations où les personnes clés croulent sous des demandes anarchiques qui viennent de partout. Avec le modèle OKR, seuls les objectifs sur lesquels on s'est mis d'accord sont importants ; les autres sont mis de côté en attendant.

1.3. COMMENT LES OKRs ENCOURAGENT L'APPRENTISSAGE PERMANENT

Même si ça peut paraître une éternité quand on le planifie, un trimestre fiscal, c'est court. Sans compter qu'un événement inattendu peut toujours se produire en cours de trimestre.

Le modèle OKR observe les progrès effectués de façon hebdomadaire, mensuelle et trimestrielle, de manière que les données importantes sur les questions clés soient suivies et bien visibles. Qu'est-ce qui empêche la réalisation d'un projet ? Qu'est-ce qui retarde l'atteinte d'un objectif ? Quelles sont les compétences qui font défaut ? Quels sont les moyens qui manquent ? Qu'a-t-on mal évalué ?

Les rétrospectives sur les périodes précédentes révèlent une bonne part des faiblesses de l'organisation et des processus. Le modèle OKR ne désigne pas de coupables, pas plus qu'il n'évalue les performances individuelles. Il vise plutôt à

1 Le *lean manufacturing* est fondé sur le principe de « faire plus avec moins ».

améliorer en permanence les méthodes de fonctionnement communes et à mettre en lumière les éventuelles mauvaises habitudes. Le modèle OKR est un outil de développement communautaire.

Il montre également à l'ensemble des individus où il possible de s'améliorer en termes de leadership, de développement et d'apprentissage. Quand l'activité ne progresse plus, c'est toute l'équipe qui est invitée à trouver le problème et quelle solution on peut lui apporter ensemble. Par ailleurs, le niveau d'ambition des OKRs permet aux gens de se fixer des objectifs difficiles qu'ils n'oseraient pas viser normalement.

1.4. COMMENT LES OKRs FAVORISENT TRANSPARENCE ET SENS DES RESPONSABILITÉS

Le modèle OKR est basé sur la transparence. Les objectifs sont visibles dans toute l'organisation et l'ensemble de ses membres a accès aux objectifs des autres, ce qui permet de voir l'incidence de son travail personnel sur le collectif et sur les objectifs de l'organisation en général. Dans cet environnement, les équipes et les individus sont davantage susceptibles d'agir en phase avec les objectifs des équipes qui les entourent et de l'organisation dans son ensemble.

Comme les objectifs et les progressions sont connus de tous, le sens des responsabilités augmente au sein de l'organisation. Pour les individus, les équipes et la direction, plus de faux-semblants derrière lesquels se cacher pour expliquer au bout d'un an pourquoi les objectifs n'ont pas été atteints comme prévu.

Il est important de souligner ici que les OKRs ne sont pas un outil de harcèlement et de micro-management. Au contraire, ils relancent régulièrement le débat sur les objectifs et les obstacles qu'on rencontre, de façon à pouvoir réagir rapidement. On a le choix entre demander pourquoi quelque chose n'a pas été fait ou quels sont les freins à un progrès. Derrière la première question, il y a la recherche d'un coupable et la honte qui y est associée ; la seconde s'intéresse aux causes profondes et engendre un comportement responsable.

1.5. COMMENT LES OKRs PERMETTENT D'OBTENIR DES RÉSULTATS PLUS RAPIDEMENT

Le dernier avantage concurrentiel du modèle OKR – et peut-être le plus important –, c'est la vitesse. Trois facteurs y contribuent : un, le modèle OKR permet de réagir de manière agile, les progrès étant mesurés chaque semaine ; deux, les choses sont faites plus vite, la quantité de travail en cours étant réduite et les ressources efficacement concentrées sur ce qui doit être réalisé à ce moment précis ; trois, le modèle OKR fixe des objectifs très ambitieux qui incitent l'organisation à se dépasser.

On pourrait croire que ces objectifs ambitieux visent à tirer davantage parti du personnel, mais ce n'est pas le cas. Ils ne font qu'inviter les individus à aller au-delà de ce que permet le niveau actuel des connaissances. Il vaut mieux viser haut et échouer que viser bas et réussir à chaque fois.

Les objectifs difficiles motivent, les grands objectifs inspirent et les résultats parlent d'eux-mêmes. Les organisations qui ne jurent que par le modèle OKR ont constaté qu'en poursuivant des objectifs plus élevés, les gens osent des choses qu'ils n'auraient pas essayées sans cela. Toutefois, ce n'est possible que dans un environnement rassurant, où l'échec est permis. Il ne faut pas non plus que les objectifs soient liés à des primes financières. L'argent n'est pas le seul moyen de motiver les gens à poursuivre de grands objectifs.

Étude de cas : pour Google, la valeur du modèle OKR tient à la rapidité des changements

Initialement inventé chez Intel, le lieu qui a fait du modèle OKR une référence, c'est Google. C'est aujourd'hui une organisation qui a plus de 20 ans et emploie plus d'une centaine de milliers de personnes. La vitesse et l'agilité sont rarement citées comme les atouts des grandes multinationales. Mais Google a démontré qu'elle pouvait changer rapidement de direction, en modifiant ses objectifs de façon souple mais contrôlée.

François Gilson, Directeur Brand Marketing chez Google EMEA, explique que la vitesse et la dynamique apportées par les OKRs sont très importantes. Dans le modèle OKR, la clé, c'est l'équilibre : quels sont les objectifs à long terme, qu'est-ce qui est entrepris en ce moment, et comment sait-on si on progresse ? Chaque membre du personnel a besoin de savoir et de comprendre ce qui est important et comment la réussite est mesurée sur le moment, pas au trimestre suivant.

Chez Google, le processus OKR est relancé chaque trimestre. En pratique, l'entreprise effectue tout le processus sur quelques semaines. Ainsi, les objectifs à l'échelon EMEA (Europe, Moyen-Orient, Asie) sont transmis très rapidement à l'échelon du pays, de l'équipe et des individus dans toutes les unités, et il s'agit d'une procédure standard.

On ne fait pas traîner les choses. C'est ce qui génère cette rapidité de changement, souhaitée et nécessaire. Par exemple, la transition entre l'approche centrée sur le téléphone portable et celle centrée sur l'intelligence artificielle et le *machine learning* s'est faite très rapidement grâce au modèle OKR. Du coup, en 2016, toutes les équipes produits et ingénierie ont changé de priorité en seulement quelques trimestres.

En dehors du modèle OKR, Google n'a pas d'autre outil majeur de management. Les performances des individus sont évaluées indépendamment du modèle OKR, lors d'entretiens d'évaluation traditionnels. L'activité courante est mesurée par des indicateurs KPI et des objectifs commerciaux. Le modèle OKR a été mis en place au tout début de la « success story » Google, alors que la société ne comptait encore qu'une centaine de personnes. Et, au dire des fondateurs, la méthode OKR a été un catalyseur de leur succès.

1.6. COMMENT LES OKRs PERMETTENT AU CONSEIL D'ADMINISTRATION ET À LA DIRECTION DE SUIVRE L'ÉVOLUTION D'UNE STRATÉGIE

Le comité de direction a besoin de savoir si sa stratégie est réellement mise en œuvre ou pas. Pour cela, le modèle OKR est un excellent outil. Il permet au management de savoir si la stratégie est bien déployée dans toute l'organisation, et par chaque équipe.

En examinant les objectifs d'une équipe, on voit très facilement et très rapidement si la stratégie a non seulement été comprise mais aussi établie sur le plan pratique. Les objectifs étant révisés chaque semaine, le comité de direction et le management savent en permanence à quelle vitesse on se rapproche des objectifs clés.

Lorsque l'ensemble d'une organisation connaît la priorité du moment, elle se concentre sur ce qui compte pour l'atteindre. Tous les projets de changement qui ne font pas partie de cette stratégie et qui ne dépendent pas du modèle OKR sont rejetés d'emblée, ou doivent être débattus et justifiés avant même de pouvoir être envisagés.

En contrepartie, cela engage aussi le management. On ne peut pas changer de cap à chaque réunion du comité ou chaque fois que la direction a une inspiration. L'enthousiasme et les idées sont essentiels, mais ils ne font sens que s'ils sont portés par une mise en œuvre sur le long terme. Le rythme trimestriel de réalisation des OKRs permet de répartir la charge de travail et d'apporter de la cohérence.

Cela aide également les individus à rester motivés et concentrés. Si les objectifs, les projets en cours et les priorités peuvent changer inopinément, au fil de l'eau, cela n'incitera pas les individus à fournir un effort pour les atteindre. Si un individu se rend compte que le travail important d'aujourd'hui ne sera pas aussi important demain, il va commencer à s'interroger sur la réelle nécessité de ses efforts.

1.7. COMMENT LE FAIT DE TROUVER UN SENS À SON TRAVAIL MOTIVE

Les bénéfices du modèle OKR apparaissent clairement dans le fait que le modèle est fondamentalement lié au sens de son travail. Ces dernières années, sous l'impulsion de Simon Sinek, Daniel Pink, Patrick Lencioni et bien d'autres, le sens du travail est devenu un sujet de débat.

Dans ses livres *Le Jeu infini* et *Commencer par pourquoi*, Simon Sinek souligne combien il est important pour quelqu'un de comprendre pourquoi son travail doit être fait. Le modèle OKR apporte de la transparence et fait le lien entre la stratégie de l'entreprise et le travail quotidien ; chaque collègue comprend alors comment son travail affecte et aide les autres. C'est important pour la motivation. Dans *La vérité sur ce qui nous motive*, Daniel Pink écrit que le sens est l'un des trois facteurs qui motivent les individus.

Les avantages du modèle OKR apparaissent également dans les livres de Patrick Lencioni, *The Three Signs of a Miserable Job* (Les trois signes d'un job affreux) et *Les cinq dysfonctionnements d'une équipe*. Le premier explique qu'on est malheureux dans son travail si on s'y sent invisible et insignifiant. Avec le modèle OKR, toutes les équipes deviennent visibles et la relation entre leur travail et les objectifs stratégiques est rendue concrète. C'est très important dans la vie professionnelle d'aujourd'hui.

Dans *Les cinq dysfonctionnements d'une équipe,* il explique d'autre part qu'une des faiblesses d'une équipe, c'est le manque de sens des responsabilités. Pour qu'une équipe endosse la responsabilité de ce qu'elle fait, il est indispensable que ses membres sachent ce que l'on attend d'eux. Avec le modèle OKR, les équipes et les individus peuvent discuter régulièrement de leurs objectifs et de la manière dont ils s'inscrivent dans la stratégie de l'organisation.

1.8. RÉSUMÉ ET ÉTAPE SUIVANTE

Dans ce chapitre, nous avons examiné les bénéfices d'une implantation réussie du modèle OKR. De nombreuses entreprises rêvent d'une organisation qui réussit à mettre en œuvre une stratégie, qui apprend de ce qu'elle fait et qui, tout simplement, fait des choses jusqu'au bout. Voilà le plus grand atout du modèle OKR. Ce modèle et ce livre sont destinés à celles et ceux qui veulent opérer un changement concret.

Ce caractère concret, c'est la clé de tout le modèle. Au lieu de réfléchir et d'élaborer des stratégies, les OKRs sont mis à la disposition de chaque individu et connectés au travail quotidien. Les choses sont débattues, testées, on en tire des enseignements, et en fonction de ces enseignements, on les change. Bien sûr, il est important de comprendre le fonctionnement du modèle pour pouvoir en tirer profit dans la pratique. C'est dans ce sens que certains fondamentaux théoriques ont été établis.

Chapitre 2. La méthode OKR

De façon simpliste, le modèle OKR tient en deux parties : l'objectif, qui indique le but vers lequel on se dirige, et les résultats clés, qui indiquent si le voyage avance comme prévu. Toutefois, il ne s'agit pas d'un modèle standard et il n'existe pas de règlement officiel. Internet regorge de façons d'implanter le modèle, qui diffèrent toutes légèrement. C'est à la fois une bonne et une mauvaise chose.

La diversité des sources est mauvaise car elle peut facilement dérouter un novice. La jungle de la terminologie et de ses nuances forme comme des sables mouvants : plus on s'accroche, plus on s'enfonce. Quiconque s'intéresse aux OKRs va bientôt souhaiter que quelqu'un vienne lui asséner une vérité bien tranchée.

Malheureusement, il n'existe pas de vérité unique. Ce que nous avons tiré de nos expériences, c'est que la mise en place du modèle OKR peut très mal tourner si on essaie de l'imposer en force, sans souplesse. Beaucoup de gens, surtout au départ, préféreraient des règles claires et sans ambiguïté, pour soulager l'impression de chaos et d'incertitude. Mais dans la pratique, beaucoup de choses dépendent de la situation de l'entreprise à cet instant, et il est bon d'en avoir conscience.

Pour réussir la mise en place du modèle OKR, deux éléments nous semblent nécessaires :

Premièrement, la personne qui initie le processus doit avoir une idée suffisamment claire du modèle et de son fonctionnement. Nous présentons ici nos conclusions empiriques et nos généralisations comme des certitudes, pour transmettre un message clair et sécurisant.

Deuxièmement, la personne qui lance le modèle OKR doit avoir le courage d'adapter cette idée à son organisation – ça veut dire en brisant les règles que nous présentons dans ce chapitre. C'est pourquoi les chapitres 3 et 4 parlent des différentes versions et des différentes phases de mise en œuvre. Ce chapitre traite de questions qui dépendent plus de la situation de l'entreprise que d'autre chose. Avant de nous plonger dans la théorie du modèle OKR, voici d'abord un bref historique en guise d'introduction.

2.1. UNE BRÈVE HISTOIRE DES OKRs

Les OKRs ne sont pas une invention particulièrement récente. On considère qu'ils remontent au début des années 1950. À l'origine, on appelait ça le « MBO », le management par objectifs, développé et popularisé par Peter Drucker. Andy Grove, troisième employé d'Intel, le fabricant de semi-conducteurs dans les années 70, et qui en deviendra le PDG, s'est également inspiré de ce modèle.

A. Grove a introduit et développé le modèle MBO chez Intel. Le management par objectifs est devenu « Objectifs et résultats clés », donnant naissance au modèle OKR. Pour en savoir plus sur le mandat d'Andy Grove chez Intel et sur le développement du modèle OKR, reportez-vous à son livre *Le Management multiplicateur*.

En 1974, John Doerr a rejoint Intel ; c'est là qu'il a appris à manier le modèle OKR. J. Doerr allait devenir un des premiers à investir dans Google ; il en a été très tôt le conseiller. Il a transféré sa connaissance des OKRs d'Intel à Google, où les fondateurs, Larry Page et Sergey Brin, les ont mis en place. Chez Google, on estime que le modèle OKR a décuplé la croissance de l'entreprise par rapport à ce qu'elle aurait été sinon. Pour en savoir plus à ce sujet, lisez le livre de J. Doerr, *Mesurez ce qui compte*.

Depuis, le modèle OKR a été mis en œuvre par bien d'autres entreprises de la Silicon Valley qui ont réussi, comme Twitter ou Netflix. Le modèle a été popularisé dans le monde entier, mais sa diffusion en dehors du secteur des technologies de l'information a été lente, même si elle s'accélère désormais nettement. En France aussi, beaucoup ont adopté ce modèle ; il est désormais bien présent dans les modes de gouvernance, au même titre que le développement agile et le *lean thinking* – la gestion économe.

2.2. LES OBJECTIFS

Un objectif, c'est ce qu'il y a de plus important dans la gestion du changement, puisque, sans objectif bien défini, le changement n'a pas d'objet. Toutes les organisations ont des objectifs qui varient dans le temps. Ils sont consignés dans les documents qui définissent la vision à long terme de l'entreprise, dans le cadre d'une stratégie plus ou moins détaillée.

Les objectifs stratégiques d'une entreprise constituent la base des objectifs du modèle OKR. Quand une entreprise sait dans quelle direction elle veut aller, des OKRs peuvent être définies comme cibles à atteindre. Une entreprise ne pouvant concentrer ses efforts que sur un nombre limité de changements à la fois, il faut décider par quoi il est le plus important de commencer. Dans la réalisation d'un plan à long terme, on doit toujours savoir quelle est la prochaine étape.

Ces objectifs doivent montrer la voie et être sources d'inspiration. Un objectif motivant incite les gens à œuvrer vers un avenir commun. Il donne plus de sens à leur travail. En outre, il est bon qu'il soit défini en termes clairs et compréhensibles, qui finiront par faire partie du vocabulaire de l'entreprise.

Une bonne façon de vérifier la clarté d'un objectif, c'est de voir si les membres du personnel le mémorisent facilement. Pas la peine de l'apprendre par cœur, mais ils doivent être capables de l'expliquer avec leurs propres mots. Un deuxième test consiste à savoir si les individus comprennent comment leurs fonctions contribuent ou pourraient contribuer à atteindre cet objectif. Du coup, un bon objectif est motivant et expose clairement ce que l'organisation en attend. Ce sont des objectifs comme :

- Notre entreprise va continuer à croître, mais en étant plus rentable que jamais.
- Nous allons devenir leader du marché américain.
- C'est génial de travailler ici.
- Nous lançons un tout nouveau produit pour les PME.
- Nos clients nous adorent.

2.2.1. Durée de vie d'un objectif

Le but est d'opérer un changement, petit ou grand, par rapport à la situation actuelle. Le cycle de vie d'un objectif dépend du temps nécessaire pour l'atteindre. Au plus court, c'est un cycle d'un trimestre, mais dans la plupart des cas, c'est plus long.

Un objectif est généralement fixé après que la stratégie a été définie et change une fois qu'il a été atteint, c'est-à-dire lorsque le changement souhaité a eu lieu. Bien entendu, on peut aussi le modifier s'il ne correspond plus à la stratégie. Mais sauf catastrophe, on ne le change pas avant le début du trimestre suivant, de façon que l'organisation puisse compter sur une certaine permanence dans ses objectifs.

Un objectif change aussitôt qu'il est atteint. Une fois l'objectif atteint, le changement s'intègre au fonctionnement courant, sans plus demander d'attention particulière.

Par exemple, viser « un lieu de travail génial » peut recouvrir des actions très diverses. Déménager dans de nouveaux locaux se fait en une fois. Même chose quand on change de couverture santé. Mais mettre en place la possibilité de faire des propositions d'initiatives par le personnel nécessite l'intégration de nouvelles procédures dans le fonctionnement courant. Cela peut prendre plus d'un trimestre ; le même objectif peut donc – et c'est souvent le cas – être conservé sur plusieurs trimestres.

2.2.2. Pas plus de cinq objectifs à la fois

Dans le modèle OKR, on ne doit pas dépasser cinq objectifs à la fois. Si l'on peut déroger à d'autres règles, il vaut généralement mieux respecter celle-là. Un des principaux problèmes des organisations, c'est qu'il y a trop de travail et trop de projets en cours. Quand une organisation ne se focalise sur rien, elle ne va au bout de rien non plus.

Manager plusieurs missions en même temps, c'est-à-dire chapeauter et échanger en permanence sur une multiplicité de projets, génère une déperdition importante. Le mode multitâche ralentit les choses, il rend le travail chaotique et fragmenté. Si vous n'en avez pas déjà fait l'expérience, le schéma suivant permet de mieux comprendre le problème :

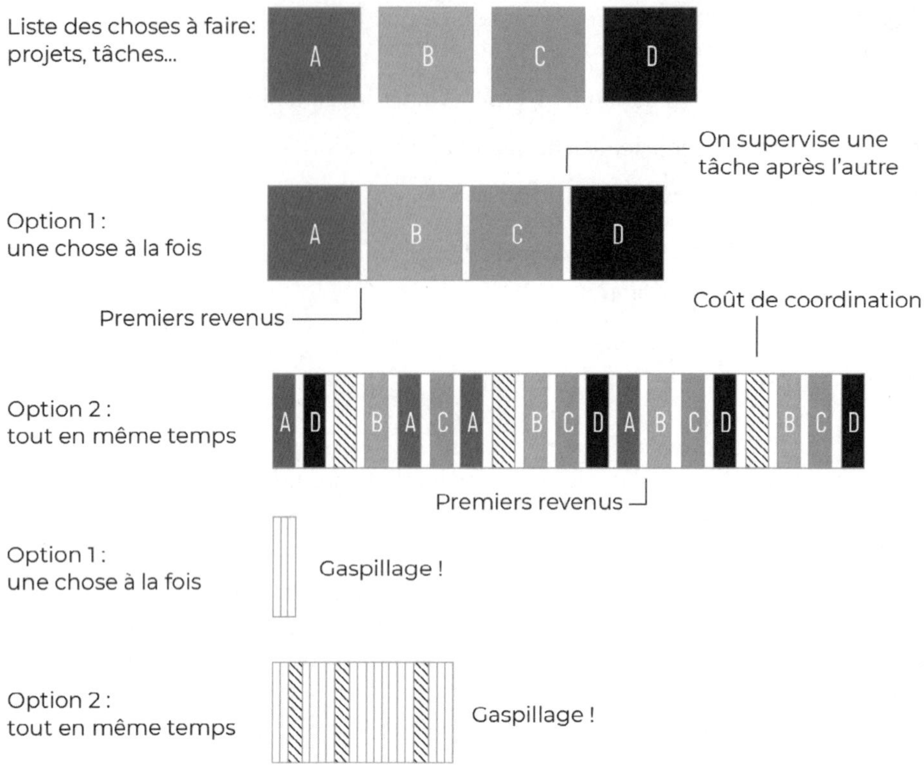

Figure n° 2 : Le coût de plusieurs projets qui se chevauchent

Une entreprise ne pouvant avoir, selon le modèle OKR, plus de cinq objectifs à la fois, il faut faire des choix. Lorsque ces choix diminuent la charge de travail, on peut finir ce qu'on a à faire. Parallèlement, le fait de diminuer la charge de travail réduit également le nombre de choses à suivre, on est moins distrait, tout est plus clair.

On n'est pas obligé d'avoir cinq objectifs. S'il est possible de n'en avoir que deux, faites-le. Il vaut bien mieux constater en cours de trimestre que les objectifs ont déjà été atteints et qu'il faut en fixer de nouveaux, que de découvrir en fin de trimestre que rien n'est terminé et qu'on n'a fait aucun progrès.

Les objectifs OKR, comme toujours dans les projets de changement en entreprise, s'ajoutent au travail « normal ». Comme le travail doit être fait, que les clients doivent être servis et les factures envoyées, il faut se montrer réaliste quant au nombre de choses qu'on peut espérer changer en même temps.

2.2.3. Les objectifs visent des résultats ; ils sont pertinents et transparents

Nombreux sont les modèles de management qui se focalisent sur le respect des délais ou la finalisation de tâches prédéfinies. Lors de la phase de planification, il est encore trop fréquent qu'on définisse précisément ce qui doit être fait, puis que l'organisation se mette à exécuter ces tâches consciencieusement, en rendant compte de leur avancement. Le modèle OKR propose une approche différente. Les objectifs servent à déterminer les résultats qu'on veut obtenir. Les OKRs laissent l'organisation libre de définir sa façon d'atteindre l'objectif souhaité. C'est elle qui décide des mesures concrètes pour l'atteindre. Ainsi, les objectifs ne décrivent pas la façon de faire les choses, mais à quoi ressemble un bon résultat.

Modèles traditionnels :

- Sommes-nous dans les temps ?
- Quel est l'état d'avancement des tâches ?

Mentalité OKR :

- résultat clé = gagner cinq nouvelles entreprises clientes d'ici la fin du deuxième trimestre ;
- résultat clé = améliorer le temps de chargement d'une seconde d'ici la fin juillet.

Centrés sur les résultats, les objectifs doivent aussi être reliés au travail de chacun. Un objectif auquel une équipe ne peut pas participer ou sur lequel elle ne peut influer est un objectif inutile. C'est pourquoi chaque équipe fixe ses propres objectifs.

La direction définit les objectifs majeurs, avant que chaque niveau et chaque équipe de l'organisation ne recherchent comment son travail peut peser. Il est fréquent qu'une équipe ne participe pas à la réalisation de tous les objectifs. De nombreuses équipes ont aussi leurs propres priorités, définies au niveau de l'équipe.

Pour qu'une équipe puisse définir ses objectifs par rapport à ceux de l'organisation, les objectifs de la direction, comme tous ceux de l'organisation, doivent être publics. La méthode OKR est un mode de management transparent, reposant sur le principe que tous les objectifs et résultats clés sont publics au sein de l'organisation – sans exception.

Par conséquent, chaque collègue peut examiner les objectifs de l'ensemble des individus pour être au courant de ce que les autres sont en train de faire à tout moment et quelles sont les priorités de chaque équipe. C'est ce qui permet d'harmoniser ses propres objectifs, pour qu'ils aillent dans le même sens que ceux des collègues. En outre, cela permet à la fois de les aider et de les stimuler, deux facteurs indispensables à la croissance et au développement.

Bien entendu, il ne faut rien faire d'illégal. Par exemple, si la publication d'un objectif particulier enfreint la loi sur l'entente entre les entreprises ou sur le délit d'initié, il faut y renoncer. Mais une fois révisé et publié, il devient un objectif OKR comme un autre.

Dernier point : le fait de rendre ses objectifs publics dans le cadre du modèle OKR est également une bonne chose pour la direction, dont le rôle est souvent obscur et difficile à lire par le reste de l'organisation. En rendant les objectifs visibles par tous, les OKRs permettent aux individus de savoir à quoi les membres de la direction passent leur temps – pas seulement à jouer au golf pendant que les autres triment. Rendre les objectifs visibles par l'ensemble des collègues renforce la confiance au sein de l'organisation.

2.2.4. Les objectifs peuvent viser la lune ou l'étage du dessus

Certains objectifs OKR sont très ambitieux pour que les équipes n'hésitent pas à aller au-delà de ce dont elles se sentent capables au départ. Des objectifs très ambitieux permettent aux équipes d'atteindre des objectifs plus élevés ou plus vite que prévu.

Il existe de nombreux types d'objectifs ambitieux. Certains sont réalisables mais demandent de sortir de sa zone de confort. C'est ce qu'on appelle « viser l'étage du dessus » (*roofshot*). Et puis, il y a les objectifs qu'on n'atteindra peut-être jamais complètement. C'est ce qu'on appelle « viser la lune » (*moonshot*).

La mission de Google est « d'organiser l'information à l'échelle mondiale ». C'est un objectif et une source de motivation, tellement ambitieux qu'il ne sera peut-être jamais réalisé. Mais il sert efficacement de guide à toutes les opérations, en incitant à voir plus grand et de manière plus créative.

L'exemple le plus célèbre de *moonshot*, c'est le discours de John F. Kennedy : « Nous avons choisi d'aller sur la Lune ». L'objectif a finalement été atteint, même si au début il paraissait presque impossible.

Cette façon de « viser la lune » distingue le modèle OKR des méthodes de management précédentes, où on se focalisait sur le fait d'atteindre les objectifs exactement et à 100 %. Dans le modèle OKR, on peut, et on doit, voir beaucoup plus grand. Quand une équipe vise la lune, elle se met à repenser ses méthodes de travail, à remettre en question les méthodologies courantes et à avoir les conversations difficiles qu'elle évitait jusqu'à présent. Quand l'objectif c'est la lune, l'équipe se demande jusqu'où elle est capable d'aller. C'est à la fois fort et responsabilisant.

Il ne faut cependant pas négliger ces cibles un peu moins ambitieuses que sont les *roofshots*. Ces objectifs peuvent être atteints en quelques trimestres et ne demandent qu'une quantité de travail limitée. Mais les *roofshots* peuvent aussi faire sortir de sa zone de confort et inciter les équipes à se dépasser.

2.2.5. Les objectifs ne sont pas liés à des récompenses, ni à des sanctions

Pour mettre en pratique les objectifs ambitieux que nous venons d'évoquer, il faut respecter deux principes :

1 Si les objectifs ne sont pas atteints, il n'y aura pas de sanction.

2 Si les objectifs sont atteints, il n'y aura pas de récompenses financières.

Toute punition ou toute sanction économique potentielle suscite la peur, et cette menace pousse les gens à se fixer des objectifs le plus bas possible. De plus, on se met à privilégier la réalisation de ses propres objectifs, au détriment de l'ensemble de l'équipe ou de l'organisation.

La crainte de ne pas atteindre ses objectifs, c'est la ruine des objectifs ambitieux. Aucune personne sensée ne va tenter l'impossible si ça risque d'entraîner quelque chose de désagréable. Une grande partie des problèmes liés aux objectifs tient à la peur de l'échec. Les organisations lient les primes, les promotions ou les évaluations à des objectifs, ce qui conduit à ces jeux budgétaires qu'on connaît bien. Beaucoup négocient les objectifs aussi bas que possible pour être sûrs de les dépasser. Quand leur santé financière n'est pas liée aux objectifs, les individus osent tenter des choses. Et quand l'échec est permis voire, dans une certaine mesure, encouragé, alors on ose se lancer vers ce qui est quasi impossible. Nous aborderons de façon plus détaillée la question de la rémunération dans la section *7.4 Récompenses et OKR*.

2.2.6. Les objectifs sont fixés au niveau de l'équipe

La règle générale, c'est que les OKRs sont principalement fixés au niveau de l'équipe. Il existe quelques exceptions, mais étudions d'abord la règle et ses raisons d'être. Un objectif d'équipe, ça veut dire que chaque équipe étudie les objectifs fixés par la direction et en tire une déclinaison qui relève de son champ d'action. De plus, l'équipe peut voir les objectifs des équipes avec lesquelles elle travaille et peut ainsi aligner ses objectifs avec les leurs.

Une équipe possède des objectifs communs que tous les membres de l'équipe essaient d'atteindre ensemble. Ensemble, une équipe peut obtenir de bien meilleurs résultats qu'un individu isolé. Les équipes sont toujours composées d'individus avec des points de vue différents. Avoir un objectif commun permet à chaque individu d'y contribuer selon son point de vue.

Lorsque chaque personne a ses propres objectifs, il se peut qu'elle se focalise sur la réalisation de ses objectifs personnels. On rencontre également des individus qui tentent de sous-optimiser leurs propres objectifs, parfois même au détriment des objectifs de l'équipe ou de l'organisation. Ce phénomène est abordé par Patrick Lencioni dans son livre *Les cinq dysfonctionnements d'une équipe*.

Lorsqu'une équipe vise des objectifs communs, ses membres cherchent à s'entraider. Ensemble, on peut changer, non seulement ses propres méthodes, mais aussi celles de toute l'équipe. Si un élément de l'objectif prend du retard, le reste de l'équipe peut venir prêter main-forte. C'est pour cette raison que l'équipe dirigeante de Spotify a déclaré publiquement qu'il n'y avait pas d'OKRs personnels dans leur organisation.

Il y a des exceptions. Dans une organisation, il peut y avoir une équipe qui ne compte qu'une seule personne, même si le mot équipe désigne généralement un groupe. Dans ce cas, une personne peut être responsable d'un objectif. C'est un cas parfaitement acceptable où on peut fixer un objectif individuel plutôt qu'un objectif d'équipe.

Les individus peuvent également avoir leurs propres objectifs, qui peuvent être liés aux OKRs ou bien il peut s'agir d'objectifs d'apprentissage personnel. Il est bien sûr important que ces objectifs d'apprentissage s'alignent sur les OKRs plus généraux de l'organisation. La question de savoir si on peut se retrouver avec des objectifs individuels au sein d'une équipe dépend des circonstances. Mais la règle générale reste que les OKRs sont fixés au niveau de l'équipe.

2.2.7. Les objectifs peuvent être sombres

Parfois, il faut opérer des changements difficiles ou pénibles. Le management a tendance à la fois à dissimuler et à imposer les changements pénibles. Quand il s'agit de réduire les coûts, par exemple, ou bien d'arrêter un produit ou un service.

Dans ces cas-là, le management prend les rênes, décide et communique à l'organisation le nouveau plan d'action. Mais le modèle OKR invite à adopter une autre approche. Il est plus facile d'accepter un changement pénible ou terrifiant, quand on peut soi-même influer dessus.

L'organisation recèle une grande expertise, elle a beaucoup d'idées et de créativité pour atteindre des objectifs qui semblent sombres. Lorsque le management annonce que l'organisation est sous pression et doit réduire ses coûts de 5 %, cela peut devenir un objectif OKR. Ensuite, à tous les niveaux et dans toutes les équipes, on réfléchit aux façons d'atteindre cet objectif. Si pour certains la solution réside dans des réductions de personnel, d'autres peuvent proposer de limiter les déplacements ou de faire des réunions à distance.

Lorsqu'une équipe trouve des moyens de réduire les coûts, cela devient un objectif commun et non un ordre venu de la direction. Ce n'est plus un avantage perdu, mais un moyen choisi ensemble pour maintenir le navire à flot. Le modèle OKR encourage la discussion et la transparence, même dans les moments difficiles. Mais au bout du compte, la responsabilité des décisions difficiles revient toujours à la direction. Si l'objectif de réduction des coûts doit être mis en œuvre rapidement, c'est le management qui s'en charge. S'il s'agit d'une décision stratégique majeure, comme abandonner un territoire ou arrêter une production, il ne s'agit pas d'un objectif OKR. C'est une décision managériale.

2.2.8. Les objectifs sont qualitatifs, pas quantitatifs

Sur les objectifs, nous savons maintenant les choses suivantes :

- Un objectif doit être motivant, clair et préciser le résultat souhaité.
- Le cycle de vie d'un objectif est d'un ou plusieurs trimestres.
- Il ne peut y avoir plus de cinq objectifs.
- Les objectifs orientent l'activité quotidienne de l'équipe.
- Les objectifs doivent être transparents et publics.
- Les objectifs doivent être ambitieux ; ils peuvent viser l'étage du dessus ou la lune.
- Les objectifs ne sont pas liés à une rémunération et l'échec n'est pas puni.
- Les objectifs sont fixés principalement au niveau de l'équipe.
- Un objectif sombre peut quand même être un bon objectif.

Nous en arrivons enfin au dernier principe des objectifs : les objectifs sont qualitatifs. La plupart du temps, on recommande que les objectifs soient spécifiques, mesurables, réalisables, réalistes, limités dans le temps, et que même les grands objectifs soient traduits en chiffres. Mais dans le modèle OKR, la règle est claire : un objectif est qualitatif, pas quantitatif. En revanche, le résultat clé, lui, est quantitatif et SMART, comme décrit dans la section 2.3.4 *Le résultat clé SMART*.

Un objectif est motivant et décrit ce qu'on en attend. Il se concentre sur la description de l'objectif et guide dans la bonne direction. L'expression précise et quantitative de l'objectif se retrouve dans les résultats clés. Là, l'objectif est décomposé en résultats qui font l'objet d'un suivi.

Normalement, un bon objectif va toujours de pair avec un calendrier de mise en œuvre. Par exemple, une entreprise peut décider « qu'il faut conquérir le marché américain d'ici la fin 2021 ». Dans le modèle OKR, le calendrier n'est pas directement associé à l'objectif parce qu'il dépend du cycle de réalisation. Nous examinerons ces cycles dans la section 3.1 *Rythme de planification et rythme d'exécution*.

2.3. RÉSULTATS CLÉS

Le résultat clé est le second concept le plus important du modèle OKR. Alors que les objectifs définissent le cap, les résultats clés servent à suivre de façon chiffrée la réalisation de l'objectif. Ainsi, le résultat clé est concret et chiffré.

Pour définir un résultat clé, il faut considérer tout ce qui doit être changé, réalisé ou terminé pour atteindre l'objectif souhaité. L'équipe décide en outre de quelle façon elle déterminera qu'elle a réussi. Pour finir, on attache un chiffre à atteindre au résultat clé.

Le résultat clé n'est pas un indicateur, même si c'est un chiffre. Un indicateur mesure une situation donnée. Alors que le résultat clé mesure une progression. Quand les résultats clés sont atteints, c'est qu'on s'est rapproché de la réalisation de l'objectif.

Les résultats clés peuvent être sources de motivation, mais plus important, ils doivent être compréhensibles. Comme ils guident l'activité quotidienne de l'organisation, ils doivent être compris par chaque individu sans ambiguïté.

Par exemple, si l'objectif est « c'est super de travailler ici », alors on peut avoir des résultats clés comme :

- Le résultat de l'enquête de satisfaction du personnel est d'au moins 8.
- Nous avons mis en place 20 suggestions du personnel.
- 20 % du personnel s'est inscrit à un programme de remise en forme.
- 100 % des équipements permettent un accès à distance.

2.3.1. Les résultats clés sont trimestriels

Même si on peut choisir une autre périodicité, le modèle OKR utilise surtout le rythme trimestriel. Nous l'avons, nous aussi, expérimenté comme une période adéquate : un mois, c'est souvent trop court pour avoir des résultats significatifs ; six mois, c'est trop long. Le monde peut beaucoup changer en six mois.

Cela fait du trimestre le rythme de réalisation approprié, qui permet d'atteindre des résultats clés en un seul cycle. En fonction du niveau d'ambition du résultat clé, on peut considérer que le résultat clé est atteint lorsque 70 % de l'objectif a été atteint.

Et qu'en est-il des résultats clés pour les objectifs annuels ? Il est possible de définir des résultats clés annuels pour l'équipe de management et qui feront dans ce cas l'objet d'un suivi dédié de l'équipe de direction. Mais il n'est pas nécessaire de fixer tous les résultats clés pour les objectifs annuels au cours du premier cycle de réalisation. Il suffit de définir ceux qui sont liés à ce qui peut être réalisé au cours de ce trimestre. Au changement de trimestre, on mesure les résultats clés et on en détermine de nouveaux pour la poursuite de l'objectif.

2.3.2. Pas plus de cinq résultats clés par objectif

Pas de raison de forcer sur les résultats clés. Pas plus de cinq pour un objectif. Le nombre recommandé est même plutôt autour de trois. Si une équipe a cinq objectifs et que chaque objectif compte trois résultats clés, cela fait déjà quinze éléments à suivre. C'est beaucoup alors que l'équipe doit aussi assurer le travail de tous les jours.

Nous recommandons d'instaurer des résultats clés avec modération, en particulier la première fois. Une bonne façon de faire, c'est de commencer par en fixer quelques-uns, de les atteindre complètement, peut-être même plus vite qu'en un trimestre, et, en fonction de l'expérience acquise, d'augmenter leur nombre lors du cycle suivant.

Les équipes ont tendance à vouloir atteindre tous les résultats clés en même temps. Si c'est le cas, le chapitre 5 est là pour éviter que le nombre de résultats clés ne devienne désastreux. Il est généralement plus facile de travailler beaucoup sur quelques points au cours du trimestre que de travailler un peu sur beaucoup de sujets. Plus une équipe installe de résultats clés en simultané, plus elle doit partager son attention et plus elle a de choses à suivre au cours de la période. En outre, atteindre un résultat clé oblige souvent à travailler sur un large éventail de problèmes et de tâches. Plus on a de résultats clés, plus il y a d'informations à traiter et de tâches à accomplir. Voilà pourquoi il vaut mieux un petit nombre de résultats clés.

2.3.3. Les résultats clés peuvent être difficiles à atteindre

Les résultats clés aussi peuvent être ambitieux. Le résultat clé « nous avons mis en œuvre les suggestions du personnel » est très différent si l'objectif compte 5 ou 50 suggestions. Seule l'expérience peut dire les résultats clés qui sont faciles et réalistes et ceux qui sont extrêmes, voire impossibles.

En matière de résultats clés, on distingue les « ambitions » des « engagements ».

Un résultat clé « ambition » oblige l'équipe à se dépasser. On peut même y voir un côté un peu agressif : on pousse l'équipe à modifier son état d'esprit et son comportement. À la fin du trimestre, on atteint généralement 70 à 100 % du résultat clé. L'équipe s'efforce de l'atteindre complètement, mais 70 %, c'est déjà une réussite, puisque le résultat clé était ambitieux.

Un résultat clé « engagement », c'est le contraire. Pas de dépassement ici. On est dans le réaliste, voire l'obligatoire. Quand on s'accorde sur un résultat clé et qu'on en fait un engagement, toute l'équipe s'engage à l'atteindre à 100 % d'ici la fin du trimestre.

Par exemple, une date de sortie, un grand événement ou un résultat financier sont souvent des résultats clés « engagements ». Ils ne sont pas flexibles et l'équipe doit en faire une priorité. En plus des résultats « engagements », il est bon de fixer quelques résultats ambitieux, pour que l'équipe cherche à atteindre quelque chose de plus élevé.

2.3.4. Le résultat clé SMART

Les critères SMART, largement répandus, permettent de bien définir un résultat clé. En transposant les critères SMART en langage OKR, le résultat clé est ainsi :

- Spécifique, ciblé sur une zone ou un objet précis ;
- Mesuré, défini par un chiffre ou, en tout cas, quantifié ;

- Assigné à une personne ou une équipe spécifique ;
- Réaliste et optimiste, ambitieux mais réalisable ;
- Temporalisé, il doit pouvoir être atteint pendant le cycle de réalisation.

Prenons le résultat clé « Nous avons mis en œuvre 50 suggestions du personnel » : il est très spécifique si les propositions sont recueillies dans un lieu précis et si chaque personne sait de quoi il s'agit ; il est mesuré puisque le résultat souhaité est la mise en œuvre de 50 propositions ; et il n'est considéré comme atteint que lorsque la personne qui a soumis la proposition juge que c'est fait.

Il est bon de désigner une personne ou une équipe responsable pour chaque résultat clé. Il n'est pas indispensable de l'indiquer dans la description du résultat clé, mais il y a généralement dans le logiciel OKR un champ pour le faire. Si vous utilisez Excel, il faut créer un champ séparé pour les personnes en charge. Nous examinons les systèmes existants dans la section 4.3 *Logiciels et systèmes OKR*.

Le résultat clé « 50 suggestions » est probablement un résultat ambitieux, à moins de ne retenir que les propositions les plus faciles. S'il y a 1 500 suggestions en attente, on peut sans doute en mettre en œuvre 50 en trois mois. Mais s'il faut d'abord recueillir les propositions, puis en discuter avant de les mettre en œuvre, trois mois, c'est sans doute trop court.

Le cycle de réalisation doit être assez long pour permettre d'atteindre le résultat clé. S'il s'agit d'un résultat fixé à un niveau très ambitieux, l'équipe peut être satisfaite s'il est atteint à plus de 70 %. Dans notre exemple, la mise en œuvre de 35 propositions serait une réussite.

Étude de cas : améliorer la satisfaction et le bien-être au travail en utilisant comme résultat clé l'indice « Employee Net Promoter Score »*

Dalenys est une filiale de Natixis Payments, du Groupe BPCE, spécialisée en moyens de paiement pour le e-commerce, les réseaux de franchisés et les marketplaces. Elle compte près de deux cents individus et possède des bureaux à Paris, à Porto et à Amsterdam. En 2021, elle avait pour objectif stratégique d'améliorer satisfaction et bien-être au travail. Cet objectif qualitatif – le bien-être au travail – devait être transcrit en résultats clés mesurables.

Parmi les résultats clés figurait le suivant : « Augmenter l' "Employee Net Promoter Score" de X vers Y ». Selon la définition de Qualtrics, l'« Employee Net Promoter Score » (eNPS) est un indicateur qui sert à mesurer la probabilité que les membres du personnel recommandent votre organisation comme lieu de travail. Un résultat clé répondant aux critères SMART. Il est spécifique, puisque l'indice est défini avec précision. X est la base et Y la cible à atteindre.

L'eNPS est récupéré via un outil d'enquête envoyé régulièrement aux membres du personnel. Le résultat obtenu est ajouté sur une feuille de calcul qui contient les contributions de toutes les équipes impliquées. Le ou la responsable du résultat clé consolide les contributions une fois par quinzaine avant le suivi OKR.

> Le cycle de réalisation pour tous les résultats clés de Dalenys est le trimestre. Au cours de cette période, le résultat clé sera mis à jour six fois, de manière à suivre l'évolution des changements.
>
> Le bien-être des individus étant considéré par Dalenys comme important, l'indice eNPS est avant tout un objectif OKR. Mais c'est aussi un KPI qui sert à piloter la santé des activités de l'organisation (la différence entre OKR et KPI est expliquée en section 2.6). Pour parvenir au résultat escompté, plusieurs initiatives ont été lancées : formation, nouveaux espaces de collaboration, boîte à idées, OKR, etc. De même, les procédures d'intégration et d'orientation de nouvelles recrues ont été renforcées pour que l'« expérience employé » soit optimisée dès le départ.

2.3.5. Les résultats clés ne sont pas des résultats oui/non

Pour déterminer l'indicateur de performance clé, il ne faut pas que le résultat clé soit unique. Il ne faut pas qu'on puisse l'atteindre en une seule période. S'il peut être atteint très vite, c'est qu'il est trop secondaire ou trop modeste. En outre, le résultat clé ne doit pas être un choix oui/non, comme quelque chose qui se produit ou pas. Il faut plutôt que ce soit un chiffre mesurant l'évolution de l'atteinte des résultats.

La progression vers le montant chiffré du résultat clé doit être suivie tout au long du cycle de réalisation – on doit s'en rapprocher progressivement, au fil du temps et des efforts fournis. Il faut normalement effectuer plusieurs tâches pour l'atteindre. Pour en savoir plus sur les différences entre un résultat clé et une tâche, voir la section 2.4.

Il existe des exceptions. Le résultat clé peut prendre une forme oui/non dans le cas, par exemple, où « Le bureau a déménagé dans de nouveaux locaux » ou « La couverture santé des salariés a fait l'objet d'un nouvel appel d'offres ». Théoriquement, ce sont des résultats oui/non. En pratique, ce sont des résultats importants pour la réalisation de l'objectif et ils nécessitent qu'on leur alloue beaucoup de moyens et de temps. Du coup, ils ne correspondent pas à une tâche isolée, mais à un ensemble de tâches. Dans ce cas, la solution consiste à chiffrer le résultat clé par un niveau de réalisation exprimé par un ratio : « Le déménagement du bureau a été effectué à 100 % ». Ce niveau de progression est l'objet de la section qui suit.

2.3.6. Une progression peut constituer un résultat clé

Souvent, pour atteindre un objectif, il faut d'abord achever d'autres projets, parfois importants. Ainsi, la « conquête du marché américain » peut passer par de nombreux petits projets préalables, comme :

- publier un site web américain ;
- mettre à jour des catalogues de produits pour le marché américain ;
- ouvrir un nouveau bureau en Amérique.

Il s'agit de résultats clés, mais il n'est pas facile de les chiffrer précisément. On peut les transcrire dans un format numérique de façon que les étapes de progression soient prédéfinies sous forme de ratios. Ainsi, l'évaluation des progrès n'a pas besoin d'être effectuée en plein milieu du projet sur la base d'estimations ou d'impressions. Si l'objectif n'est pas clairement défini, il est difficile de dire en plein projet où on en est. Mais avec un plan d'avancement approximatif, il est plus facile d'évaluer la situation objectivement.

Prenons l'exemple du résultat clé « Publier un site web américain ». L'idéal serait de mesurer le trafic sur cette page ou le nombre de clients obtenus grâce au site. Mais avant cela, il faut le mettre en ligne et cela demande du temps et du travail difficile à mesurer selon les critères SMART. Par exemple, la traduction d'un site web dans une nouvelle langue peut être transcrite par le ratio d'avancement suivant :

20 % – les contenus ont été réunis et livrés au prestataire de traduction.

50 % – La version traduite est finalisée et prête à être enrichie.

70 % – Insertion du contenu, des métadonnées et des images.

90 % – Les pages sont relues et testées.

100 % – Le site est mis en ligne.

Il est essentiel pour le résultat clé que la granularité sélectionnée permette de suivre la progression vers l'objectif et justifie l'inscription de ce suivi dans les cibles OKR. Dans le cas présent, il est judicieux d'utiliser le ratio de progression pour suivre le résultat clé.

2.3.7. La confiance peut être un résultat clé

Lorsqu'il s'agit de développer l'excellence opérationnelle d'une organisation, on se retrouve parfois face à de lourds antécédents de frictions et de méfiance entre les services. On peut remédier à ce problème en améliorant les contributions individuelles, ce qui contribuera à améliorer la confiance et la coopération entre les services. Il est toutefois souvent utile pour les équipes dirigeantes de savoir si la coopération, la communication et la confiance entre les services vont en s'améliorant.

Ce sont des choses difficiles à mesurer. Mais on peut contourner le problème avec un score de confiance, c'est-à-dire une estimation subjective du degré de dépendance d'une équipe, d'un service ou d'une unité vis-à-vis d'une autre.

Il existe une défiance traditionnelle entre les équipes de vente et de production. Les commerciaux estiment parfois que la production ne fournit pas ce qui a été promis à leur clientèle en toute bonne foi et de manière raisonnable. La production, à l'inverse, voudrait fournir de la qualité, mais a le sentiment que les équipes commerciales ont vendu des services impossibles à produire de façon efficace. Ce problème devient apparent et mesurable quand on évalue la confiance des uns et des autres.

On peut prendre n'importe quelle échelle. Par exemple une échelle de 1 à 7, où 1 montre une grande méfiance et 7 une grande confiance. On demande maintenant aux équipes commerciales quelle confiance elles placent dans les capacités de la production. Parallèlement, on demande aux gens de la production quelle est leur confiance dans les équipes commerciales. L'examen des résultats permet d'identifier les besoins de changement.

Le résultat clé est une variation positive des niveaux de confiance. Des jalons réguliers permettent de déterminer les éventuels progrès. Les variations d'indice témoignent de la confiance et de l'ambiance entre les services avec une précision suffisante pour permettre au management de comprendre ce qui se passe et réagir si nécessaire.

2.3.8. Les résultats clés montrent l'évolution

Dans les résultats clés, comme dans tout le modèle OKR, il est essentiel de voir l'évolution des choses. Les progrès – ou l'absence de progrès – sont des informations importantes pour planifier l'activité courante des équipes et des individus. Les chefs d'équipe et les cadres ont besoin de ces informations, qui intéressent également la direction et le conseil d'administration. C'est pourquoi les résultats clés sont évalués et mesurés, en fin de trimestre et en cours de route.

La planification et le suivi des OKRs sont traités au chapitre 3. Mais pour l'instant, nous allons fournir le modèle le plus courant et le plus simple pour montrer l'évolution des indicateurs clés. Ce modèle vient de Google et on peut l'appeler le modèle des feux tricolores. L'idée, c'est que l'évolution des résultats clés soit visible en un coup d'œil, et pour cela, le modèle des feux tricolores fonctionne bien. Google utilise une échelle de 0,0 à 1,0 pour évaluer les résultats clés, et elle est segmentée de la façon suivante :

- 0,0 à 0,3 = rouge
- 0,4 à 0,6 = jaune
- 0,7 à 1,0 = vert

L'intelligibilité de ce choix de trois couleurs n'est pas optimale, mais il est utilisé par la plupart des systèmes OKR. Le bon côté, c'est que c'est un trio connu de tous et qu'il est intuitif.

Comme le résultat clé est chiffré, tout le monde sait quel est le chiffre visé et ce que signifie le niveau de performance 1.0. Soit le chiffre figure déjà dans le libellé du résultat clé (du type « Nous avons mis en œuvre 50 suggestions du personnel »), soit il est transcrit en ratio (« 100 % du site est mis en ligne »). Dans ce cas, 50 questionnaires de satisfaction ou 100 % de projets réalisés correspondent à 1.0 dans le modèle Google. Les résultats clés peuvent être des objectifs ambitieux, puisque même si le résultat clé n'est que de 0,7, il est toujours vert, c'est-à-dire réussi.

L'évolution des résultats clés est régulièrement évaluée et les résultats clés sont mesurés à peu près chaque semaine. Une couleur est attribuée au résultat clé en comparant sa note du moment au 1,0. La couleur permet de jauger la situation en un coup d'œil. Beaucoup d'entreprises qui ont mis en œuvre le modèle OKR ont leurs propres méthodes pour donner une note aux résultats clés. Peu importe le type de notation choisi. L'important, c'est qu'il soit compréhensible, cohérent dans tous ses usages et que les chiffres soient mis à jour régulièrement.

Étude de cas : Les OKRs peuvent aussi être évalués « prématurément »

Souvent, dans la mise en œuvre des OKRs, les résultats clés ne sont évalués qu'à la fin du trimestre. On peut procéder autrement. Simplebo, une entreprise française spécialisée dans la création et le référencement de sites internet pour PME/TPE, a mis en place un cycle de réalisation OKR où objectifs et résultats clés sont évalués juste avant la fin du trimestre. Cela permet de prendre en compte les enseignements et les résultats préliminaires du trimestre précédent lors de la planification des objectifs du trimestre suivant.

Le cycle de réalisation se justifie dans le cas où, comme chez Simplebo, on souhaite planifier les objectifs du trimestre suivant avant qu'il ne commence. Dans ce cas, l'évaluation du trimestre en cours se fait quelques semaines avant la fin du trimestre, ce qui laisse du temps pour planifier les objectifs suivants, de façon à attaquer d'entrée le trimestre suivant.

La question la plus courante en matière de planification est : pourquoi faire l'évaluation avant de connaître les résultats finaux avec certitude ? Connaître exactement le résultat final n'est-il pas essentiel ?

Eh bien non, il est finalement plus important de favoriser le changement au sein de son équipe ou pour soi-même sur la base des enseignements tirés des rétrospectives, faites plus régulièrement. Les objectifs du nouveau trimestre doivent refléter ce qui a été appris dans le passé.

Si le suivi a été fait systématiquement pendant deux mois et demi, l'équipe doit avoir une bonne idée de ce que donnera la fin de la période. Ceci, associé à l'indice de confiance de l'équipe, donne généralement des informations suffisamment exactes pour déterminer la priorité du trimestre suivant.

Simplebo a constaté que les estimations données quelques semaines avant la fin du trimestre sont réalistes. Bien sûr, toutes les notes ne sont pas complètement cohérentes et il peut y avoir quelques écarts. Mais, en général, le résultat est très proche des estimations de l'équipe. De plus, les discussions fréquentes sur l'indice de confiance et la progression vers les objectifs en cours de trimestre guident la réflexion et les débats dans les équipes.

2.4. LES TÂCHES

Les éléments essentiels du modèle OKR sont les objectifs et les résultats clés. Il est ensuite nécessaire de décomposer ces objectifs en unités plus petites : les tâches. Le management des tâches est souvent l'un des points douloureux d'une organisation et, par conséquent, il a un impact sur l'atteinte des résultats clés.

Le management des tâches représente un large éventail d'écoles de pensée et une grande quantité de matériel pédagogique, comme les livres *S'organiser pour réussir (la méthode Getting Things Done), Deep Work (Retrouver la concentration dans un monde de distractions)* et *Prenez le taureau par les cornes !* Un large éventail de méthodes est également disponible pour le processus de gestion des tâches lui-même.

La manière dont les tâches sont décrites et suivies dépend entièrement de l'organisation, de la définition qui en est faite et du système utilisé. Il existe cependant six lignes directrices pour aider à les mener à bien :

- Une tâche est une entité restreinte et unique.
- Une tâche doit être décrite clairement, soigneusement définie, avec des priorités.
- Les tâches doivent être évaluées régulièrement et souvent mises à jour.
- Il faut tenir une liste de choses à faire pour la semaine à venir et le jour d'après, et l'actualiser à la fin de chaque journée.
- La liste quotidienne des choses à faire ne doit pas être trop longue et la priorité des tâches doit être claire.
- Il est conseillé de laisser vide la liste du vendredi pour pouvoir terminer ce qui n'a pas été achevé pendant la semaine.

La tâche est l'unité de travail la plus petite et le rôle des tâches dans le modèle OKR est de réaliser les résultats clés sélectionnés.

2.4.1. Les tâches contribuent au résultat clé

Une tâche individuelle peut parfois découler directement d'un résultat clé. Par exemple, le résultat clé « Faire venir 1 000 abonnés sur un nouveau blog », peut générer la tâche « Publier un article ».

Mais dans la plupart des cas, une tâche dérivée du résultat clé comporte tellement d'étapes qu'il vaut mieux la diviser en plusieurs tâches. Pour l'auteur d'un post de blog, ces « sous-tâches » peuvent être :

- réfléchir au sujet et valider avec le marketing ;
- rédiger un premier brouillon ;
- recueillir les réactions de trois collègues ;
- effectuer les corrections suggérées ;
- soumettre l'article au marketing ;
- fournir une présentation personnelle et une photo ;
- poster le texte final sur les réseaux sociaux.

La section 2.3.6 *Une progression peut constituer un résultat clé* décrit comment un grand ensemble peut être décomposé en éléments plus petits, représentés par des ratios. Souvent, cela ne suffit pas, et il faut les diviser encore pour établir une liste de choses à faire. Ainsi, pour le résultat clé « 100 % de la version américaine du site a été traduite », les tâches peuvent être connectées à différentes sections du site ou aux étapes de la traduction. Par exemple :

- réunir les textes et les remettre à l'agence de traduction ;
- incorporer les traductions dans les pages ;
- envoyer les images au metteur en page ;
- faire un mémo aux moyens informatiques pour qu'ils réunissent la terminologie de l'interface utilisateur à traduire.

Tout ce qui contribue au résultat clé peut devenir l'objet d'une tâche. Si le résultat clé ne doit pas être atteint en un seul cycle, la tâche doit l'être. L'achèvement d'une tâche peut faire l'objet d'une question oui/non ; exemple : est-ce que la tâche a été menée à bien ? Par ailleurs, une tâche doit pouvoir être achevée en une seule période.

2.4.2. Tâche, activité, action, initiative

Les outils OKR, examinés plus en détail dans la section 4.3 *Logiciels et systèmes OKR*, proposent souvent une fonction qui permet d'enregistrer des tâches, en plus des objectifs et des résultats clés. Cela dit, la façon de les appeler varie beaucoup. Nous avons croisé des termes comme action, activité, tâche, initiative ou mission. Nous utilisons le terme « tâche » parce qu'il correspond à un ensemble clair et restreint de choses à faire, qui doivent être accomplies pour que le résultat clé puisse être atteint.

En dehors des intitulés, chaque fournisseur de système a sa propre façon de traiter les relations entre tâches, objectifs et résultats clés. Comme chaque fournisseur a sa propre définition d'une tâche, cela génère souvent de la confusion, notamment dans la distinction entre tâche et résultat clé.

Le fait qu'un système de gestion des tâches soit souvent mis en place dans les organisations complique encore leur gestion dans la méthode OKR. Si un tel système est déjà en place, mieux vaut continuer à l'utiliser. Aucune raison de transférer les tâches vers le système OKR, les tâches liées aux OKRs doivent être traitées dans le même système que les autres. Mais si aucun système de gestion des tâches n'est installé, alors la plupart des solutions OKR disponibles sont parfaitement adaptées.

Il est essentiel pour le modèle OKR que, dans le langage interne de l'organisation, les termes « objectifs », « résultats clés » et « tâches » soient bien compris. Nous recommandons d'utiliser la tâche comme sous-ensemble des résultats clés, pour décrire les actions isolées qui rapprochent des résultats clés.

Étude de cas : Les OKRs de la Société Générale sont orientés « collaboration »

À la Société Générale, l'utilisation de la méthode OKR a commencé comme un projet intégré dans une plus grande transformation incluant le lancement d'une nouvelle *business unit* ayant pour objectif de casser les frontières entre opérations et technologie et de faciliter la création de valeur commune. Au sein de l'entreprise, cette division s'appelle GBSU, la Service Unit Ressources de la Banque de Grande Clientèle & Solution Investisseurs. La collaboration et l'alignement sont donc au centre des motivations de la mise en œuvre d'OKR à la Société Générale. Son rôle dans le dispositif ? « Transformer le pilotage de la performance et doter l'organisation d'un dispositif permettant de se focaliser sur les priorités majeures définies dans sa stratégie » nous expliquent Maeva Manantsara et Lamia Moussaoui, Les « OKR Lead » du sujet.

Comme l'une des motivations premières de l'utilisation des OKRs est la facilitation de la collaboration à grande échelle, les OKRs sont qualifiés en fonction du type de collaboration nécessaire. Quatre cas de figure ont été identifiés :

- Tout le monde contribue.
- Quelques divisions y contribuent.
- Niches dans une division.
- En autonomie au niveau stratégique.

Ceci permet d'identifier quelles sont les équipes et personnes qui doivent être impliquées opérationnellement derrière chaque OKR. Ainsi, les relais d'exécution sont optimisés et l'ensemble du personnel a connaissance des ambitions et des sujets prioritaires. Pour l'équipe, les premiers succès se sont rapidement fait sentir. Un exemple concret ? La définition d'OKRs partagés qui ont permis de montrer l'importance pour l'organisation de mobiliser des ressources pour réussir dans l'atteinte de ses objectifs. Sur le papier, ce résultat clé partagé semblait inatteignable et après un travail de communication, d'échange, de co-construction et d'identification des équipes qui allaient contribuer, ce nouveau résultat clé a finalement dépassé la cible fixée. Un bel exemple de collaboration et d'alignement. Cet exemple de la Société Générale nous rappelle que lorsque le doute s'immisce dans la manière de déployer ou d'utiliser les OKRs, le secret c'est de revenir sur le « Pourquoi ».

2.4.3. Objectif, résultat clé ou tâche ?

Qu'un problème particulier soit considéré comme un objectif, un résultat clé ou une tâche dépend purement des circonstances. Cela dépend, entre autres, de la connaissance du sujet et de la somme d'efforts requis. Le modèle OKR étant un moyen d'apporter le changement, tout nouveau changement peut devenir un objectif.

Selon la situation, un post de blog peut être un objectif, un résultat clé ou une tâche. Si on n'a jamais publié d'article auparavant, la publication du premier post constitue un grand pas en avant, et ce changement est en soi un objectif.

Si « Publier notre premier billet » est un objectif trimestriel, les résultats clés seront élaborés en vue de cet objectif et rédigés comme suit :

- recueillir les commentaires de cinq personnes sur le premier texte ;
- comparer 10 systèmes de publication ;
- publier le premier texte.

Dans ce cas, les tâches seront les suivantes :

- envoyer le texte par mail à cinq personnes ;
- créer un fichier Excel pour comparer les systèmes de publication ;
- saisir le texte dans le système de publication en attendant les illustrations.

La publication d'un post de blog peut aussi être un résultat clé. Par exemple, si l'objectif est « Promouvoir un nouveau produit auprès des PME », un des résultats clés est la rédaction d'un billet – ou plusieurs – sur ce produit. Les tâches liées à ce résultat clé seront les suivantes :

- demander à un expert d'écrire un billet sur le produit ;
- trouver les illustrations adéquates pour cet article ;
- poster sur les réseaux sociaux.

Évidemment, un post de blog peut aussi être une tâche. Si l'objectif de l'entreprise est de conquérir le marché américain, alors un des résultats clés sera d'augmenter le trafic sur la version américaine du site de 100 000 visiteurs par mois. La tâche associée peut alors consister à rédiger un billet pour les lecteurs américains, optimisé pour les moteurs de recherche.

Objectif, résultat clé et tâche sont toujours liés. Ils sont déterminés par leur taille, l'ampleur de la tâche et son impact sur l'objectif souhaité.

Distinguer les objectifs, les résultats clés et les tâches n'est pas toujours chose facile lors de la mise en place d'OKR. Pourtant, cela joue un rôle important dans l'adhésion des individus. Nous avons développé un aide-mémoire simple et pratique que vous retrouverez dans la partie ressources de www.lamethodeokr.fr.

2.5. IDÉES FAUSSES SUR LA MÉTHODE OKR

Les OKRs existent depuis des décennies et le modèle est relativement simple. Il a été mis en œuvre dans de nombreuses organisations et une multitude d'histoires de réussites et d'échecs ont été recensées. Même là où la mise en place a été une réussite, on a rencontré des difficultés avant de connaître le succès. Il est intéressant de se demander pourquoi, alors que tout paraît si simple.

Il est assez facile de se méprendre sur ce que sont les OKRs et de les confondre avec d'autres méthodes. Une erreur fréquente est de les considérer comme un tableau de bord. Autre danger, se répéter « On a déjà eu des objectifs, rien de nouveau ici ! ». Un autre piège récurrent est d'utiliser le modèle pour de la gestion de projet ou comme une liste de choses à faire pour l'ensemble de l'organisation. Le dernier danger est, bien sûr, de croire que le modèle OKR peut résoudre tous les problèmes.

Nous allons examiner ces écueils un par un. Nous avons également consacré un chapitre entier aux différences entre le modèle OKR et les indicateurs de performance clés (KPIs), ayant eu de nombreuses discussions sur ce sujet à chaque fois que nous avons mis en œuvre le modèle. En attendant, voici un exemple de modèle OKR mal compris.

Étude de cas : « Si vous comprenez comment ça marche, n'hésitez pas à nous l'expliquer aussi »

Pour ce livre, nous avons interviewé un développeur de logiciels qui voulait partager son expérience OKR sans nommer l'organisation pour laquelle il travaille, ni la société cliente attachée à cette expérience. Le client en question est une grande entreprise multinationale basée en Europe. La personne que nous avons interrogée travaille au développement d'une boutique en ligne, au sein d'une équipe d'environ 30 personnes.

Les développeuses et développeurs sont détachés dans les équipes informatiques clientes, à qui la direction des opérations a commandé la mise en place d'une plateforme d'e-commerce. Ces moyens informatiques sont divisés en équipes composées de personnel maison et de consultants externes. Ces sous-équipes, ou « équipes projet », construisent chacune un élément de la plateforme et rendent compte à la direction produit, qui elle-même rend compte à la direction des opérations.

L'entreprise cliente applique le modèle OKR et quand la personne que nous avons interviewée a démarré sur ce projet, les OKRs se sont mis à faire partie de son travail. Mais on ne lui a donné aucun conseil ou information sur le modèle. Ce pourrait être acceptable dans le cadre d'un projet court, très précisément défini, dont la mise en œuvre concerne un domaine bien spécifique. Mais ici, les consultants externes participent à un projet de développement à long terme, réalisé sur plusieurs années et intégré aux OKRs de l'organisation. En outre, on attend des équipes de développeurs qu'elles atteignent les cibles OKR en plus du travail qu'elles ont à faire.

D'après cet entretien, le modèle OKR a généré de la confusion. Il est impossible de comprendre le fonctionnement d'une grande organisation en n'interrogeant qu'une seule personne, mais cette citation du développeur « Si vous comprenez comment ça marche, n'hésitez pas à nous l'expliquer aussi » résume assez bien la situation. L'équipe n'avait pas la main sur ses OKRs ; la direction des opérations les imposait d'en haut aux équipes. À charge ensuite aux équipes d'adapter leur travail aux objectifs. On se retrouvait avec des problèmes de consistances significatifs. Par exemple, un élément développé pendant un trimestre pouvait avoir disparu sans prévenir des objectifs du trimestre suivant.

Les OKRs ne sont pas le seul guide de l'activité courante d'une équipe de développement. Le développement d'un logiciel est également piloté selon un plan d'avancement séparé, qui comprend un calendrier plus précis des marchés pour lesquels les nouvelles fonctionnalités sont développées. L'activité au jour le jour est pilotée par le comité Kanban, qui agrège les fonctionnalités à développer, à la fois selon les OKRs et le plan d'avancement – soit deux différentes sources.

L'état d'avancement des OKRs n'est pas mesuré régulièrement et ils sont imposés d'en haut aux équipes chaque trimestre. L'équipe est alors supposée s'adapter, sans recevoir de conseils, sans infos complémentaires, ni discussions. La personne à qui nous avons parlé nous a dit que les objectifs, déjà fixés pour l'équipe, figurent dans un tableau Excel, « si on sait où les trouver ». Les retours sur le trimestre écoulé se résument à « essayons de faire mieux la prochaine fois ».

La plus grande source de frustration pour les équipes de développement a été lorsque le responsable produit a tout d'un coup ajouté au Kanban des tâches qui semblaient sans rapport avec les autres. Il y avait été poussé par sa hiérarchie et ces changements étaient liés à des bonus versés à l'une des parties. L'équipe devait exécuter les nouvelles demandes sans poser de questions.

Les individus impliqués ont fini par se dire que le modèle OKR était une vaste blague, qui ne correspondait pas au travail à faire et n'établissait pas de priorité – un gadget supplémentaire qui générait de la confusion et des changements de cap inattendus.

Dans les équipes, beaucoup de développeurs pensent que le travail serait plus orienté vers le long terme, plus clair et plus cohérent sans le modèle OKR. Quand il est mal utilisé, le modèle OKR ne remplit pas du tout son rôle.

Quels sont les enseignements à tirer de ce cas ?

Avec les OKRs, on doit être capable de voir ce qui est important au premier coup d'œil, à tout instant. Un modèle de management complexe est source de confusion. Si le modèle est complexe et que les priorités viennent de plusieurs directions, les gens sont perdus.

Les OKRs doivent être négociés avec l'équipe et adaptés à elle. Bien sûr, la direction peut toujours imposer ses objectifs aux équipes, si nécessaire. Mais une caractéristique essentielle des OKRs, c'est qu'ils s'adaptent à l'activité de chaque équipe. Des OKRs bien adaptés entrent dans le langage d'une équipe, favorisent la compréhension de l'objectif et l'engagement à le réaliser.

L'évaluation des OKRs doit être systématique et fréquente. Les OKRs sont construits autour d'un examen systématique des objectifs environ toutes les deux semaines. C'est comme ça qu'on sait où on en est pendant le trimestre, et qu'on repère les problèmes éventuels.

Les OKRs doivent être publics. Pour pouvoir s'en servir, il faut que les OKRs soient visibles presque en permanence. Dissimuler des objectifs n'aide pas à diriger.

Les gens doivent être formés au modèle OKR – y compris les intervenants externes. Les principes du modèle OKR sont simples. Mais le vocabulaire commun, l'approche et la compréhension de ce qui est important ne sont pas transmis par magie quand on débarque dans une équipe et qu'on commence à coder. Quelques heures de formation sont nécessaires pour chaque collègue. Cette formation peut être effectuée par des « OKR Champions », des experts externes ou au travers de formations en ligne certifiantes à l'exemple de www.OKRmentors.com.

2.5.1. « Nous avons toujours fondé nos objectifs sur notre stratégie »

Il faut parfois tout un ensemble d'arguments pour convaincre un collègue ou une manager des bénéfices du modèle OKR. Voici un résumé des raisons de le mettre en place, même si l'organisation définit déjà ses objectifs en fonction de sa stratégie.

C'est la stratégie de l'entreprise qui doit présider aux objectifs des équipes et des individus. C'est une vérité ancienne. Dans le modèle OKR cependant, les équipes jouent un rôle beaucoup plus important dans la définition de leurs propres objectifs. Les équipes ont également le droit de définir comment les atteindre – contrairement à de nombreux modèles anciens où l'objectif n'évolue que dans le cadre d'un projet préexistant ou de tâches prédéfinies.

De plus, dans le modèle OKR, les équipes ont davantage la possibilité d'aider les autres équipes, comme elles peuvent davantage se faire aider à leur tour. Le modèle OKR harmonise les objectifs des équipes plus efficacement que les modèles d'antan, comme les *Must-Win Battles* (les batailles à remporter absolument) ou le *Balanced Scorecard* (le tableau de bord prospectif). Même si une organisation définit déjà ses objectifs et instruments de mesure, pour la plupart d'entre elles, la fréquence de suivi est insuffisante. Il arrive qu'ils soient revus tous les trimestres, mais au pire, ils ne sont revus qu'une fois par an. C'est d'autant plus vrai lorsque les objectifs sont cachés dans les profondeurs des logiciels RH et que les équipes ne sont ni en mesure de les voir, ni d'actualiser leur évolution. Dans ce cas de figure, les objectifs ne guident pas vraiment les opérations de l'organisation. La méthode OKR fournit des modèles de suivi prêts à l'emploi ainsi qu'un rythme de réalisation dont nous parlerons au chapitre suivant.

Une organisation a généralement plein d'objectifs, sans doute trop. Dans de nombreuses organisations, les objectifs constituent un réservoir inépuisable de fantasmes prospectifs, dont personne ne sait que faire. Dans le modèle OKR, on ne trouve que quelques objectifs et on ne se focalise que sur les objectifs sélectionnés – le reste n'est pas aussi important sur le moment. Rares sont les modèles qui ont une position aussi tranchée sur ce point.

Le modèle OKR se distingue des autres modèles qui comportent des objectifs en ce qu'il invite à viser haut. Les équipes fixent des objectifs difficiles, prennent plaisir à viser haut et ne craignent pas d'échouer. Dans le modèle OKR, il n'y a pas que les objectifs, il y a aussi la culture d'entreprise sur laquelle ils reposent. En particulier, l'importance d'un environnement sécurisant.

Le modèle OKR prend également position sur le mode de management. Le fait d'aligner les objectifs grâce à des discussions régulières change la façon dont on communique dans l'organisation. Les OKRs sont présents dans tous les mécanismes de management : les réunions d'équipe, les entretiens individuels, les séances d'information du personnel et les entretiens annuels. Tout cela doit être fait en connexion avec les OKRs. En somme, tous les sujets qui touchent de près ou de loin à la performance, à la planification et aux priorités contiennent nécessairement une perspective OKR.

Le modèle OKR se distingue aussi des anciens modèles de management par objectif par sa transparence radicale. Tous les objectifs, y compris ceux du management, sont visibles par tous et sont faciles à consulter. À cet égard, le modèle OKR est différent de ceux où certains objectifs étaient intentionnellement cachés. On nous a déjà dit « Nous avons déjà fixé des objectifs auparavant, il n'y a là rien de nouveau ». Mais nous n'avons jamais rencontré d'organisation où la gestion des objectifs allait aussi loin que dans le modèle OKR. Voilà pourquoi il vaut mieux connaître le modèle OKR avant de décréter qu'il n'apporte rien de neuf.

2.5.2. « On a déjà utilisé des indicateurs »

On confond souvent le modèle OKR avec d'autres indicateurs. Les OKRs ne sont pas un tableau de bord, même s'ils comportent des résultats chiffrés. Cette confusion est compréhensible car les résultats sont souvent *mesurés.*

Le modèle OKR ne mesure pas la performance d'une organisation. Le modèle OKR n'est pas un tableau de bord pour étudier la situation de l'entreprise à un instant t. L'activité quotidienne peut être mesurée par des indicateurs de performance clés (KPIs) ou un tableau général.

Le modèle OKR est plutôt un outil de gestion du changement ; il montre la progression vers les changements souhaités. Le rôle du modèle OKR est d'aider l'organisation à se focaliser et mettre en œuvre les changements qui correspondent à sa stratégie.

Comme cette différenciation n'est pas évidente et qu'il est essentiel de bien la comprendre pour mettre en œuvre le modèle, nous passons en revue les différences entre le modèle OKR et les indicateurs KPI dans la section 2.6 *OKR et KPI.*

2.5.3. « Utilisons ça pour la gestion de projets ou comme une liste de tâches »

Les organisations fonctionnent généralement en mode projet, c'est-à-dire que tout est un projet et l'activité est gérée par projet. Du coup, il n'est pas rare d'essayer d'utiliser le modèle OKR et son système logiciel comme un système de gestion de projets.

Toutefois, le projet n'est qu'une des façons d'atteindre un objectif. Que se passe-t-il si toutes les tâches sont effectuées, que le projet est finalisé, mais que le résultat escompté n'est pas atteint ? L'objectif ne sera donc pas rempli. Ainsi, même si le résultat clé peut être de mener à bien un projet, le projet n'est qu'une méthode de réalisation, pas un but en soi. Il ne sert pas à grand-chose de considérer le modèle OKR et son système comme un système de gestion de projets. Il existe de nombreux systèmes qui sont mieux adaptés à cela, comme Basecamp, Monday ou Jira. Le modèle OKR sert à gérer des objectifs et des résultats, pas des projets.

Une autre erreur consiste à essayer de transformer le modèle OKR en une liste commune de choses à faire pour l'ensemble de l'entreprise. Il est vrai que les tâches peuvent être gérées dans un système OKR. Cependant, il n'est pas avantageux d'essayer de gérer toutes les tâches à l'aide d'un système OKR – par exemple, les requêtes émanant du service clients sont mieux traitées avec un logiciel de gestion de tickets, les processus de vente par un logiciel de gestion de la relation client, etc.

Cette erreur provient souvent des efforts pour faire du modèle OKR la source unique des priorités pour le personnel. Le modèle est toutefois destiné à éviter les demandes dispersées et à aligner l'organisation sur un objectif commun. Cela peut conduire à penser que toutes les autres tâches devraient être affichées dans le logiciel OKR.

Les OKRs ne sont pas censés servir à gérer le travail opérationnel, les tickets, les projets, les budgets ou les contacts clients. La gestion du travail opérationnel dans des systèmes dédiés comme les systèmes de gestion de projets, de tâches et de relation client, ou dans Excel. Cela dit, le système OKR montre le cap et l'état d'avancement des objectifs.

2.5.4. « Les OKRs vont résoudre tous nos problèmes »

Comme tout modèle, le modèle OKR n'est pas la solution à tous les problèmes d'une organisation. Il peut soulager bien des difficultés et aider à résoudre de nombreux problèmes fondamentaux. Mais il reste quelques points que le modèle OKR ne peut pas régler.

Le modèle OKR ne corrige pas les mauvaises options de stratégie. Si la stratégie est mauvaise, les objectifs et les résultats clés continueront d'entraîner l'organisation dans une mauvaise direction. En principe, le modèle OKR va montrer en quelques trimestres si la stratégie est la bonne. Dans quelques trimestres, vous verrez s'il est difficile d'atteindre les résultats clés et si les objectifs sont réalisables. Si les résultats ne sont pas bons, il faut remettre en cause la stratégie – ce n'est pas la faute du modèle OKR si de mauvais choix stratégiques ont été opérés.

Le modèle OKR ne corrige pas le manque de discipline. Si une organisation n'arrive pas à fonctionner d'une façon systématisée, aucune méthode de management n'y pourra rien. Si on ignore les réunions hebdomadaires, si les systèmes ne sont pas mis à jour et si l'excuse est toujours « Nous étions occupés », aucune méthode de management n'y peut rien. Le modèle OKR peut alléger le problème, il peut aussi systématiser davantage le travail, mais dans ce cas, la systématisation des opérations doit être le premier objectif, avant quoi que ce soit d'autre.

Le modèle OKR ne corrige pas le manque de compétence. Si l'organisation ne possède pas les compétences nécessaires pour mettre en œuvre une stratégie, la méthode de management n'y réussira pas par magie. Les résultats ne sont pas meilleurs que la somme des compétences des individus qui la mettent en œuvre. Le modèle OKR peut faire apparaître plus rapidement les manques, lorsque les équipes discutent de leurs objectifs et du rôle de chacun. S'il manque alors une compétence pour mettre en œuvre la stratégie, il faut d'abord réfléchir à la manière de constituer l'équipe adéquate ou d'augmenter ses compétences. Le modèle OKR ne corrige pas non plus une mauvaise gestion RH, comme le micro-management. Dans le modèle OKR, on doit avoir confiance dans le fait que les gens choisissent des objectifs cohérents par rapport à l'organisation et réalisables. Bien sûr, certains peuvent avoir besoin d'aide et de soutien, mais en principe, les gens doivent pouvoir compter sur leurs propres capacités.

Enfin, le modèle OKR accélère et ralentit à la fois le fonctionnement de l'organisation. Selon l'organisation, le rapport trimestriel sur l'état d'avancement peut être plus rapide ou plus lent qu'avec le modèle précédent. Pour beaucoup de grandes entreprises, le modèle OKR apporte une agilité et une rapidité considérables. Mais pour une start-up, un trimestre peut sembler une éternité. Le modèle OKR ne fait pas passer le temps plus vite ou plus lentement, mais il modifie la perception du temps dans l'organisation.

Telles sont les idées fausses les plus répandues à propos du modèle OKR. Mais peut-être que la question la plus importante qui nous a été posée – à maintes reprises –, c'est la différence entre le modèle OKR et les KPIs. Parlons-en.

2.6. OKRs ET KPIs

Les indicateurs clés de performance (KPIs) et les OKRs ont beaucoup en commun. Il est donc nécessaire de comprendre la différence entre les deux pour installer le modèle OKR avec succès. Dans la mise en œuvre des OKRs, nous rencontrons souvent des problèmes parce que les fondements et les rôles des deux se mélangent. Les OKRs peuvent empiéter sur les KPIs, même quand on a besoin des deux. La confusion entre indicateurs OKR et KPI vient du fait que la différence est assez difficile à saisir et pas facile à expliquer. Dans cette section, nous allons faire de notre mieux pour clarifier la question, d'abord avec une métaphore, puis de façon un peu plus théorique, et enfin par l'exemple.

2.6.1. Les KPIs suivent les performances du navire, les OKRs tiennent la barre

Si on envisage l'organisation comme un navire, alors on peut décrire le rôle des indicateurs KPI et du système OKR de la façon suivante : les KPIs sont les instruments qui nous disent que tout va bien dans la salle des machines. Ils surveillent que le navire avance comme d'habitude. Ils indiquent que la pression de la chaudière est bonne, qu'il reste suffisamment de carburant, que l'équipage est au complet et qu'il y a à bord suffisamment de gens. Autrement dit, le navire fonctionne comme prévu.

Si les indicateurs restent au vert et qu'aucun changement significatif ne se produit, aucune raison de s'inquiéter. Ce n'est que s'il survient un changement important qu'il faut rechercher la cause de la défaillance et la corriger pour que le cours normal des choses reprenne.

Les OKRs sont le système de navigation du navire. Si un navire avance en pilote automatique entre deux îles jour après jour, année après année, il n'a pas besoin d'un système OKR : les KPIs suffisent. Mais dès que le navire a besoin de changer de direction ou que des changements surviennent, le système OKR devient nécessaire.

Les OKRs indiquent le cap et la vitesse du navire. Ils sont aussi urgemment nécessaires si on se trouve sur une trajectoire de collision avec un iceberg. Le système OKR contrôle les ressources nécessaires pour créer, développer, modifier et poursuivre des objectifs.

Le modèle OKR n'est pas nécessaire si le seul objectif du navire est d'opérer comme il l'a fait jusqu'à présent. Mais le changement survient dans toutes les entreprises. La plupart veulent se développer, les marchés obligent à changer, il y a des turbulences ou encore le changement apparaît simplement de façon organique au fil du temps.

2.6.2. Les KPIs assurent un suivi global, les OKRs définissent l'objectif et les résultats à atteindre

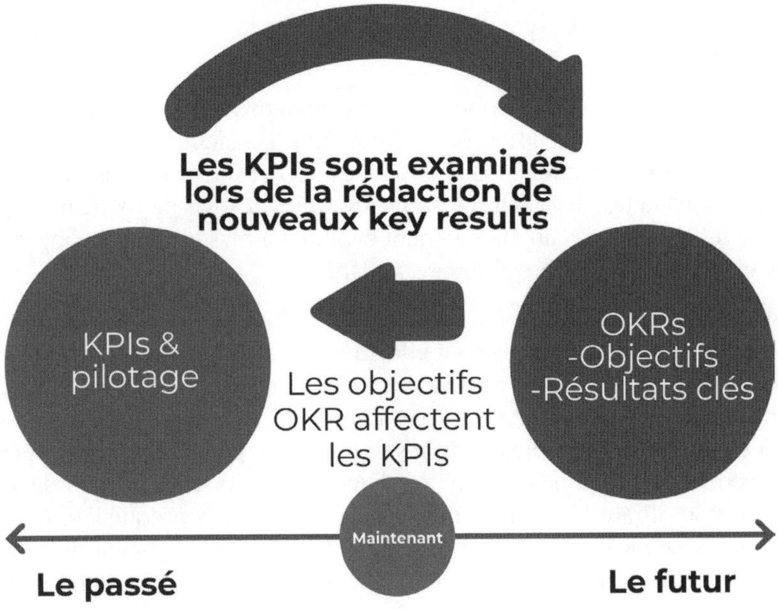

Figure n° 3 : Différences entre KPIs et OKRs

En bref, KPIs et OKRs, ce n'est pas la même chose. La principale différence, c'est que les KPIs sont des instruments de mesure, alors que les OKRs sont des objectifs chiffrés en vue d'un résultat à atteindre. En général, il existe de nombreux indicateurs KPI dans une organisation, parfois des dizaines. Chaque département a les siens. Ils servent à vérifier que tout fonctionne efficacement. En revanche, une entreprise ne définit que quelques OKRs, que l'ensemble de l'organisation s'efforce d'atteindre.

Même s'il est possible d'utiliser des KPIs tournés vers l'avenir, les KPIs décrivent généralement ce qui s'est déjà produit. Ils montrent comment les mesures déjà prises ont affecté l'ensemble, c'est-à-dire à quoi ressemble la situation actuelle. Les OKRs, en revanche, sont des objectifs tournés vers l'avenir. Ils indiquent la voie à suivre. Une partie des KPIs peuvent devenir des cibles OKR. Ainsi, si une jauge KPI varie brutalement vers le haut ou vers le bas, on peut réagir avec un OKR.

D'un autre côté, les indicateurs qui sont à un niveau acceptable et qui ne sont pas essentiels pour le changement souhaité n'ont pas forcément besoin qu'on y touche pendant le cycle de réalisation des OKRs. Les OKRs se focalisent sur la réalisation du changement et des nouveaux objectifs. L'un des changements souhaités devient l'objectif principal, et tout le temps et l'énergie qui restent sont consacrés à sa réalisation. Ce qui ne signifie pas pour autant que les opérations normales, et donc les résultats des KPIs, doivent pâtir de la mise en œuvre des OKRs.

Un changement doit être constructif et durable ; il doit entraîner une modification permanente dans la vie de l'organisation. Selon les OKRs, il n'est pas judicieux de s'épuiser pendant trois mois à atteindre un objectif OKR ambitieux. Les résultats obtenus risquent d'être effacés dès que l'objectif aura été atteint et qu'une autre priorité l'aura remplacé.

L'activité quotidienne doit se poursuivre normalement, et l'entreprise doit être productive et rentable même en pleine mutation. Les actions commerciales sont menées, les clientes et clients sont servis, les services sont rendus, les mises sur le marché sont faites, les factures sont envoyées et les salaires sont payés. En revanche, les tâches liées au changement évoluent à mesure que les objectifs sont atteints et s'intègrent aux procédures standard.

La mise en œuvre du modèle OKR est pensée comme un dialogue avec les individus. Comme les changements sont effectués en plus du travail opérationnel, les individus doivent être réalistes par rapport à leur situation quotidienne et optimistes en termes d'objectifs. Si le rythme quotidien est chaotique et qu'on passe son temps à éteindre des incendies, il ne reste pas beaucoup de temps pour gérer des changements. Quand on ne dispose que d'une heure par semaine pour développer quelque chose, il faut adapter la taille des objectifs en conséquence. Mais si on veut faire des changements plus importants, il faut gérer la charge de travail des individus. Il est bon de réfléchir à ce qui peut être priorisé, ou abandonné, pour apporter un changement.

KPIs et OKRs doivent se renforcer mutuellement ; ensemble ils assurent le suivi des performances opérationnelles et des changements stratégiques. Lorsque les deux sont en place, le management dispose d'une image claire de l'activité, des forces et des faiblesses de l'entreprise.

2.6.3. KPIs et OKRs : exemple d'une petite entreprise de solutions SaaS

Les indicateurs KPI montrent l'état des performances présentes de l'entreprise, ce qui aide à évaluer ses performances futures. Par exemple, si on prend le cas d'une petite société de solutions SaaS (logiciel en tant que service), ses KPIs peuvent être les suivants :

- chiffre d'affaires ;
- renouvellements des commandes ;
- rentabilité ;
- taille de l'entonnoir de ventes ;
- pistes commerciales ;
- satisfaction client.

Si tous les KPIs se maintiennent à un bon niveau depuis une longue période et que les chiffres semblent stables, pas la peine d'y toucher. Lorsque les opérations d'une entreprise fonctionnent bien, aucune ne mérite d'être distinguée en tant qu'objectif.

Imaginons maintenant que cette société découvre que ses nouvelles ventes ont récemment chuté. Du coup, on désigne ces nouvelles ventes comme le prochain objectif, et l'ensemble de l'organisation va se focaliser dessus au cours des trois mois suivants – voire toute l'année qui vient si on n'est pas parvenu à un changement pérenne au bout de trois mois. Les nouvelles ventes deviennent donc l'objectif OKR de l'entreprise, et les résultats clés sont définis en lien avec l'amélioration de ces ventes.

Il est possible qu'au cours du premier trimestre, l'effort sur les nouvelles ventes entraîne une distraction dans un autre domaine. Les nouvelles ventes commencent à s'améliorer mais, parallèlement, par exemple, la satisfaction client s'effondre.

Dans ce cas, ramener la satisfaction client à son niveau normal devient un objectif OKR pour le deuxième trimestre, avec les nouvelles ventes. Ce qui permet de maintenir l'objectif initial sur les ventes additionnelles, tout en faisant attention à l'indicateur KPI de satisfaction client (qui est en baisse).

Au début du troisième trimestre, quand l'indicateur KPI de satisfaction client est revenu à son niveau normal, les ventes redeviennent le seul objectif.

Au bout d'un an, l'objectif d'OKRs a été atteint et les ventes sont meilleures. On ajoute alors les nouvelles ventes dans les indicateurs KPI et on les surveille désormais comme n'importe quel autre KPI. Lorsque vient le temps pour la société de solutions SaaS de planifier les OKRs de l'année suivante, elle peut choisir un autre changement comme objectif. La surveillance des indicateurs KPI permet de s'assurer que les changements précédents restent efficaces.

2.7. RÉSUMÉ ET ÉTAPE SUIVANTE

Dans ce chapitre, nous avons examiné la théorie de base du modèle OKR. Désormais, le lecteur ou la lectrice doit être capable de répondre aux questions suivantes :

- Quels sont les objectifs et les résultats clés ?
- Quelles sont les tâches ?
- Quel lien y a-t-il entre objectif, résultat clé et tâche ?
- Qu'est-ce qu'un objectif ambitieux ?
- Comment transformer un projet ou un ensemble important en un résultat clé ?
- Quelle différence entre les OKRs et les KPIs ?
- Qu'est-ce que les OKRs ne sont pas ?

Pour compléter ce chapitre, nous avons préparé des aide-mémoires et des modèles reprenant les éléments importants pour comprendre les objectifs, résultats clés et les tâches qui en découlent. Vous pouvez vous les procurer dans la partie ressources de www.lamethodeokr.fr.

Nous espérons en outre qu'il est clair que le modèle OKR est une méthode de management basée sur l'ouverture et la transparence. Et qu'il vous incitera à faire des choix et à vous focaliser sur un nombre restreint de changements à la fois. Avant d'aller plus loin, il faut également savoir ce pour quoi les OKRs ne sont pas faits et ce qu'ils ne peuvent corriger.

Maintenant que vous possédez la théorie de base, nous allons passer à la mise en pratique du modèle OKR. Le chapitre suivant explique comment définir des OKRs, comment les suivre et à quelle cadence ils sont couramment mis en œuvre. Ce chapitre présente les différents cycles de réalisation et à quels besoins ils répondent. Et aussi, nous allons commencer à bousculer les règles.

Chapitre 3. Planification et suivi

La force du modèle OKR vient d'une mise en œuvre systématique et rigoureuse. Les objectifs et les résultats clés à eux seuls, aussi inspirants et dignes d'efforts soient-ils, ne suffisent pas. Les effets se font sentir lorsqu'on met les objectifs en pratique dans l'activité quotidienne. La planification et le suivi inhérents au modèle OKR sont ici essentiels.

Dans la mise en œuvre du modèle OKR, les objectifs et les résultats clés vont remplacer diverses idées éparses et autres listes de vœux. Les OKRs vont s'intégrer à tous les systèmes de gestion, mécanismes de planification, évaluations de performance et réunions. Pour éviter que le modèle OKR ne devienne un autre outil de liste de choses à faire, il faut qu'il soit fortement intégré aux pratiques de l'organisation. Ce chapitre traite de la planification et du suivi des OKRs. Nous y expliquons comment mettre en œuvre les cycles OKRs et harmoniser les objectifs de l'entreprise. Nous nous efforcerons de fournir des outils concrets de planification, même si ces outils doivent toujours être adaptés à l'entreprise. Commençons par regarder à quoi ressemble le modèle, lorsque les OKRs ont été intégrés aux opérations.

3.1. RYTHME DE PLANIFICATION ET RYTHME D'EXÉCUTION

Planification, mise en œuvre et suivi ont tous, dans le modèle OKR, une cadence claire, cohérente et régulière. Cette cadence varie légèrement selon les besoins, la taille et le modèle d'exploitation de l'entreprise. Lorsque le modèle OKR est mis en œuvre, il est destiné à être incorporé naturellement aux pratiques et habitudes de l'entreprise.

En général, avant de mettre en œuvre le modèle OKR, les organisations ont déjà leur propre méthode de planification annuelle. Chaque entreprise décide à sa façon ce qu'il convient de faire en début d'année et par quelles méthodes on va atteindre les objectifs. Certaines organisations ont également des outils cohérents de suivi des objectifs annuels, sur une base trimestrielle ou mensuelle. Le modèle OKR va s'intégrer à tous ces mécanismes de planification et de suivi.

Ce qui fait souvent défaut dans les organisations, c'est un planning d'objectifs à trois mois et un suivi de l'évolution hebdomadaire. C'est couramment ce qu'il faut mettre en place quand on commence à utiliser le modèle OKR. Toutefois, si l'entreprise dispose déjà de mécanismes de planification trimestrielle et de suivi hebdomadaire, ils seront intégrés à la mise en place des OKRs.

Il n'y a donc pas de frontière entre une « réunion OKR » et une « planification OKR » ; on dispose de la stratégie de l'entreprise et ses dérivées, planification annuelle des opérations et planification trimestrielle. Il y a en outre un suivi annuel, trimestriel, mensuel et hebdomadaire. Examinons tout d'abord le vocabulaire, à quoi ressemble un planning typique et comment les différents cycles sont reliés.

3.1.1. Planification *versus* cadence tactique

En général, la littérature sur les OKRs désigne les périodes trimestrielles, ou cycles, comme des cycles de planification. Il nous semble que cette dénomination est très trompeuse, parce que la planification précède la mise en œuvre. Notre volonté est de souligner l'état d'esprit productif et orienté vers les résultats qui anime le modèle OKR.

Nous préférons parler de cycle de réalisation ou de mise en œuvre plutôt que de cycle de planification. Ce choix souligne que l'accent est mis sur l'obtention des résultats, pas seulement sur la planification des préparatifs.

Nous avons essayé d'utiliser dans ce livre la terminologie la plus claire et la plus cohérente possible. Le problème de terminologie concernant les cycles de réalisation peut sembler déroutant au premier abord. Mais chaque organisation doit décider elle-même à quoi elle emploiera ces périodes et comment les appeler. S'il existe déjà un mot bien établi pour les cycles de réalisation dans l'organisation, pas la peine d'en changer. Le nom d'une période dépend du calendrier que l'entreprise adopte.

3.1.2. Le calendrier OKR

Voici maintenant le calendrier le plus représentatif du modèle OKR. Un grand nombre d'organisations gèrent leurs OKRs et leurs résultats clés à cette cadence. Il faut cependant se rappeler qu'on peut structurer une année de bien des façons, et qu'aucune n'est bonne ou mauvaise ; simplement, chaque modèle convient plus ou moins bien à une entreprise donnée.

Si votre entreprise fonctionne à une cadence différente, profitez-en. Sauf si cette cadence ne propose pas de cycle court de réalisation. Ajouter un cycle court au calendrier est essentiel pour une mise en œuvre réussie.

Si votre entreprise ne fonctionne pas encore avec une cadence régulière de planification et de suivi, commencez par essayer ce modèle. Une fois déployé, il peut être corrigé en fonction des expériences et des retours.

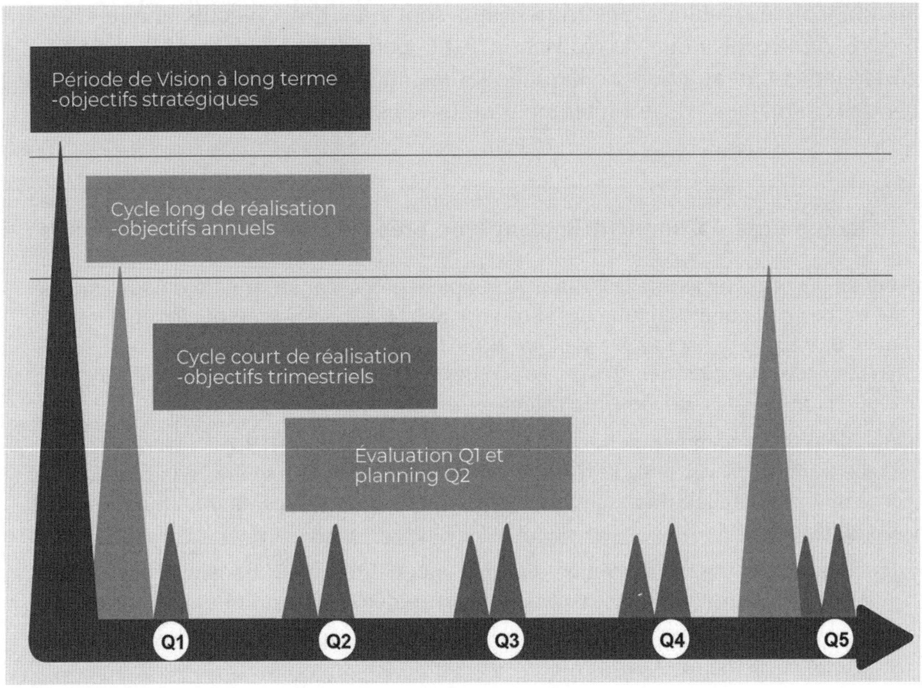

Figure n° 4 : Calendrier type du modèle OKR

Un calendrier type comporte trois éléments : une période de vision à long terme, un cycle long de réalisation et un cycle court de réalisation. En général, la période à long terme est d'environ cinq ans, le cycle long d'un an et le cycle court d'un trimestre. **Cette cadence étant celle à laquelle opèrent un grand nombre d'entreprises, nous utilisons les termes d'objectifs stratégiques, d'objectifs annuels et d'objectifs trimestriels dans un souci de clarté et de simplicité.**

Ceci posé, nous avons défini les autres concepts de la façon suivante :

- la Mission (fondamentale) = pourquoi l'entreprise existe. Que voulons-nous changer dans le monde ?
- la Vision (à long terme) = comment l'entreprise veut-elle évoluer dans le temps ?
- la Stratégie = un plan et des choix pour réaliser la Mission et faire avancer l'entreprise dans le sens de sa vision à long terme.
- la mise en œuvre de la stratégie = série de mesures visant à mettre en œuvre la stratégie. Ces mesures sont les OKRs.

Les objectifs à long terme, ou objectifs stratégiques, sont tirés de la vision à long terme et de la stratégie. Des objectifs stratégiques, on tire les objectifs annuels. Généralement, les résultats clés sont eux aussi définis pour les objectifs annuels. La définition des objectifs annuels est très importante, puisque la planification trimestrielle est basée sur les objectifs annuels. Les OKRs trimestriels, c'est-à-dire les objectifs et résultats clés trimestriels, sont tirés des objectifs annuels. Le trimestre, ou le cycle court de réalisation, est la période pendant laquelle on travaille concrètement, et au cours de laquelle les résultats clés sont suivis au moins toutes les deux semaines, et de préférence toutes les semaines.

Étude de cas – Comment BookingSync prépare son année avec les OKRs

BookingSync est expert de la location saisonnière proposant des solutions pour simplifier la vie des particuliers comme des professionnels. C'est aussi un pionnier du télétravail avec une équipe cosmopolite répartie dans 17 pays et travaillant à distance depuis la création de la société en 2014. Les équipes collaborent étroitement grâce aux outils digitaux et tous les individus partagent un socle commun de valeurs.

BookingSync a commencé à utiliser la méthode OKR fin 2019 car l'entreprise cherchait à aligner la vision et l'exécution pour l'ensemble des équipes réparties sur tous les continents. Il était important que les priorités soient claires pour tout le personnel, où qu'il soit.

En ce qui concerne la préparation du cycle annuel OKR, pour BookingSync, c'est une séquence qui dure un mois, en décembre, et se déroule selon les étapes suivantes :

- Vision – En fin d'année, l'équipe dirigeante fait un point pour confirmer ou ajuster la vision à 5/10 ans.
- État des lieux – S'ensuit un état des lieux pour comparer le ressenti avec la réalité du terrain. C'est un exercice collectif qui implique toutes les équipes qui sont invitées à partager leurs perspectives au travers d'outils tels que le SWOT.
- OKRs annuels – L'organisation utilise l'état des lieux pour définir les domaines prioritaires. Elle se demande ainsi : Quelles sont les forces sur lesquelles il faut faire levier ou les opportunités à saisir ? Y a-t-il des menaces ou faiblesses qui méritent une attention particulière ? De ceci découlent les OKRs à l'année.
- OKRs trimestriels – La perspective stratégique sert ensuite d'*input* pour que la direction et l'ensemble des équipes définissent les OKRs trimestriels.

Pour le passage d'un trimestre à l'autre, chez BookingSync, on prévoit trois semaines à un mois. Ce processus comprend une semaine de rétrospective, une semaine de définition des OKRs par équipe et une semaine d'alignement où les managers et la direction vérifient que les OKRs sont en ligne avec les OKRs annuels, avec les rétrospectives, avec la capacité de l'équipe et en prenant en compte les potentiels éléments externes. C'est un processus fluide et interactif au cours duquel chaque collègue a l'occasion d'exprimer ses perspectives. Ils sont ainsi forces de proposition et les managers les accompagnent en les guidant et en arbitrant sur les sujets sensibles. Les managers sont ainsi force de support pour l'organisation.

Ces étapes sont clés pour aligner les équipes sur les ambitions collectives et s'assurer que tout le monde connaît ses priorités.

3.1.3. La vision à long terme – les objectifs stratégiques

Nous supposons que toute entreprise possède une forme de vision à long terme et une stratégie qui en découle. C'est une condition préalable à tout management du changement parce que, sans balises claires, tout changement peut être incompréhensible, voire irresponsable. La longueur de la période de vision à long terme est déterminée par l'horizon de la stratégie de l'entreprise – très souvent, une période de cinq ans.

Cette période peut aussi être beaucoup plus longue. Le très long terme de cette vision et les objectifs stratégiques ambitieux qui y sont associés forment un « Bon Gros Objectif Audacieux », ce « Big Hairy Audacious Goal » (BHAG) que présente Jim Collins dans son livre *Built to Last* (« Bâties pour durer »). Un BHAG est un but très ambitieux fixé à un horizon qui peut aller jusqu'à 20 ans. Les BHAG sont utilisés pour mener les entreprises au succès sur de longues périodes.

Chez Perdoo, un fournisseur de systèmes OKR, on parle d'« OKR ultime ». Perdoo suggère que l'OKR ultime peut se situer à un horizon éloigné de 10 à 25 ans. L'objectif de Google qui consiste à « organiser l'information à l'échelle mondiale » est un exemple d'OKR ultime. Une telle feuille de route ne change pas et n'est pas accomplie à court terme, ce qui lui permet d'influencer les objectifs stratégiques pendant des décennies.

La durée de la période de vision à long terme n'est pas essentielle, mais les objectifs stratégiques qui proviennent de cette vision sont primordiaux dans la planification OKR. Comme nous l'avons déjà dit, si les objectifs stratégiques sont mauvais, la gestion du changement entraînera l'organisation dans une mauvaise direction. C'est pourquoi les objectifs de cette période de vision à long terme sont soigneusement planifiés.

Ces objectifs sont générés en décrivant le résultat que l'organisation cherche à atteindre au cours de cette longue période et que le modèle OKR sert à réaliser. Parmi ces objectifs, on peut trouver :

- Nous aurons 500 clients.
- Nous figurons dans le « Magic Quadrant » de Gartner, internationalement reconnu par les analystes.
- Nous avons aidé 10 000 000 de personnes grâce à nos services.
- Nous sommes leaders sur notre marché.
- Dans quatre ans, nous aurons triplé la taille de l'entreprise.

Lorsque l'entreprise a une idée claire de la longueur de sa période de vision à long terme et de ce qu'elle cherche à atteindre au cours de cette période, elle peut passer à la planification annuelle et à la planification trimestrielle. Les cycles de réalisation décomposent les objectifs ambitieux de la vision à long terme en éléments réalistes et optimistes.

3.1.4. La tactique – les OKRs annuels et trimestriels

Le cycle de réalisation est la pierre angulaire du modèle OKR. C'est la période pendant laquelle les choses sont faites. Tous les objectifs et résultats clés sont inscrits dans cette période. Elle est elle-même précédée d'une période de planification, qui détaille ce qui doit être fait pendant chaque cycle, en établissant qui doit faire quoi.

On a besoin de deux types de cycles, un long et un court, pour assurer la cohérence entre la planification et la réalisation.

Le cycle long – les objectifs annuels

La période de vision à long terme concerne les objectifs qui seront atteints dans des années et elle vise haut. Difficile d'en extraire des mesures concrètes, les objectifs étant si lointains qu'ils peuvent sembler inatteignables au moment de la planification. C'est pourquoi on extrait de cette vision à long terme un segment d'une année : le cycle long de réalisation ; il est aligné sur la vision à long terme mais ne vise pas aussi haut.

Les objectifs annuels sont généralement fixés au niveau de l'entreprise ou, au maximum, au niveau d'un département. Il est rare que les équipes fixent les objectifs annuels, même si l'idée peut se défendre. Mais le plus souvent, les objectifs du cycle long sont des objectifs d'entreprise.

Les objectifs annuels découlent de la stratégie à long terme et se voient généralement attachés des résultats clés correspondants. La gestion et la planification des objectifs annuels sont traitées en détail dans la section 3.2 *Les objectifs à long terme découlent de la stratégie*.

Le cycle court – les objectifs trimestriels

Un an, c'est trop long pour guider l'activité opérationnelle au jour le jour. C'est pourquoi on a besoin d'un cycle de réalisation rapide et court. Un trimestre est suffisamment court pour rendre les choses urgentes, concrètes et efficaces.

Ce sont les équipes qui définissent leurs objectifs trimestriels et les résultats clés qui guideront leur activité opérationnelle. Ces objectifs trimestriels découlent directement des objectifs annuels de l'entreprise. La réalisation des résultats clés du trimestre contribue à la réalisation des objectifs annuels.

Il va de soi que le cycle court peut être inférieur au trimestre. Weekdone, le fabricant de logiciels OKR, a poussé cela à l'extrême : son cycle court ne dure qu'une semaine. La philosophie de Weekdone repose sur le fait qu'on planifie toujours sa semaine en fonction des OKRs, qu'on met son programme en œuvre pendant la semaine et qu'on fait le bilan à la fin de la semaine. Weekdone propose également des objectifs trimestriels et annuels.

C'est l'organisation qui définit la durée des cycles court et long. Ce qui compte, c'est qu'ils aident à planifier l'activité de manière cohérente, qu'ils aillent dans le sens des objectifs de la vision à long terme, incitent à l'action et maintiennent un rythme de travail régulier.

Étude de cas : certaines organisations utilisent le quadrimestre plutôt que le trimestre

Chez AlloVoisins, marketplace de location de matériel et de prestation de service, on a organisé le programme OKR annuel en quadrimestres plutôt qu'en trimestres. Ces quadrimestres, ou « tertiles », sont parfois affectueusement surnommés « tortues ».

AlloVoisins est une des organisations à avoir opté pour ce rythme. C'est aussi le cas de Talenco, cabinet de conseil en transformation digitale, ou encore de Nixu, société de cybersécurité finlandaise.

Dans le cas de la gestion en tertile, on divise en trois périodes plutôt que quatre pour une raison simple : lorsque le modèle OKR a été mis en place, un cycle mensuel ou trimestriel peut sembler trop rapide et trop lourd pour une organisation pas encore habituée à définir et fixer des objectifs stratégiques dans le modèle OKR. Il fallait trop de temps pour apprendre à fixer les objectifs par rapport au temps qu'il fallait pour les atteindre. Mais un cycle d'un an, voire six mois, semblait, lui, beaucoup trop long. Pour une organisation qui se développe rapidement et opère sur un marché en expansion rapide, les activités opérationnelles nécessitent des adaptations rapides.

Figure n° 5 : Le planning annuel divisé en tertiles (inspiré d'Henriksson de Nixu, 2018).

Le planning annuel est désormais aligné sur le rythme annuel de l'activité de conseil. Le premier tertile, de février à mai, est une période chargée ; du coup, la planification stratégique annuelle doit être prête au début de l'année. Le deuxième tertile correspond à la saison estivale, plus calme, de juin à septembre. Si on ne change pas de période OKR à la fin du trimestre, fin juin, les vacances de juillet ne freinent pas la mise en œuvre de la stratégie. Les collègues qui reviennent de vacances savent que les mêmes objectifs restent valables jusqu'en septembre. Le dernier tertile correspond à nouveau à une période chargée et septembre est un bon moment pour planifier l'activité du reste de l'année et du début de l'année suivante.

Le cycle OKR commence par la phase de planification, qui va de début janvier à la mi-janvier. Au cours de la planification, les managers étudient leur stratégie à long terme pour définir les principaux objectifs de l'entreprise pour l'année. Lors de la planification, on cherche également à comprendre l'interdépendance des différentes unités et à donner la priorité aux objectifs communs.

Lorsque la phase de planification est terminée, les entités et les managers discutent ensemble des objectifs stratégiques sélectionnés et hiérarchisés. On appelle cette étape la phase d'approbation. Elle s'achève deux semaines avant le début du cycle annuel, au début du mois de février.

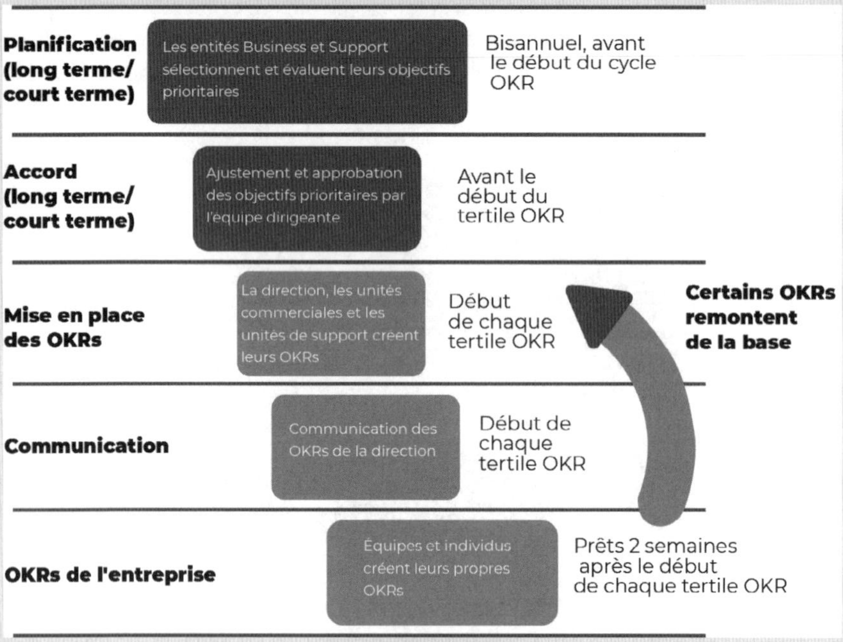

Figure n° 6 : Les différentes phases du cycle OKR (inspiré d'Henriksson de Nixu, 2018).

Entre la phase d'approbation et le début du cycle annuel, c'est le moment de fixer les objectifs OKR de toutes les entités. Chez Nixu par exemple, on appelle ça la phase « OKR du management » : on définit les OKRs quadrimestriels de toutes les entités business, toutes les entités de services internes et du management.

Lorsque le premier cycle tertile commence en février, il débute par la phase de communication, où les objectifs et les résultats clés sont communiqués à l'ensemble de l'organisation. Sur cette base, toutes les équipes et tous les individus définissent leurs propres OKRs dans les deux semaines qui suivent le début du tertile. Cette phase est appelée « OKR d'entreprise ».

La planification de chaque tertile se répète ainsi depuis les OKRs du management. Deux semaines avant le début de chaque tertile, la phase OKR du management est suivie de la phase de communication, puis des OKRs d'entreprise. Les phases de planification et d'approbation n'interviennent que dans la planification annuelle – ou en cas de changement important dans la stratégie de l'entreprise.

3.1.5. Calme et concentration pour les OKRs du trimestre

Le meilleur côté du modèle OKR, c'est qu'il permet de se concentrer sur une somme de travail limitée pendant une durée limitée. Le modèle OKR oblige à ne sélectionner que cinq éléments importants au plus, qui se retrouvent au centre de l'attention pendant tout le trimestre. Ce n'est qu'à la fin du trimestre qu'on envisage ce qu'on fera ensuite et les enseignements qu'on peut tirer du trimestre écoulé.

Dans le modèle OKR, on n'enlève ni n'ajoute d'objectifs ou de résultats clés sans une très bonne raison. Le modèle OKR éclaire aussi ce que coûte un changement d'objectif. Supprimer un objectif, en soi, ce n'est pas un gros effort, mais si on le fait, il faut revoir les résultats clés de toutes les équipes, et ça peut coûter cher à l'entreprise. C'est pourquoi on ne change pas arbitrairement d'objectif en plein trimestre.

Dans certaines organisations, les changements inconsidérés de priorités et d'objectifs et l'accumulation de projets inachevés provoquent stress et désordre chez les individus. Le fait de pouvoir se concentrer sur un objectif pendant au moins trois mois peut sembler utopique, mais les résultats pourront vous surprendre. Les équipes peuvent travailler plus sereinement quand les objectifs et priorités ne changent pas d'une semaine sur l'autre. Pour y parvenir, l'organisation doit se mettre d'accord sur deux choses :

1 Que fera-t-on des nouvelles idées, observations et autres demandes de changements au cours du trimestre ?

Des idées de changement vont inévitablement surgir au cours du trimestre. Il faut les conserver. On les reprendra au début de la phase de planification du trimestre suivant. Ces idées vont peser et gêner tout le monde jusqu'à ce qu'elles soient correctement enregistrées dans un endroit où on a la certitude qu'elles seront traitées quand il le faut.

2 S'il faut absolument changer d'objectifs trimestriels, comment procède-t-on ?

Pour une entreprise, un changement de contexte peut être très soudain. Un incendie dans une usine, par exemple, oblige à revoir les priorités trimestrielles du jour au lendemain. Ces changements ne doivent toutefois intervenir qu'en cas d'événements du niveau d'un incendie, d'un accident ou d'un krach boursier – une très bonne idée émanant d'une réunion clients, ça ne suffit pas. En cas de problème critique, il faut être capable d'opérer un changement. Au chapitre 7, nous détaillons comment changer les cibles OKR en cas de crise en plein trimestre. Mais une organisation peut aussi établir ses propres règles pour les situations exceptionnelles.

3.1.6. Cadence de planification

Examinons maintenant la planification dans le modèle OKR. Quelle est la cadence de planification lorsque le rythme de réalisation est annuel et trimestriel ? Chaque cycle de réalisation est précédé d'une phase de planification. La période de vision à long terme est précédée par un atelier stratégique ou une rencontre similaire de planification, où on définit les objectifs stratégiques à partir de cette vision.

En fonction de l'organisation, ces événements ont lieu tous les trois ou cinq ans, ou selon le cycle stratégique. On redéfinit également les objectifs stratégiques si la précédente vision à long terme s'est avérée mauvaise, si les objectifs ont été atteints. Par ailleurs, les objectifs stratégiques sont généralement renouvelés quand la direction change.

La direction planifie les objectifs du cycle long de réalisation – les objectifs annuels – avant la fin de l'année fiscale ou civile. L'état d'avancement des objectifs et des résultats clés du cycle long est évalué au moins une fois par trimestre, mais le management peut aussi le faire tous les mois. Les informations sur l'état d'avancement des objectifs du cycle long exercent une grande influence sur la planification du cycle court.

La planification du cycle court débute avant la fin du trimestre. La planification trimestrielle tient compte des résultats et des enseignements du trimestre écoulé, toujours dans le cadre des objectifs annuels. On examinera l'évolution du marché et de l'organisation. Les objectifs trimestriels font l'objet d'un suivi à la fois mensuel et hebdomadaire. Chaque semaine, les équipes se réunissent pour mettre à jour les résultats clés et évaluer l'état d'avancement des objectifs. Cela permet de réagir aux problèmes en temps réel et d'apporter les changements nécessaires à la session de planification suivante. Avec un suivi hebdomadaire, les objectifs restent en permanence au cœur de l'activité et on reste concentré dessus.

3.1.7. Une même cadence de planification dans toute l'organisation

Beaucoup ont rencontré ce problème, où un projet est arrêté faute de renfort. Avant de pouvoir aider les autres, les équipes ont d'abord besoin d'y voir clair sur ce qui les attend. Si la réunion de planification de l'autre équipe a lieu dans un mois, on n'en saura pas plus sur la rapidité avec laquelle les choses pourront avancer, si tant est qu'elles avancent.

Ces différences de rythme entraînent des retards, elles provoquent colère et léthargie. Le fait d'attendre est un des symptômes les plus caractéristiques et les plus frustrants du gaspillage dans une organisation. Heureusement, il est facile d'y remédier.

Le modèle OKR instaure une simultanéité dans la planification, ce qui est très précieux et augmente considérablement l'efficacité dans l'organisation. Les organisations agiles réussissent. Pour réussir les changements, il faut que le plus d'équipes possible suivent ensemble le même cap.

Une planification simultanée est donc très importante. Cette simultanéité permet des retours fluides à tous les niveaux, une meilleure compréhension de l'objectif commun et les problèmes éventuels et les interdépendances entre équipes sont détectés à temps.

Il faut cependant accepter que dans une grande organisation, la planification et l'alignement des objectifs prennent beaucoup de temps. Parfois tellement qu'il est impossible d'attendre que chaque planning soit terminé avant le début du cycle de réalisation. Attendre les retours et les plannings définitifs de chaque équipe allongerait la planification et empiéterait trop sur le cycle de réalisation.

Dans ce cas-là, la direction donne ses objectifs et les aligne avec ceux de leurs principaux interlocuteurs, qui à leur tour font de même avec leurs principaux interlocuteurs. Les retours sont permanents, même quand le cycle a commencé – le planning pouvant être ajusté sur la base de ce feedback, si nécessaire.

En règle générale, les organisations parviennent cependant à maintenir un rythme de planification assez serré et synchronisé. Chaque équipe tire ses objectifs du niveau du dessus et tient également compte, quand c'est possible, des objectifs des équipes avec lesquelles elle travaille. Moins les organisations sont hiérarchisées, moins il faut d'étapes pour aligner les OKRs.

Nous allons maintenant étudier les méthodes de gestion des objectifs et les questions connexes. Tout d'abord, nous examinerons les objectifs au niveau de l'entreprise et comment ils découlent de la stratégie à long terme. Nous étudierons ensuite plus en détail la planification des objectifs trimestriels d'une équipe.

3.2. LES OBJECTIFS À LONG TERME DÉCOULENT DE LA STRATÉGIE

Le modèle OKR est un outil de gestion du changement conçu pour mettre en œuvre la stratégie d'une entreprise, c'est pourquoi il est essentiel de connaître les objectifs stratégiques avant la planification. Nous partons du principe que toute entreprise possède une direction et des objectifs que le modèle OKR aidera à atteindre. Comme mentionné précédemment, il peut s'agit d'une direction, d'une stratégie, d'une vision à long terme, d'une lettre de mission ou quelque autre forme de plan détaillé ou général.

Il est également très probable que l'entreprise ait des objectifs financiers. Pour gérer la stratégie, la vision à long terme et les objectifs financiers, pas besoin qu'ils soient parfaitement définis. Certains des objectifs ou des résultats clés peuvent être liés à l'affinement des plans.

Malheureusement, il n'y a pas qu'une seule façon de faire découler les objectifs de la stratégie. Néanmoins, il y a fort à parier que les meilleurs résultats s'obtiennent en impliquant les gens. On trouve des trésors de sagesse en dehors des salles de réunion, dans les rouages opérationnels de l'organisation, dans les interfaces clients et dans toutes les activités courantes.

La force des OKRs, c'est que chaque niveau de l'organisation peut apporter son expérience et son expertise au travail de planification. Différents niveaux de l'organisation peuvent participer à la planification des objectifs stratégiques et le feedback se prolonge jusqu'à ce que chaque niveau ait défini ses objectifs à court terme, en fonction des objectifs stratégiques à long terme.

La planification s'effectue généralement un niveau après l'autre, en commençant par la direction générale. Selon la taille et l'activité de l'entreprise, la définition des objectifs stratégiques s'effectue au niveau du management ou de l'équipe managériale élargie. La direction examine les objectifs et la stratégie du cycle à long terme, puis elle organise une rencontre de planification OKR, animée avec attention. Cette rencontre génère la première ébauche des objectifs annuels.

Il existe de nombreuses façons d'y parvenir. Nous allons en présenter deux, qui aident à définir les objectifs du cycle long de mise en œuvre de la stratégie. Nous allons aussi poser dix questions qui permettent de décomposer les objectifs stratégiques en objectifs concrets à court et à long terme.

3.2.1. La méthode « À quoi ça ressemble quand c'est fait ? »

La première méthode consiste à visualiser la fin du cycle long de réalisation, c'est-à-dire la fin de l'année. La question clé est : « Que doit-il se produire au cours de l'année pour que l'objectif stratégique soit atteint ? » Lors de la planification, les participants travaillent sur les questions suivantes :

- Qu'est-ce qui doit être terminé d'ici un an ?
- La mise en œuvre de la stratégie devrait ressembler à quoi d'ici la fin de l'année ?
- Un bon résultat dans un an, ça ressemblerait à quoi ?

Lorsque l'ensemble du groupe partage une image claire du résultat de fin d'année, il devient possible de conduire l'organisation vers cet objectif. Pour être gérable, ce résultat sera converti en objectifs et en résultats clés selon le modèle OKR.

Tout d'abord, on verbalise l'image commune de ce bon résultat de fin d'année. Voici quelques exemples de formulation :

- L'expérience client est plus centrale dans toute l'organisation.
- L'entonnoir de vente déborde.
- Notre croissance est plus rapide que celle du marché.

Ce sont des objectifs inspirants et qualitatifs, conformes au modèle OKR. C'est en fonction d'eux qu'on établit les résultats clés et qu'on suit leur progression. Le résultat clé est quantitatif et décrit précisément les résultats souhaités à la fin de l'année. Par exemple :

- nombre accru de rencontres avec notre clientèle ;
- amélioration du ratio de conversion client ;
- augmentation du nombre de prospects générés par le marketing ;
- réduction des délais d'entente au niveau des services (SLA).

Lorsque la direction a défini ses objectifs, les équipes les transposent à leur activité. Dans les grandes organisations, il peut arriver que les entités business ou les services fixent leurs propres objectifs à long terme. Mais en général, les équipes se contentent de transposer les objectifs à long terme de l'entreprise dans les activités du prochain cycle court. Nous détaillons la planification trimestrielle dans la section 3.3.

Enfin, plus la stratégie est nouvelle, précise ou radicale, plus les gens ont besoin de temps pour définir les bons objectifs à leur niveau. Il est donc très important d'organiser suffisamment d'ateliers sur la définition des objectifs, pour que tout le monde puisse y réfléchir. Les entreprises qui installent la méthode OKR pour la première fois ont besoin de nettement plus de temps qu'une organisation qui y est déjà rompue.

3.2.2. La méthode « Comment pourrait-on ? »

La deuxième méthode est une adaptation du kit de design de la communauté IDEO.org. Elle s'appelle « How Might We » (HMW – « Comment pourrait-on »). On l'utilise généralement pour concevoir de nouveaux services, mais elle est également très utile pour extraire des objectifs d'une stratégie – avec quelques adaptations.

Le but est de repenser les objectifs de manière que la situation présente ne limite pas les solutions. Cette méthode est particulièrement utile lorsque les objectifs stratégiques comportent un élément très ambitieux, visent une cible de grande envergure ou lorsque les changements de stratégie affectent de manière significative les activités en cours.

L'idée est d'oublier le présent et de se concentrer sur ce qui devrait changer pour que le problème soit résolu et l'objectif réalisable. Le but de la méthode, c'est d'oublier, pendant un instant, toutes les idées préconçues et les structures existantes, pour ne penser qu'au résultat cherché.

Les ateliers peuvent être animés de bien des façons. En voici un exemple.

Un atelier « Comment pourrait-on » en pratique

Il faut d'abord que participantes et participants se familiarisent avec la stratégie. La personne qui anime le projet expose ensuite l'ambition de l'objectif et le cadre temporel sous la forme d'une question commençant par « Comment pourrait-on ».

- « Comment pourrait-on décupler notre chiffre d'affaires l'année prochaine ? »
- « Comment pourrait-on doubler le taux de conversion de la boutique en ligne en trois mois ? »
- « Comment pourrait-on toucher toutes nos audiences potentielles l'année prochaine ? »

L'essentiel est que la personne qui facilite utilise bien une question formulée sur le mode « Comment pourrait-on... ? » ou « Comment pourrait être le monde pour qu'on puisse atteindre cet objectif ? ». Elle doit aussi insister sur le fait qu'on peut laisser de côté les solutions et les procédures existantes. Et qu'on n'a pas besoin de tenir compte des structures existantes.

Après cela, le brainstorming peut commencer. On peut le faire avec des post-it ou n'importe quel outil permettant de recueillir des idées. Il est essentiel qu'au cours du brainstorming, les processus existants, les habitudes pratiques ou les solutions informatiques ne viennent pas entraver la découverte d'un résultat révolutionnaire.

Pendant l'atelier, l'ensemble de l'audience doit pouvoir présenter ses idées sans recevoir de critiques. Selon la nature de l'audience, cela peut prendre du temps. Une fois les idées présentées, la personne qui facilite ou les équipes commencent à regrouper celles qui se ressemblent. Là encore, il faut éviter toute critique. À la fin, on agrège les idées similaires pour les développer encore.

Lorsque suffisamment d'idées ont été générées, on sélectionne les meilleures, les plus inspirantes et les plus praticables. Et quand la poussière retombe, l'équipe examine ce qu'elle vient d'imaginer. Il est temps de comparer ces plans à la réalité du moment. La question qui se pose alors est :

- Qu'est-ce qui doit changer ?
- Qu'est-ce qui peut être changé ?
- Qui doit s'en occuper dans l'organisation ?
- Qui peut autoriser les changements nécessaires ?

L'équipe rédige ensuite des objectifs et des résultats clés pour passer de la situation actuelle à la situation souhaitée.

Cette méthode est particulièrement adaptée pour bousculer les modes de pensée traditionnels. Parfois, on peut même le faire trop bien. Il se peut qu'il n'y ait pas de moyen simple pour concrétiser le résultat final souhaité. Parfois, l'écart entre la situation présente et la situation future est trop grand. Si c'est le cas, nous recommandons de continuer avec l'une des autres méthodes décrites dans ce chapitre, pour mettre les choses en pratique.

Étude de cas : « Comment pourrait-on », l'approche préférée de Florian Stenström

Florian Stenström est cofondateur et COO de BookingSync, expert de la location saisonnière. Il a remarqué que les gens qui travaillent dans l'entité métier doivent généralement réfléchir aux choses en tenant compte de contraintes. Des contraintes budgétaires, de calendrier, technologiques, géographiques ou des restrictions imposées par un produit existant entravent les solutions imaginatives. La question « Comment pourrait-on » vise à soulager cela.

Presque tout développement commercial est le fruit d'une amélioration continue de la situation présente. Pour échapper un moment au processus d'amélioration continue, une entreprise a besoin de la méthode « Comment pourrait-on ». Par exemple, ça fait des millénaires qu'on utilise des sacs à dos pour transporter des marchandises. La roue existe depuis l'époque des chars romains. Les entreprises d'équipements de plein air continuent chaque année d'améliorer le concept millénaire de sac à dos avec de nouvelles itérations – et en continuant à faire de bonnes affaires.

La combinaison de la roue et de la valise n'est cependant pas survenue avant les années 1970. Étonnamment, pendant des milliers d'années, personne n'a eu l'idée de cette combinaison d'éléments, alors que tirer une valise à roulettes est parfaitement courant dans les aéroports aujourd'hui.

F. Stenström indique que le modèle OKR pousse à repenser comment certaines choses sont faites et à stimuler des changements radicaux lorsque c'est pertinent. D'après lui, la méthode « Comment pourrait-on » convient mieux à une entreprise qui a déjà une expérience de conception et de remise en question des stratégies avec des méthodes de réflexion diverses.

Lors du premier atelier de stratégie après la mise en place du modèle OKR, d'autres méthodes fonctionnent mieux. Une fois que l'organisation a plus l'habitude des OKRs, le modèle fonctionne vraiment bien pour planifier des objectifs ambitieux et trouver des idées exceptionnelles.

Quand on utilise cette méthode pour la première fois, il ne faut pas s'attendre à des propositions exceptionnelles lors du premier atelier. Pendant la pause déjeuner, par exemple, l'animateur de l'atelier et le responsable métier doivent prendre un moment pour faire le point.

À un moment de l'atelier, il faut passer en revue les idées qui ont émergé. Si les idées ne sont pas assez bonnes, en faut-il de nouvelles ? Si elles ne sont pas assez ambitieuses, faut-il réexpliquer la stratégie ? Après tout, l'idée de la méthode est de se libérer des contraintes habituelles, même si ce n'est que pour un moment.

3.2.3. Dix questions pour transposer la stratégie en OKR

Traditionnellement, une stratégie décrit les changements souhaités dans la direction à suivre, les chiffres, les marchés et la conduite générale des affaires. Une fois la stratégie établie dans l'organisation, il est relativement facile d'en extraire des objectifs et résultats clés. Les dix questions suivantes aident à décomposer les objectifs de la vision à long terme et du cycle long en objectifs à court terme :

1 **Quel est le résultat attendu en fin de période ?**

Si le but n'est pas clair, un bon objectif de premier trimestre peut permettre de le décrire plus précisément. Le simple fait de commencer, c'est déjà payant. On ne peut pas se cacher derrière une table à dessin.

2 **Existe-t-il déjà un indicateur pour le résultat final ?**

Le tableau de bord actuel décrit-il la situation de l'organisation de sorte que, lorsque les indicateurs changent dans la bonne direction, c'est qu'on est en train de progresser vers l'objectif souhaité ? Si ce n'est pas le cas, on peut définir des objectifs de développement des indicateurs. Mais si les indicateurs décrivent bien la situation, une amélioration des chiffres mesurés devient le bon résultat clé.

3 **Est-ce qu'on sait ce qu'on ne sait pas ?**

Dans une stratégie, certains points méritent souvent d'être clarifiés. Si c'est le cas, les clarifier constitue un bon objectif.

4 **Qu'est-ce qui pourrait nous arriver de totalement inattendu ?**

Sur la base de cette stratégie, pouvons-nous imaginer ce qui pourrait se produire de manière totalement inattendue ? Comment s'y préparer ? Cette préparation pourrait-elle constituer un objectif ?

5 **Qu'est-ce que les parties prenantes attendent de nous ?**

Qu'est-ce que les parties prenantes, telles qu'elles sont décrites dans la stratégie, attendent de nous ?

6 **La stratégie est-elle inspirante ?**

La stratégie est-elle assez inspirante pour que les membres de l'organisation y participent volontiers ? Sinon, comment les inspirer davantage ?

7 **La culture de l'entreprise est-elle propice au changement ?**

Sinon, que faire pour rendre les changements possibles ? Comment s'y prendre tout au long du processus ? Quelles sont compétences qui nous font défaut et comment les faire venir ?

8 **Qu'est-ce qu'on ne veut pas faire en cours de route ?**

Normalement, le modèle OKR ne se focalise pas sur les choses qu'on ne veut pas faire, seulement sur ce qu'on veut faire. Ce qu'on ne veut pas est défini dans la stratégie. Cependant, lorsqu'en cours de planification, on identifie des choses dont on ne veut pas, il faut les répertorier.

9 **Qu'est-ce qu'on pourrait faire de bien ou d'intéressant, mais qui n'est pas essentiel pour le moment ?**

Si de telles choses apparaissent, on les inscrit sur la liste des « choses à ne pas faire ».

10 **Comment résumer toutes ces idées à un maximum de cinq objectifs et résultats clés ?**

Après tout ce temps passé à recueillir des objectifs, beaucoup d'idées circulent. Au bout du compte, il ne faut sélectionner que moins de cinq objectifs et une quinzaine de résultats clés au maximum. N'oubliez pas : moins d'objectifs, c'est mieux. Tailler dans les idées, ça peut être difficile, mais cela en vaut la peine.

3.2.4. Recourir au coach professionnel

Afin d'accompagner la définition des objectifs et des résultats clés à partir de la stratégie, nous recommandons de faire appel à un animateur professionnel, ou au moins à quelqu'un qui ne fait pas partie de l'équipe. La tâche du coach est de faire travailler les gens, de modérer les débats, d'établir l'emploi du temps et tout enregistrer pour que les participants puissent se concentrer sur les idées et être productifs.

Si d'habitude les coachs ne commentent pas le contenu, notre expérience montre que dans les ateliers OKR, on a souvent recours aux coachs pour interpréter les objectifs et résultats clés. Les coachs avec une bonne expérience du métier et qui connaissent bien le modèle OKR apportent beaucoup à un atelier. Un ou une coach qui connaît le modèle OKR est mieux à même d'aider l'organisation à définir les objectifs et les résultats clés qui faciliteront le déploiement du modèle.

C'est surtout au premier trimestre et lorsque le modèle est mis en place qu'un ou une coach externe est le plus utile. Avec le temps, l'équipe pourra s'habituer à extraire et planifier elle-même les OKRs à partir de la stratégie. Le rôle et l'expertise du chef d'équipe ou des « OKR Champion » internes dédiés en tant qu'animateurs et animatrices des ateliers OKR s'accroîtront avec le temps.

Une entreprise rompue au modèle OKR peut avoir recours à tout animateur qualifié, interne ou externe, pour ses ateliers. Il est toutefois toujours utile que ce facilitateur comprenne le modèle OKR.

3.3. LA PLANIFICATION À COURT TERME SUR UN TRIMESTRE

Le plus souvent, dans le modèle OKR, le cycle court de réalisation, c'est le trimestre. Un an, c'est trop long pour avoir des informations sur les objectifs et les résultats clés, trop lent pour atteindre les objectifs en général, et trop lointain pour planifier l'activité courante. Comme l'écrivent Marcus Buckingham et Ashley Goodall dans leur livre *Nine Lies About Work* (Neuf mensonges sur le travail), un plan expire aussitôt qu'il est terminé.

Un trimestre, c'est une bonne durée pour un cycle court. Les objectifs et les résultats clés sont fixés pour les trois mois à venir, avec une date limite de trois mois pour atteindre les résultats clés. Le cycle de vie d'un objectif peut s'étendre sur plusieurs trimestres s'il n'est pas possible de le réaliser en trois mois. Pour les objectifs qui n'ont pas encore été atteints, de nouveaux résultats clés sont définis pour les trimestres suivants.

À chaque nouveau trimestre, si nécessaire, de nouvelles cibles sont définies pour les objectifs qui ont été atteints. En même temps, il faut vérifier si les objectifs sont toujours alignés sur les principaux objectifs de la stratégie à long terme et sur les objectifs annuels, ou si des changements importants sont apparus.

Cette section détaille la planification du premier trimestre de l'année ou de l'exercice fiscal, ainsi que la cadence de planification des trimestres suivants et d'alignement des objectifs.

3.3.1. La planification du premier trimestre

La planification du premier trimestre de l'année ou de l'exercice fiscal est précédée par la fixation des objectifs annuels par la direction pour l'ensemble de l'entreprise, comme décrit précédemment. C'est après que débute la planification du premier trimestre. Si la direction fixe des objectifs trimestriels et des résultats clés pour elle-même ou pour l'entreprise en plus de ses objectifs annuels, ils peuvent être fixés en premier. Mais il est assez courant que toutes les équipes commencent à planifier le premier trimestre en même temps, dès que les objectifs annuels sont prêts.

On peut utiliser les mêmes méthodes que celles décrites dans la section précédente pour gérer les objectifs trimestriels. La liste de dix questions, en particulier, aide à réfléchir à ce par quoi il faut commencer pour atteindre les objectifs de l'année.

La planification trimestrielle détermine les objectifs sur lesquels il faudra se concentrer au cours des trois prochains mois pour atteindre les objectifs annuels. Les objectifs trimestriels sont étroitement corrélés aux objectifs annuels. Ils ne sont cependant pas tout à fait identiques, puisque, lorsqu'on décompose un objectif annuel en objectifs trimestriels, il est logique de se concentrer sur la période à venir. Par exemple : si l'objectif annuel dit « Nous avons aidé 2 000 000 de personnes avec nos services », l'objectif trimestriel peut être « Nous avons aidé 500 000 personnes avec nos services », ou bien « Nous avons développé un nouveau service ». Les deux rapprochent de l'objectif annuel, mais par des voies différentes.

L'objectif trimestriel est ensuite transformé en résultats clés, dont la réalisation permet d'avancer vers l'objectif, voire de l'atteindre complètement. La formulation de l'objectif est un élément essentiel dans l'élaboration d'un résultat clé. Si c'est la direction qui fixe d'abord ses objectifs trimestriels et les résultats clés associés, ils doivent être axés sur l'objectif final. Ils ne doivent pas constituer un obstacle sur le plan pratique lorsque les autres équipes les transposent à leur activité.

Une fois que la direction a établi ses objectifs, les personnes du niveau suivant dans l'organisation transposent ce que ces objectifs signifient pour leur activité du trimestre à venir. On procède ainsi de niveau en niveau jusqu'à ce que chaque équipe et chaque individu aient pu déterminer sa contribution à la réalisation d'ensemble. Dans certaines organisations, il est possible de passer directement des objectifs de la direction vers ceux des équipes sans nécessairement passer par chaque strate de l'organisation. Cela dépend notamment de l'aptitude des cadres moyens à consolider par eux-mêmes la vue d'ensemble de leur périmètre et à faire le lien entre les OKRs proposés par les équipes, les priorités propres à leur périmètre et les objectifs de la direction.

Étude de cas : chez Dalenys, on mise tout sur le dialogue horizontal et vertical

Lorsque Ludovic Houri, PDG de Dalenys, entame la mise en œuvre de la méthode OKR, les motivations sont claires. Il s'agit d'embarquer tout le monde dans la transformation de l'entreprise et d'aligner les priorités pour une meilleure performance collective.

Dalenys compte près de 200 personnes et donc déjà plusieurs niveaux de hiérarchie, notamment dans certains grands départements comme la technologie qui peut compter jusqu'à quatre « étages ». Ainsi, lorsque le mode de déploiement est discuté au sein de l'équipe de conduite du changement et de la direction, il est important de trouver un moyen de limiter les intermédiaires et de favoriser une circulation fluide de l'information. C'est ce qui a motivé à mettre en place les OKRs sur deux niveaux « seulement ». Il y a les OKRs de l'entreprise, qui sont aussi ceux de la direction, et ceux des équipes. Dès lors qu'un département compte plusieurs équipes, les OKRs sont définis et suivis individuellement pour chaque équipe. Un facilitateur ou facilitatrice sont identifiés dans chacune des équipes pour coordonner tous les processus liés au modèle OKR au sein de l'équipe. N'avoir que deux niveaux d'OKRs permet un dialogue direct entre la direction et le terrain. Cela permet aux individus d'avoir un accès direct à l'information venant du management et fait gagner du temps lors de la préparation des cycles et l'alignement horizontal et vertical. Les cadres moyens qui gèrent plusieurs collectifs peuvent piloter les progrès en compilant le statut OKR de chaque équipe. Leur rôle est critique dans l'alignement vertical et horizontal puisqu'ils ont une vue d'ensemble et sont capables de négocier les priorités avec leurs pairs. Cette approche est évolutive et peut être modifiée en fonction de la maturité de l'organisation et de son utilisation du modèle OKR.

Lorsqu'on définit pour la première fois les objectifs et résultats clés du modèle OKR, il est bon de tenir compte des éléments suivants :

- Les premières sessions de planification demandent beaucoup plus de temps que les suivantes. Lors des premiers ateliers, il est utile de prévoir un temps de réflexion, de questions et d'hésitation, et de fonctionner en plusieurs itérations afin de bien réfléchir au résultat final.
- Il est beaucoup plus important de d'abord finaliser quelques objectifs et résultats clés et de commencer à les tester, que d'essayer de tout faire parfaitement dès le départ. On apprend en expérimentant et en corrigeant, pas en théorisant et en sur-analysant.
- Les équipes doivent bénéficier d'un soutien suffisant pour définir leurs propres objectifs. Plus les objectifs sont édictés d'en haut de façon stricte, plus les équipes hésiteront à revendiquer leurs objectifs. Il ne faut pas en blâmer les équipes, il faut plutôt les encourager sur la voie de l'autonomie.

L'équipe organise un atelier au cours duquel elle examine les objectifs et les résultats clés définis par la direction et les transpose dans son activité. Quand on ne dispose que de trois mois, il faut réfléchir soigneusement aux priorités de l'équipe pour que le travail aille dans le sens des objectifs de l'entreprise. Quels sont les résultats clés qui indiqueront que l'équipe a fait sa part dans l'effort de l'entreprise ?

L'atelier peut, et c'est souvent le cas, faire intervenir une personne participant à la planification des OKRs au niveau supérieur, qui peut répondre aux questions relatives aux objectifs et résultats clés établis par la direction. Mais ce n'est pas indispensable. Le modèle OKR encourage à s'interroger et débattre des objectifs de la direction lorsqu'ils sont présentés à l'ensemble de l'organisation. Comme tous les objectifs et résultats clés sont accessibles à tout moment et à tous, les sujets de préoccupation peuvent être exprimés aussitôt qu'ils se présentent.

Étude de cas : mode d'emploi de l'outil re:Work de Google

Le mode d'emploi de l'outil re:Work de Google propose le calendrier suivant pour le premier trimestre de mise en place des OKRs :

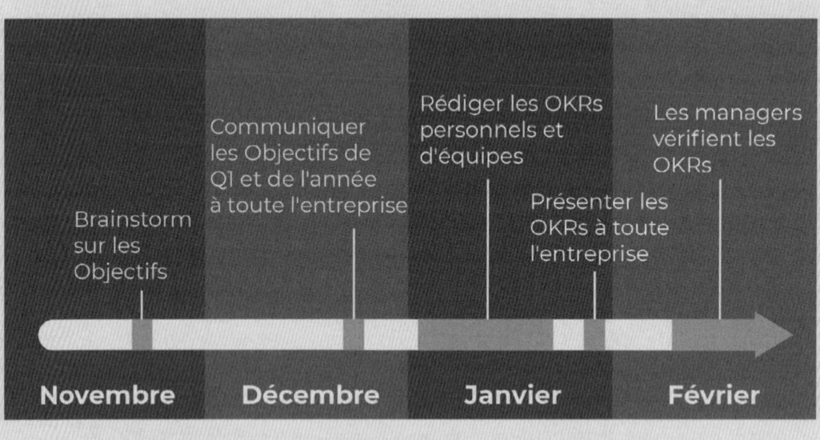

Figure n° 7 : Exemple de calendrier OKR (adapté de Google, 2018).

Dans le modèle de Google, la planification des objectifs annuels commence mi-novembre. La direction communique les objectifs annuels et ceux du premier trimestre fin décembre. Les équipes disposent du mois de janvier pour fixer leurs objectifs qui seront communiqués fin janvier lors d'une réunion à l'échelle de l'entreprise. À partir de février, le suivi se fait selon le processus standard.

3.3.2. Cadence de la planification trimestrielle

Dans le modèle OKR, la planification du premier trimestre est toujours particulière. Dans les planifications suivantes, la mise en œuvre et le suivi sont plus faciles et se déroulent selon un calendrier préétabli. La cadence dépend de l'entreprise et de ses besoins. Deux options existent pour l'élaboration des objectifs trimestriels.

La planification trimestrielle entrelacée

Souvent, la planification du trimestre suivant empiète légèrement sur le trimestre en cours. Dans les grandes organisations en particulier, la planification de la période à venir commence plus tôt, car il faut du temps pour aligner les objectifs.

Pour les besoins de la planification, on collecte les données et les résultats du trimestre en cours. On utilise également les données sur les changements nécessaires, les observations et autres souhaits enregistrés au cours de la période précédente. Sans oublier d'examiner la stratégie et les objectifs annuels.

La direction élabore ses objectifs trimestriels jusqu'à un mois avant la fin du trimestre précédent. Ça lui laisse suffisamment de temps pour communiquer ses objectifs et permet aux équipes d'organiser leurs propres réunions de planification avant le début du nouveau cycle.

Étude de cas : Germinal mise tout sur l'agilité collective

Germinal est une société qui accompagne entrepreneuses et entrepreneurs avec des formations en ligne pour les aider à exécuter rapidement leur plan de croissance. Au moment de l'écriture de ce livre, l'entreprise compte une vingtaine de personnes. La société a la particularité d'être « Remote first », c'est-à-dire que chaque membre du personnel choisit où travailler (mais 30 % sont à Paris). Autre fait notable : 40 % de l'EBITDA est redistribué aux membres de l'équipe. Autant de choix qui font de Germinal une organisation résolument tournée vers le collectif et l'implication de l'ensemble du personnel dans le projet d'entreprise.

C'est en 2019 que Germinal lance les OKRs. L'objectif ? Encourager les équipes à se concentrer sur l'essentiel et à avoir plus de clarté et d'alignement sur les objectifs communs à atteindre. Et au bout du compte, plus d'autonomie pour les individus dans la priorisation.

Chez Germinal, c'est Kevin Duchier, le Directeur des Ressources Humaines qui facilite le processus OKR au sein de l'organisation. Il est appuyé par le PDG, Grégoire Gambatto, premier ambassadeur de la vision de l'entreprise et des priorités stratégiques côté contenu. Mais les OKRs, c'est l'affaire de toutes et tous.

Tous les trimestres, chaque équipe s'affaire à définir les OKRs du cycle suivant pendant une semaine. La cadence est claire et la même pour tout le monde. La préparation commence par une rétrospective en début de semaine et est suivie de la proposition de nouveaux résultats clés qui sont alignés avec les managers et la direction en cours de semaine. Le vendredi, les nouveaux OKRs sont présentés à toute l'équipe.

Étude de cas : OKR, l'opportunité d'impliquer les équipes de manière coordonnée chez Dalenys

Dalenys commence à planifier le trimestre suivant environ un mois avant la fin du trimestre en cours. La planification commence par une réunion du comité directeur qui s'aligne sur les grandes priorités du trimestre suivant. Ces échanges prennent en considération les remontées ayant eu lieu dans les différentes équipes au cours du trimestre. S'ensuit une communication vers l'ensemble de l'organisation donnant de la visibilité sur ce cadre stratégique et ces propositions de focalisation pour le prochain trimestre. Les équipes ont ensuite un mois pour définir leurs OKRs et identifier si elles ont besoin d'autres équipes pour les accomplir. Une fois les premiers OKRs d'équipes disponibles, la semaine qui suit est une semaine d'alignement. Toutes les équipes qui ont des OKRs partagés peuvent s'aligner sur la faisabilité des propositions et négocier les priorités sur lesquelles elles veulent et peuvent s'engager pour le trimestre suivant. Une fois que cela est fait, une semaine d'harmonisation verticale leur permet de remonter leur proposition vers la direction et d'obtenir les possibles arbitrages nécessaires. Cette semaine permet aussi à la direction d'adapter les OKRs d'entreprise sur base des propositions consolidées des équipes. Après cela, la réalisation des objectifs du trimestre peut commencer.

Le processus Dalenys est conséquent, mais dans une organisation de 200 personnes, cela reste possible. La mise en place du modèle OKR visait à harmoniser l'ensemble des activités de l'entreprise, une attention particulière a donc été portée à l'alignement.

La planification des objectifs et des résultats clés a été directement intégrée au système informatique, de sorte que tout est transparent pour l'organisation. Cela permet aux équipes de connaître les objectifs des autres équipes et donc d'améliorer leur alignement entre elles lors de la planification des objectifs.

La planification trimestrielle successive

Certaines organisations préfèrent qu'un trimestre soit terminé et ses résultats disponibles avant de planifier le suivant. Cela est possible, mais la planification exige alors une discipline très stricte de la part de l'organisation.

- Les résultats du trimestre doivent être communiqués très rapidement en fin de période.
- La planification demande l'allocation de moyens suffisants pour que le plan puisse être établi dans toute l'organisation en une ou deux semaines.

Dans ce scénario, la direction planifie ses objectifs dès que le trimestre est terminé, et les autres équipes établissent les leurs dans les premières semaines. Plus l'organisation est agile et autonome, plus le modèle a de chances de fonctionner.

3.4. PLANIFICATION DES OBJECTIFS EN ÉQUIPE

Il existe différentes façons de planifier des objectifs au niveau d'une équipe. Ces méthodes dépendent du niveau d'autonomie et de maturité des équipes, ainsi que de la capacité de l'organisation à leur donner un pouvoir de décision. Toutes les méthodes se valent et l'organisation peut en choisir une autre une fois qu'elle s'est familiarisée avec le modèle OKR, et que les équipes sont incitées à prendre davantage de responsabilités pour définir leurs objectifs.

Il existe grosso modo trois façons d'aligner les objectifs des équipes sur l'ensemble de l'entreprise.

- Les objectifs peuvent être déclinés en cascade à partir du niveau supérieur (cascade).
- Les équipes adaptent les objectifs venus d'en-haut en fonction de leur activité (alignement).
- Les équipes ajoutent leurs propres objectifs à ceux du top management.

La direction doit discuter et s'accorder sur la méthode qu'elle veut employer pour définir les objectifs de l'organisation. Cela peut aussi évoluer dans le temps en fonction de la maturité de l'organisation. Examinons de plus près les différentes options.

3.4.1. Donner les objectifs aux équipes

Dans la méthode traditionnelle de gestion des objectifs, la direction planifie les objectifs pour l'organisation dans son ensemble ; ils sont ensuite déclinés en cascade dans les services. Dans la pratique, nous avons constaté que de nombreuses organisations utilisent cette méthode lorsqu'elles mettent en place le modèle OKR. Les objectifs financiers peuvent également profiter de cette répercussion en cascade.

Certaines situations exceptionnelles peuvent justifier que les objectifs soient exclusivement déterminés par la direction. Par exemple, l'harmonisation de différents projets peut rendre certaines mises en œuvre non négociables et doit être décidée pour l'ensemble de l'entreprise. Dans ce cas, des objectifs directifs peuvent s'avérer nécessaires.

Avec les objectifs directifs, la direction a une maîtrise complète de la situation. La somme des objectifs correspond à l'objectif fixé par la direction. Dans cette situation, chaque entité de l'organisation a la charge d'une partie de l'objectif à remplir.

Bien que cela puisse sembler plus simple, cette méthode n'est pas souhaitée pour le modèle OKR. Elle n'encourage pas l'autonomie des équipes, leur engagement dans la définition des objectifs et le débat. Nous recommandons de limiter le nombre d'objectifs directifs et d'augmenter les objectifs interprétés à mesure que l'organisation adopte le modèle OKR et que chaque personne apprend à envisager son propre travail en lien avec les objectifs stratégiques.

3.4.2. Transposer les objectifs au niveau de l'équipe

L'approche du modèle OKR pour fixer les objectifs de l'équipe, c'est l'alignement. Cela signifie que l'équipe étudie attentivement les objectifs de la direction et les objectifs du niveau supérieur avant de les adapter à son niveau en fonction de son activité et de son environnement. Les objectifs sont en ligne avec ceux du niveau supérieur, mais ce que l'équipe fait concrètement pour aller dans le sens des objectifs généraux est défini par l'équipe elle-même. Elle est responsable des moyens et de la mise en œuvre.

C'est ce qui donne au modèle OKR sa force d'harmonisation. L'équipe n'ignore ni ne change les objectifs, elle les adapte ou les transpose à son activité. Et le fait de pouvoir déterminer quels résultats et quelles missions sont essentiels pour l'équipe produit du sens, invite à l'engagement et à l'autonomie.

En fonction de l'organisation et des interdépendances entre équipes, l'alignement des objectifs peut aussi venir d'en haut. Cela signifie que certains objectifs de l'équipe peuvent découler des objectifs d'autres équipes, au même niveau dans l'organisation. Une équipe peut librement tirer parti des objectifs d'une autre s'ils correspondent à son activité. L'alignement peut donc se faire par le haut ou latéralement.

Dans certaines organisations, les équipes peuvent dériver leurs objectifs directement des objectifs du management plutôt que de créer des objectifs intermédiaires. Par exemple, si le but du niveau supérieur est trop modeste et que l'équipe souhaite aller plus loin. Les débats sur les OKRs peuvent contribuer à reprendre les objectifs d'en-haut si les équipes disent qu'elles peuvent faire mieux que ce que le niveau supérieur a prévu.

Les OKRs marchent dans les deux sens. Lorsque les équipes adoptent des objectifs de la direction générale dans leurs propres objectifs, elles peuvent également proposer des objectifs entièrement nouveaux, suggérer des changements dans la formulation, exiger de fixer des cibles plus ambitieuses ou fournir à la direction une foule d'informations sur les objectifs. Cela donne lieu à des discussions qui permettent à chaque personne de mieux comprendre la stratégie, les objectifs et la mise en œuvre.

Étude de cas : planification des objectifs directement à partir des objectifs de l'entreprise

Dans une entreprise européenne avec qui nous avons échangé, l'équipe à la tête des services internes avait pour objectif d'améliorer la productivité, d'augmenter la satisfaction des clients dans les fonctions supports et de renforcer l'autonomie interne. Pour atteindre ces objectifs, toutes les entités des services internes devaient harmoniser les leurs.

Mais deux entités ont constaté que leurs initiatives allaient plus dans le sens des objectifs de l'entreprise que les objectifs des services internes. Au niveau de l'entreprise, on voulait améliorer l'expérience client associée au produit vendu, accroître les ventes dans certains pays et réduire les coûts.

Ces deux unités avaient trouvé dans leur domaine des objectifs qui s'inscrivaient dans la stratégie de l'entreprise, grâce à une nouvelle façon de localiser le produit. Ces unités alignèrent leurs objectifs directement sur ceux de l'entreprise plutôt que sur ceux des services internes.

Lors de l'harmonisation, une équipe doit discuter des objectifs de la direction générale pour être sûre de comprendre ce qu'elle vise et pourquoi. L'équipe élabore ensuite ses propres objectifs, ceux qui dépendent d'elle et pour lesquels elle acceptera de fournir un effort.

Ces objectifs seront alignés avec le niveau d'au-dessus et approuvés par la direction, pour qu'elle puisse intervenir au cas où les objectifs ne seraient pas alignés sur la stratégie. Mais en général, les équipes s'alignent bien sur les objectifs et peuvent surprendre la direction par leur créativité, leur sens de l'innovation et leur courage.

3.4.3. Les équipes ajoutent des objectifs

Les organisations autonomes qui s'orientent d'elles-mêmes peuvent continuer à accroître le niveau de liberté et de prise de responsabilités au sein de l'organisation. Pendant la phase d'alignement, la plupart des équipes ne modifient ni n'ignorent les objectifs de manière autonome, mais les équipes et les entreprises plus avancées peuvent se le permettre. À mesure que la compréhension du modèle OKR s'accroît, la compréhension des objectifs stratégiques et de l'impact de leurs propres initiatives augmente, les équipes peuvent alors commencer à proposer leurs propres objectifs, à la fois audacieux et alignés sur les objectifs stratégiques.

Ajouter des objectifs, ça signifie que la direction communique la stratégie et les objectifs annuels à l'organisation ; les équipes définissent et proposent ensuite leurs propres objectifs. S'ils sont conformes à la stratégie, on peut se mettre au travail. Il peut exister des règles en ce qui concerne l'ajout d'objectifs. En voici quelques-unes :

- Tous les objectifs doivent découler du niveau supérieur.
- L'un des cinq objectifs peut être établi par l'équipe.
- La moitié des objectifs peut être proposée par l'équipe.
- Tous les objectifs sont définis par l'équipe.

Dans la plupart des cas, les équipes se retrouvent avec un mix, où certains objectifs découlent précisément des objectifs du niveau supérieur et d'autres sont propres à l'équipe. Les équipes possèdent souvent des activités particulières dans leur travail au quotidien qui sont très importantes pour la santé et la croissance de l'entreprise, mais qui ne se reflètent pas dans les objectifs stratégiques. C'est pourquoi il faut toujours bien écouter les suggestions de son équipe.

Par exemple, une équipe peut se trouver confrontée à une chute alarmante de la satisfaction client dans les KPIs. Il est alors justifié d'ajouter une meilleure satisfaction client aux OKRs de cette équipe. Il se peut même qu'on ne puisse pas se mettre à travailler sur les objectifs stratégiques tant que l'équipe n'a pas résolu un problème interne très aigu.

3.4.4. Le modèle se répand dans l'organisation

Souvent, lorsqu'on déploie le modèle OKR, la direction joue un rôle plus important dans la définition des objectifs. Le nombre d'objectifs propres à l'équipe et l'autonomie augmentent avec la compréhension du modèle et l'amélioration des compétences. La confiance faite aux équipes pour fixer leurs propres objectifs augmente avec le temps et l'expérience.

Lors de la mise en œuvre du modèle OKR, il faut se mettre d'accord sur la manière dont les objectifs sont partagés et définis dans l'organisation. Chaque organisation est unique, une adaptation est donc toujours nécessaire. La maturité d'une organisation et sa rapidité à changer varient, c'est pourquoi le modèle de gestion des objectifs peut également changer avec l'évolution des problèmes.

Traditionnel	Intermédiaire	Autonome
La direction fixe les objectifs ; ils sont ensuite répartis entre les services.	La moitié des objectifs sont en accord avec ceux de la direction ; l'équipe développe la moitié de ses objectifs en fonction de la stratégie.	La direction expose la stratégie ; les équipes proposent des objectifs à la direction pour approbation.

Figure n° 8 : Trois niveaux de gestion des objectifs

Le fait de planifier elle-même ses objectifs accroît l'enthousiasme de l'équipe et son adhésion à ces objectifs. Cela motive aussi à faire plus d'efforts pour les atteindre et augmente donc la probabilité qu'ils le soient. C'est pourquoi, en matière d'objectifs, la direction doit laisser une grande place à la négociation et à l'innovation, pour que les idées de chaque collègue sur les principaux problèmes de l'organisation puissent être entendues.

3.5. SUIVI DES OKRs

Dernier point : le suivi dans le modèle OKR. Si des objectifs inspirants, des résultats clés concrets et une planification attentive forment un excellent point de départ, un suivi régulier permet à l'ensemble de bien tourner. En effet, ce qui différencie la méthode OKR de beaucoup de modèles de gestion stratégique, c'est la cadence. Il est clé que les organisations en aient conscience dès le premier jour de la mise en place du modèle. Sans rythme, la méthode OKR ne fonctionnera pas. Les entreprises ont souvent déjà mis en place des outils pour contrôler la productivité et elles continueront à les utiliser dans le modèle OKR. Il n'est cependant pas si rare que ces moyens doivent être créés. Pour offrir la valeur attendue, le modèle OKR exige de la discipline et une cadence de suivi serrée.

Des réunions de suivi sont nécessaires pour relever les résultats clés, mettre à jour les chiffres et résoudre les problèmes éventuels. Outre les résultats clés, le score de confiance est régulièrement mis à jour. Ce score reflète parfois mieux les progrès que les résultats clés. À la fin de la période, on organise des rétrospectives au cours desquelles les équipes revoient ensemble la période écoulée pour en tirer des enseignements utiles pour la planification de la période suivante.

3.5.1. Rythme de suivi dans le modèle OKR

La cadence de suivi dans le modèle OKR est fortement liée au rythme de planification et de mise en œuvre. Le suivi est au moins aussi important que la planification. Lorsqu'on incorpore le suivi au calendrier, ça donne ceci :

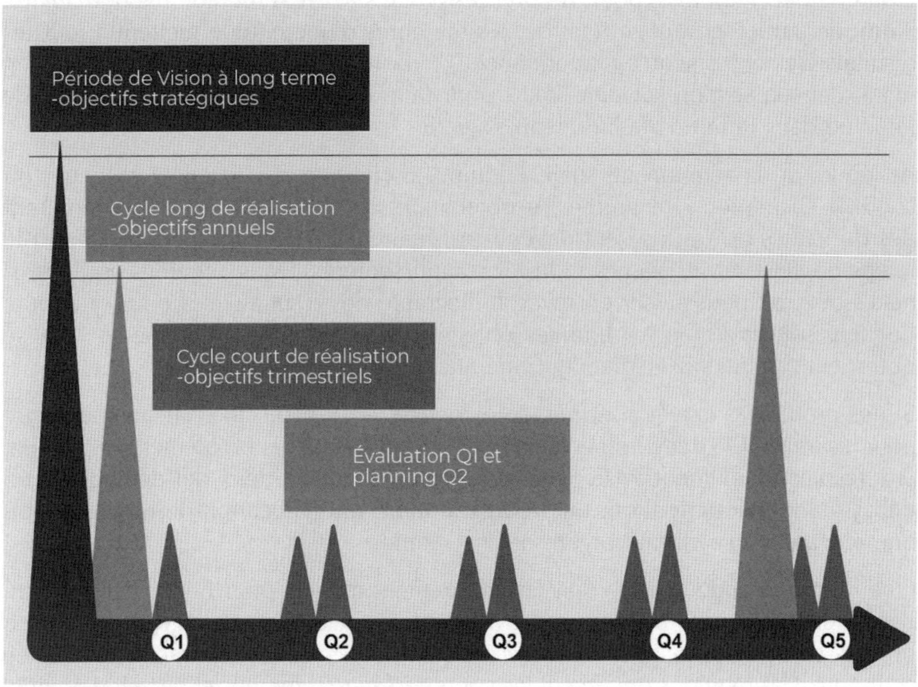

Figure n° 9 : Calendrier type du modèle OKR

Dans le modèle OKR, une équipe se réunit chaque semaine pour suivre l'évolution du trimestre. On discute des résultats clés, on vérifie leur évolution et on regarde ce qui s'est passé la semaine précédente. Dans certains cas, on peut suivre les changements toutes les deux semaines, mais il faut une bonne raison à ça (des contraintes géographiques, par exemple).

Idéalement, une équipe devrait se réunir une fois par semaine pour gérer l'avancée des choses à faire en lien avec les OKRs. Comme évoqué précédemment, il faut combiner la mise à jour des OKRs avec les autres mécanismes de pilotage – les réunions hebdomadaires classiques, par exemple. Une réunion à part pour les OKRs est une mauvaise idée car les objectifs ne doivent pas être séparés du travail.

Avec le modèle OKR, on évite donc les problèmes du type où on établit des objectifs pour se rendre compte, au bout d'un an, que rien n'a avancé, ou qu'on a complètement changé de cap pendant l'année. Les OKRs sont présents dans toutes les discussions, toutes les planifications et toutes les hiérarchisations ; ce qui permet aussi aux équipes d'analyser leurs actions et de mettre en œuvre chaque semaine celles qui contribuent aux objectifs les plus importants de l'entreprise.

3.5.2. Rôle des réunions hebdomadaires

L'outil le plus important pour mesurer les progrès, c'est la réunion hebdomadaire. Avant de participer à cette réunion, les membres d'une équipe mettent à jour les résultats clés et les scores de confiance. Le score de confiance est décrit plus en détail dans la section suivante, mais pour faire court, il indique la confiance de l'équipe dans le fait d'atteindre son objectif.

Au cours de la réunion de suivi, l'équipe, orchestrée par le ou la manager ou l'« OKR Champion », examine les objectifs et les résultats clés qui rencontrent des difficultés ou qui doivent devenir prioritaires. Par ailleurs, l'équipe prend le temps de célébrer les succès et les accomplissements. Dans certaines équipes, si nécessaire, on peut passer en revue l'intégralité des résultats clés pour que toute l'équipe soit informée sur tous les objectifs. Mais en général, on ne se focalise que sur les points qui demandent une attention particulière.

Si des problèmes graves sont mis en évidence, on prévoit un créneau spécifique pour les traiter. On traite immédiatement les questions et les problèmes qui peuvent être résolus rapidement. Mais pour les problèmes plus sérieux qui demandent un débat – une hiérarchisation, une réorganisation, une allocation de ressources ou une réévaluation –, il faut organiser une réunion à part.

Une réunion hebdomadaire doit être rondement menée, pour ne pas faire perdre de temps à l'équipe. Les rétrospectives ou les sessions de partage d'expérience doivent être suivies par l'ensemble de l'équipe et il faut leur consacrer une durée suffisante. Ces réunions renforcent les apprentissages communs et l'esprit d'équipe.

Étude de cas : le suivi hebdomadaire chez Germinal

Chez Germinal, la cadence est très importante. La direction veut encourager un rythme rapide et un dialogue continu sur les progrès. C'est pourquoi chaque semaine, les managers font un suivi OKR avec leur équipe respective. C'est abordé de la manière suivante :

1. Où en est-on ?
2. Quelle est la tendance ?
3. Comment veut-on/peut-on infléchir la courbe ?

Cela permet d'avoir un alignement sur l'état d'avancement, les ambitions et les actions à entreprendre pour parvenir aux fins définies en groupe. Une fois ces suivis effectués, une communication a lieu tous les vendredis midi donnant de la visibilité à tout le monde sur ce qui se passe dans l'organisation et l'évolution des objectifs trimestriels. Cette transparence permet à chaque personne de savoir ce qui est attendu et à toute l'organisation d'avancer de concert dans la même direction et ceci même quand il s'agit de changer de priorités en cours de trimestre pour répondre aux événements imprévus et aux besoins de l'activité.

Dans ce cadre, pour que les équipes assurent un focus stratégique dans leur activité au quotidien, Germinal suggère à ses membres d'équipe de consacrer autour de 20 % de la semaine au contenu des OKRs. Alors que les OKRs sont traités au niveau des équipes pour le moment, les OKRs personnels sont aussi sur la feuille de route. L'organisation explore aussi le découpage des cycles en séquence plus courte pour apporter plus d'agilité et de rapidité dans l'exécution.

3.5.3. Le score de confiance, indicateur des progrès

En dehors des progrès réalisés dans les résultats clés, on suit aussi le score de confiance. Comme son nom l'indique, le score de confiance mesure à quel point l'équipe est confiante dans le fait d'atteindre dans les temps le résultat clé.

Souvent, le score de confiance est un meilleur indicateur d'un éventuel succès sur la période que la valeur du résultat clé. Cela s'explique par le fait que les résultats clés sont axés sur l'aboutissement. Ils ne portent pas sur la progression, seulement sur le résultat final (seule exception possible, à la section 2.3.6 *Une progression peut constituer un résultat clé*). Les résultats finaux ne sont souvent atteints que vers la fin du trimestre.

Si on ne s'intéresse qu'au résultat clé et à son évolution, il peut sembler au début du trimestre que tout est à l'arrêt. Alors qu'en réalité, on a déjà beaucoup travaillé pour ces résultats. Par exemple, le résultat clé peut être une amélioration de la satisfaction client, et dès le début du trimestre, les équipes ont commencé à mettre en œuvre des projets qui améliorent la satisfaction des clients. Cependant, le résultat de l'enquête elle-même n'est connu que plus tard.

Dans ce cas, le score de confiance est un excellent indicateur de la situation réelle. Quand une équipe sait qu'elle a fait ce qu'il fallait et prévoit d'atteindre le résultat clé, elle est confiante. Du coup, le score de confiance est haut. Il est plus important de maintenir la confiance à un niveau élevé que d'essayer de progresser d'un douzième vers le résultat clé chaque semaine. Une progression régulière est souvent impossible dans la pratique.

Le score de confiance est avant tout une communication sur la situation. Il sert à montrer les progrès, mais aussi à rendre les problèmes visibles. C'est pourquoi, lors des réunions hebdomadaires, il est aussi important de partager les mauvaises nouvelles que les bonnes. De la même façon qu'il ne faut pas sanctionner le fait de ne pas atteindre un objectif parce que ça dissuade les gens d'aller plus loin, il ne faut pas sanctionner les mauvaises nouvelles : cela conduit à dissimuler les erreurs et les problèmes.

Quand une équipe partage les mauvaises nouvelles à temps, on peut encore s'adapter à la situation. On peut réfléchir à ce qu'il faut faire si les objectifs ne sont pas atteints. On peut trouver de l'aide pour les atteindre. On peut aussi décider quel élément de l'objectif est prioritaire.

Le score de confiance répond à la question : « Quelle est la probabilité que nous atteignions ce résultat clé d'ici la fin du trimestre ? » L'échelle de mesure peut être déterminée par l'entreprise elle-même. Dans la plupart des cas, l'échelle est la même qu'à la section 2.3.8 *Les résultats clés montrent l'évolution*, une échelle de 1 à 10.

De nombreux logiciels OKR incluent le score de confiance pour les résultats clés comme fonctionnalité standard. Certains fournisseurs parlent de statut plutôt que de confiance, « Quelle est la situation actuelle ou la valeur actuelle du résultat clé par rapport au plan ». La seconde ressemble aux KPIs, la première est davantage une évaluation sujette à discussion et tournée vers l'avenir.

3.5.4. Les choses à faire en fin de mois

Le rythme du modèle OKR n'implique pas vraiment un suivi mensuel ; la réponse à la question « Que fait-on en fin de mois ? » pourrait être simplement « rien ». Le suivi hebdomadaire garantit qu'en fin de mois, on sait où on en est par rapport aux objectifs et aux résultats clés. En tant que telle, la fin du mois n'est pas un moment particulier du modèle OKR, jusqu'à la fin du troisième mois.

Les entreprises ont tendance à avoir des rituels mensuels bien établis. À la fin ou au début du mois, on examine les chiffres de vente, les tableaux de performances et les valeurs des KPIs, et on organise des réunions mensuelles. Il n'est pas nécessaire d'interrompre cela, mais nous recommandons que l'évaluation de la situation selon le modèle OKR y soit intégrée.

Cela garantit que les OKRs restent continuellement présents à l'esprit de chaque collègue et qu'ils soient intégrés à tous les éléments suivis par l'entreprise. Les individus sont mieux à même d'évaluer la portée de leur action lorsque chaque rapport contient également un bilan OKR. En outre, on détecte rapidement les divergences entre, par exemple, les indicateurs KPI ou le chiffre d'affaires, et les cibles OKR.

3.5.5. Passer d'un trimestre à l'autre

La fin du trimestre est un moment qui compte dans le modèle OKR. Elle comporte trois étapes très importantes. D'abord, on évalue les résultats clés et on fait le bilan du trimestre écoulé. Puis, on recueille les enseignements et on analyse les forces et les faiblesses identifiées dans les opérations. Enfin, on planifie les objectifs et les résultats clés du trimestre suivant.

Dans la section 2.3.8, nous avons étudié l'évaluation des résultats clés. Cette évaluation se fait tout au long du trimestre ; la progression est évaluée chaque semaine. Il existe de nombreux modèles de notation, mais le plus clair et le plus simple c'est celui des feux tricolores de Google (voir section 2.3.8). Si moins d'un tiers du résultat clé a été atteint, c'est un mauvais résultat et la couleur est rouge. Si le résultat est compris entre un tiers et deux tiers, c'est un résultat honnête et la couleur est jaune. Si, le résultat est atteint à plus des deux tiers, alors il est bon et la couleur est verte.

À la fin du trimestre, on donne les évaluations finales et on examine la situation. Si tous les résultats clés sont au vert, il convient de se demander si les objectifs et les résultats clés étaient suffisamment ambitieux. Si tout est rouge, il faut se demander ce qui a empêché d'atteindre les objectifs. Cette collecte d'enseignements et de données est liée aux rétrospectives, que nous allons traiter à la section suivante.

Une fois que l'organisation a analysé le trimestre écoulé et en a tiré les enseignements, on passe à la planification du trimestre suivant. On commence par évaluer les objectifs du trimestre précédent ; on planifie de nouveaux résultats clés pour les objectifs qui n'ont pas été atteints et de nouveaux objectifs pour remplacer ceux qui l'ont été. La planification du trimestre à venir suit les mêmes principes que le précédent, avec la même cadence (voir section 3.3 *La planification à court terme sur un trimestre* et 3.4. *Planification des objectifs en équipes*).

En outre, à la fin du trimestre, la direction examine les résultats trimestriels à l'aune des objectifs annuels. On peut le faire plus souvent, une fois par mois par exemple, voire une fois par semaine, selon l'équipe managériale. Mais à la fin du trimestre au plus tard, la direction doit évaluer :

- si les objectifs annuels vont toujours dans le sens de la stratégie ou si quelque chose a changé ;
- si, à ce rythme, les objectifs annuels seront atteints ;
- si la mise en œuvre doit être revue, ou si l'organisation peut planifier les objectifs trimestriels à venir comme elle l'a fait à ce trimestre ;
- les apprentissages et les compétences dont l'organisation a besoin pour aider l'activité ;
- comment développer les processus et les opérations pour que le modèle OKR fonctionne encore mieux.

De cette façon, les informations générées par le modèle OKR aident à mettre en œuvre la stratégie et à réaliser les objectifs de l'organisation. Cet examen trimestriel fournit une évaluation essentielle et réaliste de la stratégie de l'entreprise et permet de prendre à temps des mesures correctives. Plus difficile aussi de se trouver des excuses en fin d'année.

3.5.6. Les rétrospectives

Des rétrospectives, ou réunions-bilans, doivent être tenues à la fin de chaque cycle – elles sont aussi une condition préalable à la planification de la période suivante. Les équipes organisent une rétrospective à la fin de chaque trimestre. Avant le début de la nouvelle période, l'équipe se rassemble pour examiner la période passée, en tirer les leçons, développer et améliorer le modèle OKR.

Une rétrospective comporte deux aspects distincts. Le premier, c'est l'examen des objectifs de la période et les résultats obtenus. Le second, c'est le comportement de l'entreprise en tant que système, et sa façon de fonctionner autour du modèle OKR.

Tout d'abord, l'équipe et l'entreprise dans son ensemble évaluent les objectifs et les résultats obtenus pendant la période. Il est bon de considérer au moins les aspects suivants :

- Chaque objectif a-t-il été atteint ? Pourquoi ?
- Qu'est-ce qui explique les écarts ?
- Les objectifs étaient-ils trop faciles ou trop difficiles ?
- Quels enseignements peut-on tirer de la situation ?
- À qui faut-il faire un retour ?
- Les objectifs sont-ils toujours pertinents ?

Par ailleurs, on examine le fonctionnement de l'organisation autour du modèle OKR. Voici quelques façons de clarifier les problèmes :

- À quelle fréquence les équipes ont-elles actualisé les résultats clés par rapport à ce qui était prévu ?
- Les gens ont-ils assisté aux événements OKR ?
- L'alignement des objectifs s'est-il bien effectué ?
- Les objectifs ou les résultats clés ont-ils changé pendant la période ?
- La priorité est-elle restée sur les objectifs ou y a-t-il eu quelque chose de « plus important » ailleurs ?
- Comment changer nos façons de faire pour la prochaine période ?

Selon la taille de l'organisation, on peut avoir intérêt à établir un ou deux documents. Au minimum, il faut documenter les leçons que l'équipe a tirées de la période et la manière dont ses activités vont évoluer. On peut en outre compiler les leçons de la période en ce qui concerne l'organisation, ainsi que les changements proposés.

Pour les rétrospectives, on peut aussi faire appel un « OKR Lead » ; une aide extérieure peut être bienvenue, en particulier si ces rétrospectives ne sont pas monnaie courante dans l'entreprise. Avec le temps, les compétences du chef d'équipe ou de l'« OKR Champion » se développent et les rétrospectives peuvent être organisées au sein de l'équipe. Voici quelques conseils pour organiser une bonne rétrospective :

- Les participants disposent de suffisamment de temps pour réfléchir aux questions ; ils y répondent d'abord par écrit, en silence. On peut également leur demander de faire cela chez eux.
- Les enseignements peuvent être recueillis sur des post-it, qui sont ensuite placés chronologiquement ou par thème.
- Chacun prend la parole à son tour pour évoquer ses intuitions, ses expériences, ses enseignements. À ce stade, les interruptions, les justifications et les explications des autres sont interdites.
- L'animateur veille à ce que la rétrospective se concentre sur le problème sans désigner de coupable à l'intérieur ou à l'extérieur de l'équipe.

- Une façon d'identifier la cause profonde d'un problème, c'est par exemple de se demander cinq fois « pourquoi ? ». En creusant assez profond, on peut mettre à jour les ressorts cachés et les causes invisibles.
- Pendant la phase de synthèse, le manager s'assure que le contenu des problèmes soulevés n'est pas modifié.

Étude de cas : les rétrospectives chez BookingSync

Chez BookingSync, c'est le COO (Chief Operating Officer) qui donne le rythme. Lorsqu'il lance la préparation du nouveau cycle OKR, ce sont les rétrospectives qui servent de point de départ pour tout le monde.

Les rétrospectives se font par équipe et suivent la même méthodologie. Les équipes revoient :

- Les OKRs du cycle précédent et évaluent si les résultats clés étaient pertinents, s'ils doivent être reconduits et s'il y a des apprentissages à prendre en compte
- Le SWOT d'équipe est actualisé en fonction des événements survenus pendant le trimestre (recrutement, lancement de produit, etc.)
- En plus de cela, elles remplissent ensemble une rétrospective basée sur quatre blocs. Qu'est e qui s'est bien passé ?
- Qu'est ce qui s'est mal passé ?
- Quelles ont été les actions qui ont eu du succès ?
- Idées

Cela permet aux équipes de dialoguer ouvertement sur la période passée et de définir de manière collaborative les ajustements possibles pour le trimestre suivant. En ligne avec la culture de BookingSync, cette activité est documentée sur un document partagé (ex. : Miro).

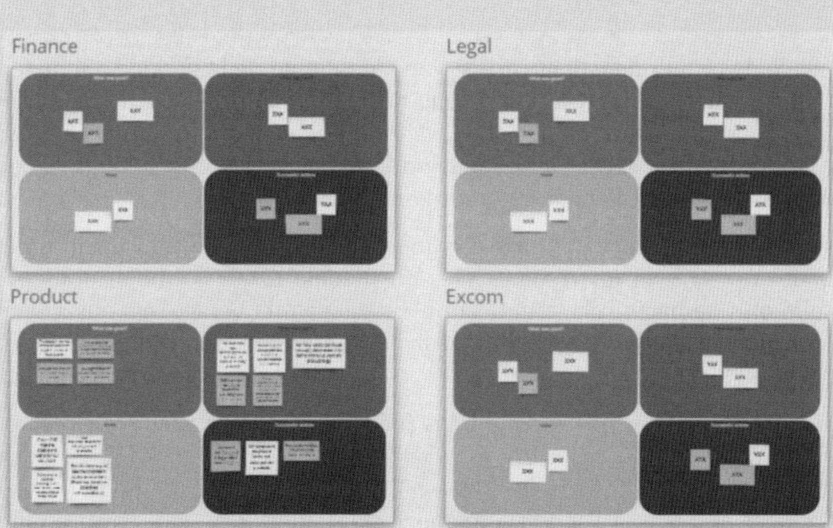

3.6. RÉSUMÉ ET ÉTAPE SUIVANTE

Ce chapitre traitait de la planification, de la mise en œuvre et du suivi dans le modèle OKR. L'ensemble du chapitre peut être résumé par l'image suivante.

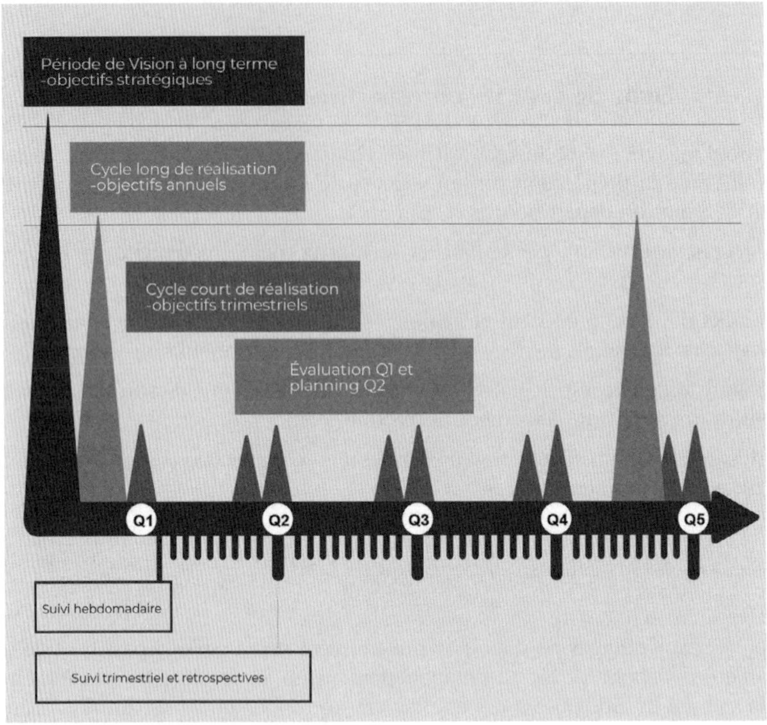

Figure n° 10 : Calendrier type du modèle OKR

À ce stade, le lecteur devrait avoir une vue d'ensemble de la période à long terme (les objectifs stratégiques), du cycle long de réalisation (les objectifs annuels) et du cycle court de réalisation (les objectifs trimestriels). Nous espérons au passage avoir été assez clairs sur le fait que, selon l'entreprise, les cycles longs et courts ne sont pas forcément l'année et le trimestre.

Dans ce chapitre, nous avons aussi expliqué à quelle fréquence évaluer et mettre à jour les objectifs et les résultats clés du modèle OKR. Même si nous avons consacré plus de pages à la planification qu'au suivi, la vérité c'est que même le meilleur plan n'est jamais définitif. Le suivi est absolument crucial pour s'assurer, dans le tumulte des activités quotidiennes, qu'on va bien dans le sens des objectifs.

Le chapitre suivant décrit les conditions préalables et les étapes pour mettre en place un modèle OKR. Nous allons détailler ce qui doit d'abord être fait pour rendre le modèle viable. Après le chapitre 4, chaque personne pourra se retrousser les manches et passer à l'action – même si vous aurez peut-être envie de lire le chapitre 5 pour gérer vos attentes et mener à bien cette transformation.

Chapitre 4. La mise en œuvre du modèle OKR

Quand on met en œuvre le modèle OKR, le plus important, c'est de démarrer. Pour éviter toute *analysis paralysis*, il est primordial d'agir. Rien de ce qui n'existe pas ne peut être amélioré. Il n'y a pas de mal à se lancer !

Rédiger des objectifs et résultats clés ne peut véritablement s'apprendre qu'en les rédigeant pour sa propre organisation. Les OKRs sont plus justes chaque trimestre, à mesure qu'on gagne en expérience. On apprend à distinguer ce qui fonctionne de ce qui ne fonctionne pas, et à faire encore mieux marcher ce qui fonctionne. S'y mettre, c'est important aussi car, même si l'apprentissage des OKRs est un processus long, on crée de la valeur dès le démarrage.

La mise en œuvre du modèle OKR suit généralement la progression suivante :

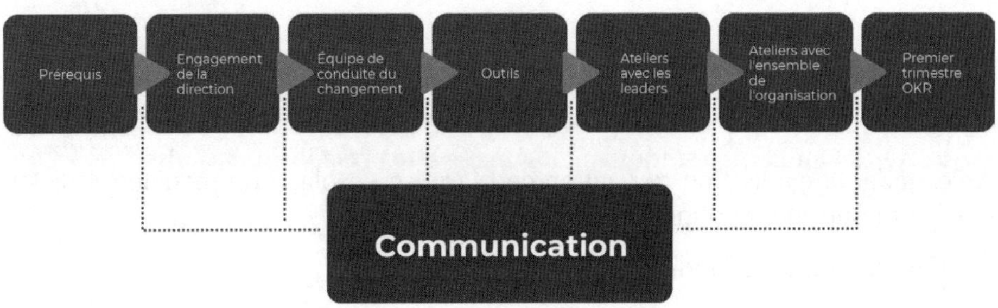

Séquence type des étapes de mise en œuvre du modèle OKR

1 **Estimation du degré de préparation.**

2 **Décision sur la mise en œuvre et engagement de la direction.**

3 Premiers échanges avec l'organisation sur les objectifs et le processus.

4 **Choix de l'« OKR Lead », d'un ou d'une consultante éventuelle et établissement de l'équipe responsable du projet.**

5 Échanges avec l'équipe sur les choix opérés et le calendrier de déploiement.

6 **Choix du logiciel (cette décision peut aussi être remise à plus tard, lorsque l'organisation a déjà pris en main la méthode).**

7 Premiers ateliers avec la direction et les équipes pilotes pour établir les premières versions des OKRs.

8 Communication sur l'avancement du projet.

9 Atelier de finalisation des premiers OKRs de la direction.

10 Communication sur les premiers ateliers d'alignement.

11 Définition des objectifs au niveau des équipes.

12 Début du premier trimestre OKR.

Au chapitre précédent, nous avons vu comment les objectifs découlent de la stratégie, ainsi que les bases de la planification. Ce sont les méthodes employées aux étapes 7 ; 9 et 11 du déploiement. Dans ce chapitre, nous allons passer en revue les conditions préalables et les étapes du déploiement du point de vue du projet, du système et de l'organisation – c'est-à-dire les points 1 ; 2 ; 4 et 6 indiqués en gras ci-dessus. Nous allons par ailleurs aborder la consolidation des priorités, un sujet assez technique.

Au chapitre suivant, nous aborderons les personnes, la culture d'entreprise et la communication (étapes 3 ; 5 ; 8 et 10). Ces deux dimensions sont importantes pour passer confortablement à un modèle OKR efficace. Mais même si les débuts sont incertains, n'oubliez pas que vous êtes en phase d'apprentissage. Le plus important, c'est de commencer !

4.1. CONDITIONS PRÉALABLES ET ENGAGEMENT DE LA DIRECTION

À ce stade, l'organisation qui entreprend la mise en place du modèle OKR doit être en mesure de répondre aux questions suivantes :

- Qu'est-ce que le modèle OKR ?
- Que fait-il et pourquoi le mettre en œuvre ?
- Comment les objectifs et les résultats clés sont-ils créés ?
- Comment les OKRs sont-ils planifiés et comment sont-ils suivis ?
- Quelle est l'empreinte des OKRs sur le fonctionnement quotidien d'une organisation ?

Quand on sait répondre à ces questions, c'est qu'on en a une compréhension suffisante pour lancer le projet dans l'entreprise.

La première étape de la mise en place consiste à examiner les besoins de l'entreprise. À ce stade, il faut aussi s'assurer que la direction est vraiment prête à s'engager dans la mise en œuvre des OKRs. Cela paraît évident, mais nous avons déjà vu ou entendu parler d'échecs de projets d'OKRs parce que la direction était enthousiasmée au début par l'idée, mais pas prête à s'engager assez pour que ça se fasse.

4.1.1. Les conditions préalables

D'après notre expérience et celle de quelques autres, pour être adopté, le modèle OKR doit réunir quatre conditions au sein de l'organisation :

1 L'entreprise doit avoir une stratégie.

2 La direction de l'entreprise doit avoir la bonne attitude.

3 Le niveau de maturité de l'entreprise doit être identifié.

4 L'entreprise doit disposer d'assez de temps pour mettre en œuvre les changements.

1. L'entreprise doit avoir une stratégie

Comme cela a été dit (et répété) au chapitre précédent, l'entreprise doit avoir une stratégie ou au moins une ébauche, qui sera ensuite développée grâce aux OKRs. Une stratégie finalisée ou presque finalisée est nécessaire pour adopter le modèle OKR, puisqu'il ne s'agit pas d'un outil pour mettre au point une stratégie, mais pour en suivre la mise en place et les progrès.

Les OKRs aident à intégrer la stratégie à l'activité courante. Quand une organisation possède une stratégie, c'est elle qui sert de source aux objectifs et résultats clés qu'elle met en place. Sans stratégie, pas de changement stratégique vers lequel le modèle OKR pourrait guider l'organisation.

2. La direction de l'entreprise doit avoir la bonne attitude

Autre condition préalable à la réussite de la mise en place du modèle OKR : l'attitude de la direction. La section 4.1.3 *L'engagement de la direction est essentiel* explique plus en détail comment la direction doit s'engager dans le modèle OKR et dans les changements organisationnels et culturels qu'il implique.

La direction doit être prête à laisser plus de pouvoir de décision à ses équipes qu'auparavant. Il est très difficile de mettre en œuvre le modèle OKR dans une organisation fortement hiérarchisée du haut vers le bas. Mais cela devient possible si la direction est prête à céder une partie de son pouvoir.

3. Le niveau de maturité de l'entreprise doit être identifié

La troisième condition préalable, c'est la capacité à identifier le niveau de maturité de l'organisation, pour savoir quel degré d'autonomie et de responsabilité peut être accordé aux équipes. La façon d'adopter le modèle OKR dépend du niveau de maturité dans l'organisation. Si c'est une organisation habituée à recevoir des objectifs de sa direction, on ne peut pas attendre d'elle qu'elle soit subitement capable de décider de ses propres objectifs : il y a une courbe d'apprentissage en la matière.

La confiance et la conviction d'avoir à la fois le pouvoir et la capacité de déterminer ses propres objectifs progressent lentement. Mais dans une organisation où on est habitué à définir ses propres objectifs avant de les faire approuver par la direction, le passage au modèle OKR ne constitue pas un changement majeur et peut se faire assez rapidement.

4. L'entreprise doit disposer d'assez de temps

La quatrième condition est que l'organisation dispose de suffisamment de temps pour mettre en œuvre le modèle OKR. Pour le mettre en place, il faut au moins un trimestre dans les cas les plus faciles, et le plus souvent, quatre à cinq trimestres. Il faut au moins six mois pour voir les premiers résultats, tirer les premiers enseignements, noter les premières améliorations.

Les discussions et les ateliers organisés à propos de la mise en place du modèle lui-même et de la définition des objectifs demandent également un temps certain. Souvent, une mise en route échoue parce qu'on n'y a pas alloué assez de moyens.

Avant de se lancer, il est bon que la direction réfléchisse aux points suivants :

- Sommes-nous prêts à nous engager dans cette voie ?
- Sommes-nous vraiment prêts à ce que l'organisation participe aux décisions ?
- Sommes-nous prêts à allouer suffisamment de temps à la mise en route ?
- Notre stratégie est-elle suffisamment définie ?
- Avons-nous pris en compte le niveau de maturité de l'organisation ?

Si la réponse à toutes ces questions est oui, alors les conditions à la mise en œuvre du modèle sont réunies.

4.1.2. Pourquoi mettre en place le modèle OKR

L'une des conditions préalables à une implantation réussie du modèle OKR, c'est de savoir pourquoi on le met en œuvre au départ. Cela peut paraître évident, mais ça ne l'est pas toujours. Les raisons de mettre en place ce modèle sont très variées ; elles vont de « Le patron a assisté à une super présentation » à « Les concurrents s'en servent aussi » en passant par « Google le fait » ou « Un influenceur business a fait l'éloge d'un livre dans un book club ».

Il n'y a rien de mal à s'enthousiasmer. Pour qu'un projet réussisse, il faut qu'au moins quelques personnes en voient l'intérêt et soient enthousiastes. Mais elles ne peuvent communiquer leur intérêt que si elles savent répondre à la question la plus simple et la plus rébarbative : pourquoi ? Voici quelques exemples de pourquoi :

- Pourquoi est-ce important pour notre organisation ?
- Pourquoi cela nous aide-t-il à aller de l'avant ?
- Pourquoi devrais-je accepter cela ?
- Pourquoi est-ce que ça me concerne ?

Une des plus grandes avancées de notre époque en matière de travail, c'est la prise en compte du sens. Cette quête de sens détermine de plus en plus nos choix. Nous voulons un travail qui compte, comme l'explique Daniel Pink dans son livre *La vérité sur ce qui nous motive*. Selon lui, le sens dont est porteur notre travail est l'un des trois facteurs qui déterminent notre motivation.

Simon Sinek a également souligné ce besoin de sens dans son livre *Commencer par pourquoi*. Selon lui, une entreprise doit pouvoir expliquer clairement pourquoi elle existe. Elle doit être capable d'exprimer simplement sa raison d'être et de susciter le même enthousiasme chez ses clients et son personnel.

De la même façon, ce désir de sens s'applique aussi aux transformations internes, telle que la mise en place du modèle OKR. Il faut pouvoir fournir une réponse claire, brillante et brève à la question « Pourquoi mettre en place le modèle OKR ? »

L'adoption du modèle OKR nécessitant des changements dans la culture d'entreprise, dans les habitudes et les process, la raison pour opérer ce changement doit être suffisamment bonne. Sinon, il ne se passera rien.

Voici quelques exemples de réponses justifiant le modèle OKR :

- Chez Dalenys : pour que chaque personne se sente reliée au nouveau projet d'entreprise et à sa stratégie.
- Chez Simplebo : pour donner un cadre clair et plus d'autonomie aux individus.
- Chez Germinal : pour plus de focus, de clarté et d'alignement sur les objectifs communs à atteindre.
- Chez Société Générale : pour transformer le pilotage de la performance et favoriser la collaboration interdépartementale.

Comme on peut le deviner, les réponses varient beaucoup d'une entreprise à l'autre. Tout n'a pas la même pertinence selon l'organisation. La plupart du temps, il y a plus d'une raison.

Dès le départ, les raisons doivent être claires et chaque personne doit s'y retrouver. Peu importe que ce soit une bonne raison pour les autres ; l'important c'est que vos équipes y adhèrent. Voilà ce qui doit guider votre communication durant la mise en place.

4.1.3. L'engagement de la direction est essentiel

Une fois que la direction a clairement défini pour elle-même les raisons d'instaurer le modèle OKR dans l'entreprise, elle doit s'engager fermement. L'engagement de la direction se traduit au moins par les éléments suivants :

- La direction décide collégialement de changer le système de management et d'aligner le modèle OKR sur les opérations en cours.
- La direction désigne une personne qui sera responsable projet dans ses rangs.
- La direction choisit un consultant externe à l'organisation ou forme un spécialiste OKR interne.

- La direction comprend qu'il faut beaucoup de temps pour obtenir des résultats et n'abandonnera pas même en cas de difficultés.
- La direction s'engage à modifier son comportement et ses habitudes.
- La direction assure le financement du projet.

À ce stade, la direction doit comprendre collégialement que le déploiement va prendre beaucoup de temps et qu'il y aura des moments difficiles. Aucun changement de cette ampleur n'est exempt de problèmes. Par conséquent, la direction doit être prête à faire preuve de cohérence et engager le dialogue avec les équipes. De plus, elle s'engage à appliquer le modèle OKR assez longtemps pour qu'on puisse en voir les premiers résultats.

Comme indiqué précédemment, la période d'essai du modèle OKR est d'un trimestre. Au bout de trois mois, on revient sur les premières expériences. D'après notre expérience, il faut trois à cinq trimestres, ou environ un an, pour obtenir des résultats significatifs.

Cet engagement de la direction est également le signe qu'elle ose changer. Un des changements essentiels pour la direction, c'est de se soumettre à une transparence radicale. Les objectifs de la direction sont visibles par tous, ainsi que la manière dont ils sont élaborés.

Dans le passé, on pouvait communiquer la stratégie à l'organisation une seule fois et si, pour une raison quelconque, elle échouait, on n'en parlait plus. L'échec pouvait s'expliquer après coup, par un changement de contexte ou de clientèle, par exemple, ou encore par un manque de temps.

Une fois les OKRs mis en place, l'après-coup, ça ne marche plus, puisque la situation est suivie dans toute l'organisation, tout au long de l'année. Le modèle OKR oblige à réagir si on ne se rapproche pas des objectifs, et à communiquer au fur et à mesure. Dans le modèle OKR, les objectifs sont surveillés par tout le monde, et il n'est pas rare de trouver des personnes dans l'organisation qui les suivent de près. Cela encourage tout le monde à la transparence – premier bénéfice net.

Il existe une autre condition préalable à la mise en place réussie du modèle OKR, et elle peut nécessiter un changement d'attitude de la direction. Il s'agit d'accepter l'échec par rapport aux objectifs – y compris les objectifs de la direction. Elle devra peut-être, pour la première fois, accepter ses propres échecs et ceux des autres.

Il faudra peut-être pas mal de pratique avant que les managers puissent gérer l'échec d'une manière qui préserve un climat de confiance et incite les équipes à se reprendre et à retenter le coup. Mais le résultat final en vaut la peine.

« La direction est engagée » ou « Je suis engagé », c'est facile à dire. Mais qu'est-ce que ça signifie concrètement ? Par le biais de nos rôles respectifs, nous avons accompagné et guidé un large éventail de processus de transformation. Selon notre expérience, une direction qui s'engage, c'est d'abord une direction qui investit du temps. La marque d'un leadership engagé, c'est le temps consacré et la volonté de la direction à avoir un dialogue. C'est donc aussi se rendre accessible à chaque individu.

Pour que l'adoption du modèle OKR soit une réussite, la direction doit présenter les objectifs – et les raisons qui les sous-tendent. Une tournée de présentation de 45 minutes avec *slides* et cinq minutes de questions, c'est un bon commencement. Il est essentiel que la direction soit directement impliquée dans le dialogue. Faire appel à un consultant externe pour accompagner la mise en œuvre peut être d'une grande aide. Il n'en reste que l'échange doit aussi et surtout avoir lieu entre la direction et l'ensemble du personnel. Les équipes doivent avoir le sentiment d'avoir été écoutées par leur direction.

Dans un dialogue, les personnes sont écoutées. Cela veut aussi dire que leurs expertises et leurs idées peuvent réellement avoir une incidence sur les objectifs de la direction ; ça marche dans les deux sens. Dans le modèle OKR, les choses sont accomplies ensemble – un fonctionnement pas toujours habituel pour de nombreuses organisations. Une direction engagée discute avec les experts sur un pied d'égalité. Ça peut être effrayant et éclairant, ça demande du courage et de l'audace.

Une direction engagée est également prête à partager davantage que par le passé. Pour qu'une entreprise puisse déterminer ses propres objectifs de manière autonome, la direction doit rendre facilement accessibles les informations nécessaires à la compréhension des objectifs. Sans le contexte adéquat et un environnement commun, il est impossible de planifier et d'harmoniser les objectifs.

Le dernier signe d'une direction engagée, c'est la certitude que c'est toujours le meilleur qui sortira de la collaboration – même si, au premier coup d'œil, les choses n'ont pas l'air de se passer comme la direction l'avait prévu. Dans ces cas-là, il faut partager davantage les informations, en parler ouvertement et appréhender la situation en commun. Mais si la direction arrête tout et reprend les rênes au premier problème, c'est que l'organisation n'était pas vraiment engagée dans les objectifs et les opérations.

L'engagement est une condition préalable pour donner au modèle une vraie chance de se mettre en place. Une direction engagée est prête à fournir des efforts pour faire fonctionner le modèle OKR.

4.1.4. Liste des compétences requises

Le dernier préalable au lancement, c'est de dresser la liste des compétences présentes dans l'entreprise. La mise en place du modèle OKR requiert certaines compétences qu'une entreprise doit acquérir ou s'adjoindre pendant toute la période de mise en place. Ces compétences doivent notamment se trouver au sein de l'équipe en charge du déploiement, dont nous allons parler à la section suivante.

La mise en place du modèle OKR exige de l'équipe qui s'en charge les compétences suivantes :

- capacité à animer des ateliers et à organiser des réunions centrées sur les résultats ;
- maîtrise des fondamentaux de la théorie OKR ;

- connaissance des bases du métier de l'entreprise et de la façon dont elle fixe ses objectifs ;
- capacité à définir une stratégie ;
- capacité à quantifier et à mesurer ;
- maîtrise des fondamentaux de la gestion de projet et de la capacité à décomposer les missions (organigramme des tâches, Work Breakdown Structure) ;
- discipline, capacité de réflexion et résilience ;
- capacité à travailler en partant des résultats souhaités ;
- acceptation du fait que la route sera longue ;
- permission de planifier et de mettre en œuvre.

Ces compétences seront évidemment affûtées au cours du projet, mais il faut se dire qu'essayer de faire sans, c'est risquer l'échec ou s'en remettre à la chance. Quand tout le monde sait clairement pourquoi on fait ça, que les conditions préalables sont réunies, que la direction est engagée et que le savoir-faire est là, il est temps de lancer le projet.

4.2. LA MISE EN ŒUVRE

L'ampleur du projet dépend de la taille de l'entreprise. Pour certaines entreprises, ça représente un petit changement et il ne s'agit que d'un projet parmi d'autres. Plus l'entreprise est grande et ancienne, plus le changement est important, et plus le désordre initial lié à l'adoption du modèle OKR est grand. Quelle que soit la taille de l'entreprise, trois éléments interviennent dans cette transformation.

Premièrement, l'entreprise a besoin d'une équipe pour mener le projet de transformation, c'est-à-dire d'une équipe qui gère, suit et assure concrètement la mise en œuvre du modèle OKR. Elle compte généralement au moins trois personnes, mais ne devrait compter que le nombre nécessaire pour être capable d'animer des ateliers. Si la taille de l'équipe passe à plusieurs dizaines de personnes, l'efficacité en pâtira. Évidemment, cela varie grandement en fonction de la taille de l'organisation.

Deuxièmement, il faut un ou une responsable OKR, ou « OKR Lead ». C'est le rôle le plus important dans l'équipe du projet de transformation. C'est celui qui apporte l'enthousiasme et la compétence à l'ensemble de l'organisation. Le rôle d'« OKR Lead » est étudié à la section 4.2.2 Le rôle de responsable OKR – ou « OKR Lead »

Troisièmement, il faut un « système » pour documenter et partager les OKRs. Ce système peut aller du tableau blanc avec des post-it à un logiciel OKR sophistiqué et complexe. Toutes les options sont ouvertes selon le type d'organisation.

Et voilà tout, dans son intégralité et sa simplicité. L'entreprise n'a besoin que d'une équipe, d'un ou d'une responsable OKR avec une expertise suffisante, et d'une méthode pour collecter les données. À partir de là, les ateliers peuvent commencer.

4.2.1. Une organisation pour la gestion du changement

Les changements ne se produisent pas d'eux-mêmes. Ils impliquent toujours des frictions et une forme de désapprentissage. Les changements impliquent aussi beaucoup de travail et il faut que quelqu'un le fasse. C'est également le cas pour la mise en œuvre du modèle OKR. Pour ce travail, une organisation pour le projet de transformation est nécessaire, une équipe qui met en place le modèle OKR avec les autres équipes.

Cette équipe doit assurer les missions suivantes :

- communiquer sur les différentes étapes et l'état d'avancement du projet OKR jusqu'à la fin de la mise en place ;
- servir de lien entre les équipes et la direction, et recueillir les principales réactions ;
- traiter tous les problèmes qui se posent et chercher des solutions en coopération avec la direction et les équipes ;
- tenir l'équipe de direction régulièrement informée de l'évolution du projet ;
- organiser des ateliers avec la direction et planifier les cycles OKR ;
- aider les équipes à organiser leurs premiers ateliers et à aligner leurs objectifs sur ceux de la direction ;
- aider à la mise en place du système ;
- répondre patiemment à des milliers de questions.

L'équipe est composée d'au moins trois membres :

1 un responsable OKR, l'« OKR Lead » ;

2 un garant, représentant engagé de la direction ;

3 un représentant du personnel.

L'expert OKR est le membre le plus important de l'équipe responsable. Il doit avoir des compétences suffisantes en matière d'OKR et être capable de les transmettre au reste de l'organisation.

Le garant est la personne qui est responsable de la mise en œuvre du modèle OKR au sein de la direction. Le garant a trois fonctions essentielles. Un, en tant que représentant de la direction, il s'assure qu'elle reste engagée dans la mise en œuvre du modèle et qu'elle y croit. Deux, il veille aussi à ce que le financement du projet continue d'être assuré. Trois, par sa communication, il fait comprendre au reste de l'entreprise combien ce changement est important et souhaité.

Le représentant du personnel est une source d'information importante. Il connaît la vie de l'entreprise au jour le jour, les souffrances et les craintes des individus. Il sait soulever les problèmes essentiels avant qu'ils ne se posent à l'ensemble du personnel, évitant ainsi bien des écueils. Par ailleurs, c'est une personne avec laquelle les membres du personnel vont parler plus franchement qu'avec les représentants de la direction ou l'« OKR Lead », plein d'enthousiasme pour le modèle OKR.

En plus de ces trois personnes, l'équipe peut compter d'autres experts dont les compétences vont être utiles à la mise en œuvre du modèle. Nous recommandons de garder une taille modérée à l'équipe, pour se concentrer davantage sur le déploiement lui-même que sur la gestion de l'équipe, la communication interne ou la coordination de l'équipe.

Évidemment, cette équipe variera grandement en fonction de la taille et de la culture d'entreprise. Dans des organisations de 50 personnes ou moins, il n'est pas rare que l'un des membres de la direction tienne à la fois le rôle garant et de champion. Dans de grandes structures internationales, le dispositif peut aller jusqu'à inclure ce trio pour chaque comité de direction ou division couverte.

4.2.2. Le rôle de responsable OKR – ou « OKR Lead »

Le ou la responsable OKR, aussi appelés « OKR Lead », est le moteur du déploiement des OKRs au sein de votre organisation. Ce rôle collabore avec toutes les parties prenantes pour définir et orchestrer la mise en œuvre des OKRs. Ensemble avec la direction, l'« OKR Lead » est responsable d'assurer le succès du déploiement d'OKR au sein de votre organisation.

Concrètement, le travail consistera à gérer le plan de déploiement, la communication, la formation, le reporting ainsi que la mise en place et le suivi des cycles et des suivis. La personne en charge du rôle facilitera également la définition des OKRs pour le programme OKR et en suivra les progrès. Lorsque l'organisation est grande, elle recrutera des « OKR Champions » internes, les formera et animera la communauté OKR pour faciliter la dissémination de la méthode au sein de l'organisation.

Le type de profil qui accomplira généralement bien de telles missions est une personne expérimentée dans la gestion de programme, de changement ou de transformation qui peut piloter des programmes multi-hiérarchiques transversaux tout en jouant un rôle d'ambassadeur d'une nouvelle façon de travailler, d'une nouvelle philosophie de collaboration.

Lorsqu'il est « OKR Lead », l'individu devient l'un des principaux carrefours de l'organisation en matière de stratégie et d'exécution. Avec une forte exposition à tout ce qui se passe dans l'organisation, ce rôle permet à un individu d'avoir une vue complète de qui fait quoi et de favoriser un meilleur impact collectif. C'est un métier déterminant pour toute personne intéressée par la dynamique de collaboration et l'efficacité de l'organisation mais aussi comme un mix de gestion de programme et de conduite du changement.

C'est en quelque sorte le membre clé de l'équipe ; une personne active et autonome. Elle connaît le modèle OKR, le défend avec enthousiasme et veut aider l'entreprise à l'adopter. Elle deviendra activiste OKR et sera capable de défendre sa position et d'inspirer les autres. C'est pourquoi nous préférons utiliser le terme de « Lead » plutôt que d'expert OKR – la seule compréhension ne suffit pas. L'« OKR Lead » a un rôle vital à jouer en tant que générateur d'enthousiasme et catalyseur de changement.

L'« OKR Lead » doit avoir de l'expérience dans les OKRs car sa mission est de former toute l'organisation à la compréhension et à l'utilisation du modèle. Pour aider les équipes à intégrer le modèle OKR à leurs activités quotidiennes, l'« OKR Lead » doit être capable de l'enseigner d'une manière concrète. Par ailleurs, la personne endossant ce rôle doit être capable d'animer divers ateliers, y compris des ateliers destinés à la direction.

Pour réussir, l'« OKR Lead » doit disposer de suffisamment de temps, en particulier dans les premières phases du projet et doit également être raisonnablement maître de ses horaires de travail pour que le projet ne pâtisse pas de problèmes d'agenda. Selon la taille de l'organisation, il peut s'agir d'un emploi à temps partiel ou à temps plein. Il peut y avoir plusieurs « OKR Lead » dans le projet ; plus une organisation est grande, plus il est probable que chaque secteur d'activité ait le sien.

Il est sans doute bon que l'« OKR Lead » ne soit pas un représentant de la direction. Les membres du personnel ont souvent du mal à venir poser des questions directement à la direction. Ce rôle doit être très accessible. Mais il doit également disposer d'un canal de communication ouvert, rapide et fonctionnel avec la direction, pour obtenir rapidement les décisions, réponses et accords lorsque nécessaire.

Le rôle « OKR Lead » peut également être un consultant ou une consultante externe ayant l'expérience de la mise en œuvre du modèle OKR dans d'autres organisations. L'avantage d'un point de vue extérieur est de pouvoir remettre en question les activités de l'entreprise plus simplement que quelqu'un qui vient de l'intérieur. En outre, le fait d'avoir déjà mis d'autres projets en œuvre constitue un avantage.

L'inconvénient de faire appel à de l'aide externe pour ce rôle, c'est que l'entreprise dépend – au moins au début – d'une ressource externe. Pour assurer la réussite de cette transformation, les externes doivent former des spécialistes maison qui contribuent au déploiement et le rendent lui-même finalement inutile. À long terme, la réussite du modèle OKR ne doit pas dépendre d'une intervention extérieure. Tout ce qui est nécessaire à la gestion des OKRs doit se trouver dans l'entreprise. La meilleure solution, souvent, c'est de trouver un « OKR Lead » interne enthousiaste, coaché par un expert OKR externe.

Une fois les « OKR Lead » internes sélectionnés, la décision est communiquée à l'ensemble de l'entreprise afin que tout le monde sache à qui s'adresser et poser des questions. L'ensemble de l'équipe responsable du projet de transformation doit être annoncée en même temps. Les individus doivent savoir qui a mandat pour organiser des ateliers, réunir les équipes et promouvoir le projet de manière indépendante.

Étude de cas : le dispositif à la Société Générale pour une division de 11 000 personnes

À la Société Générale, les OKRs ont été d'abord mis en place sur un périmètre de près de 11 000 personnes. Le déploiement s'est donc fait de manière méthodique et avec une implication progressive de toutes les strates de l'organisation.

Les « OKR Lead » internes sont Lamia Moussaoui et Maeva Manantsara, respectivement Senior Consultant Strategic Steering & Transformation et Project Portfolio Manager. Elles sont responsables du déploiement de l'adoption des OKRs au sein de la Service Unit Ressources de la Banque de Grande Clientèle & Solution Investisseurs (GBSU). Elles définissent les actions à entreprendre, le rythme et les étapes de déploiement et assurent en prime le partage de connaissances avec les différentes parties prenantes. Leur premier relai ? La direction.

Dans la Service Unit GBSU, Cécile Bartenieff, Chief Operation Officer (COO) et Philippe Morère, Chief Information Officer (CIO), deux membres de la direction sont garants de la bonne mise en œuvre des OKRs et s'en font les ambassadeurs aussi bien auprès du reste du comité exécutif qu'auprès des cadres et de l'ensemble des membres du personnel. C'est d'ailleurs au sein de l'équipe de direction, des centres d'expertise et des plateformes de services que la méthode OKR a été éprouvée dans un premier temps. Pendant quelques cycles, la direction s'est essayée à la méthode afin de comprendre ses tenants et aboutissants et en tirer le maximum une fois déployée au sein de l'ensemble de l'organisation.

Au sein des centres d'expertise et des plateformes de services, les relais principaux sont les « Chief of Staff ». Ils sont près d'une vingtaine et aident à traduire les OKRs stratégiques de la direction en OKRs tactiques pour les services. Ces relais agissent comme champions et championnes internes de la méthode sur leur périmètre. Et dans chaque structure, de nombreuses équipes vont aussi avoir l'occasion de participer à l'effort collectif par le biais d'OKR. Au moment de l'écriture du livre, l'équipe s'attelle au déploiement de la méthode dans les équipes. Cela donnera un dispositif avec des garants dans la direction, des « OKR Lead » internes au niveau de la Business Unit qui agissent comme connecteurs et peuvent ainsi s'appuyer sur des champions et championnes internes relais dans chaque service. Ces relais pourront identifier et organiser la formation des « OKR Champions » dans chaque équipe et ainsi garantir que le sujet est compris et maîtrisé dans chaque entité impliquée.

4.2.3. Le rôle de facilitation des OKRs – ou « OKR Champion »

Les « OKR Champions » coordonnent et pilotent l'exécution des OKRs pour leur périmètre. Ce périmètre peut être une équipe, un département ou un OKR transverse. Habituellement, le groupe à coordonner devrait être de 10 à 20 personnes.

Ce rôle est une mission supplémentaire confiée à certains individus ayant des compétences et un état d'esprit spécifique. Cela leur prend généralement 5 à 10 % de leur temps, ce qui nécessite leur adhésion et celle de leur management. C'est aussi pourquoi, dans une recherche de simplicité, dans beaucoup de petites organisations ce rôle est tenu par le chef d'équipe. Il n'en reste que proposer ce rôle a l'un des collègues peut améliorer l'adhésion et la motivation de certains des membres des équipes.

Ce rôle est essentiel au succès des OKRs dans l'organisation. En pratique, il s'agit de faciliter les ateliers de définition des OKRs, les suivis hebdomadaires ainsi que la rétrospective et tout sujet lié aux OKRs. C'est un rôle de facilitation ou d'orchestration similaire au « scrum master » en *scrum* ou aux « agile coachs » pour la méthode agile par exemple.

Ils recevront généralement une formation plus approfondie pour pouvoir aider et challenger l'équipe lors de la définition des objectifs ou des résultats clés et maximiser la qualité et l'efficacité des suivis.

Le type de profil qui effectuera généralement bien de telles missions n'est pas lié à une fonction spécifique mais plutôt à un état d'esprit. Le poste conviendrait le mieux aux personnes performantes / à haut potentiel, débrouillardes et motivées qui aiment remettre en question le « pourquoi ». Ils seront aussi capables de bien communiquer et d'influencer leurs collègues tout en donnant à chaque personne l'espace et la possibilité de participer au dialogue. Ils seront également suffisamment disciplinés pour assurer la continuité de l'exécution et l'optimisation des OKRs.

En tant que facilitateurs et facilitatrices, les individus auront un rôle à jouer dans la mise en œuvre du plan stratégique, un contact direct avec de nombreuses équipes et couches de l'organisation et seront à l'avant-garde pour faire évoluer les méthodes de travail et la culture de l'organisation. Ils feront partie d'une communauté d'individus motivés qui veulent changer les choses pour le mieux et faire avancer les choses.

Étude de cas : le rôle d'« OKR Setter » chez Simplebo

Simplebo compte plus de 80 personnes dans ses équipes. Le PDG, Alexandre Bonetti, est le principal ambassadeur des OKRs et s'en sert quotidiennement pour collaborer avec les équipes et leur permettre de mieux collaborer entre elles. Après avoir connu une croissance rapide, la direction décide de mettre en place un nouveau rôle, celui d'« OKR Setter » (l'équivalent de l'« OKR Champion »).

Les OKRs Setters ont un rôle privilégié. Chaque semaine, ils actualisent les dernières informations concernant les OKRs de leurs équipes. Ils remontent les potentiels obstacles et accomplissements. De plus, le PDG organise tous les mois et demi des échanges avec les six OKR Setters pour évaluer le progrès et décider s'il y a lieu d'ajuster les ambitions ou les actions entreprises.

Cette casquette de facilitation vient s'ajouter aux responsabilités existantes de l'individu. C'est pourquoi, chez Simplebo, c'est sur la base du volontariat. Pour postuler, il faut au moins un an d'ancienneté et faire connaître son intérêt auprès du manager de l'équipe en question. Le manager d'équipe propose un nom pour un ou deux trimestres. Pour espérer devenir OKR Setter, l'individu doit montrer qu'il ou elle est rigoureuse et qu'elle a la capacité d'avoir une vision globale sur l'ensemble des missions de son pôle.

Étude de cas : comment le champion interne de Ingenico ePayments a mis sur pied une communauté OKR

En 2019, Alberto Libretti a été choisi comme champion interne chez Ingenico ePayments, division de Worldline Global qui compte plus de 1 000 personnes réparties sur l'ensemble des continents et proposant des solutions de paiements en ligne pour e-commerçants. Il a dirigé la mise en œuvre du modèle OKR en étroite collaboration avec la direction de la Business Unit et en particulier avec le PDG et la direction stratégique, premiers soutiens du modèle OKR dans l'organisation.

En tant qu'« OKR Lead », Alberto Libretti s'est rendu compte que la mise en œuvre du modèle exigeait énergie et endurance, comme tout projet de transformation. Ingenico ePayments étant une entreprise multinationale de plus de 1 000 personnes, les premières étapes ont demandé beaucoup de travail. Alberto Libretti a démultiplié ses efforts en élaborant des supports d'instruction très abordables.

Les gens s'informant au plus simple, ils passent souvent par Google. Et alors que le modèle OKR dépend beaucoup du contexte de l'entreprise, le moteur de recherche a tendance à renvoyer sur des résultats sponsorisés pleins de généralités. Dans le pire des cas, les résultats communiquent des informations fausses sur la façon dont une entreprise a adopté le modèle OKR. D'où une appréhension et une confusion inutiles.

Il est essentiel que le champion interne serve d'interprète entre l'approche de l'entreprise et le « J'ai trouvé ça sur Google ». C'est pourquoi, dès le départ, le champion interne de Ingenico ePayments a cherché à créer un contenu interne très abordable, tout en répondant à des questions courantes comme Pourquoi nous ? Quoi ? Comment ? Quand ? Quel est mon intérêt ? C'est ainsi qu'est né *Le guide OKR de Ingenico ePayments.*

Mais la documentation ne suffit pas pour impulser le changement. Pour être capable de disséminer la connaissance efficacement au sein de l'organisation, Libretti a recruté d'autres champions internes dans les équipes et a développé les rôles de facilitation et d'accompagnement. Les « OKR Champions » accompagnaient leurs équipes dans l'utilisation des OKRs en formant les autres membres de l'équipe, en organisant et coordonnant les suivis hebdomadaires, les rétrospectives ainsi que la définition de nouveaux OKRs. Certains « OKR Champions » se sont aussi associés à l'effort de développement du modèle OKR auprès de l'ensemble de l'organisation et ont aidé à former les nouvelles cohortes. Ils étaient identifiés par le titre de « OKR Pionneer ».

4.2.4. Le parcours OKR – Étude du cas Dalenys

Chez Dalenys, la mise en œuvre d'OKR a été envisagée fin 2019 alors que l'entreprise venait d'engager un virage important au niveau organisationnel et que la nouvelle direction désirait embarquer le collectif dans la transformation d'entreprise à venir.

C'est le PDG, Ludovic Houri, qui a été le premier convaincu et qui a proposé la méthode à son équipe. Après une réunion d'échange sur les enjeux et opportunités lié au modèle, Dalenys se lançait dans les OKRs début 2020.

L'adoption du modèle OKR en tant qu'objectif a été défini ainsi : « 1) embarquer les individus dans la transformation d'entreprise ; 2) Donner un fil conducteur et des priorités claires aux personnes pour relaxer l'entreprise et 3) Améliorer la performance collective ». Le but était de mieux mettre en place la stratégie tout en renforçant la culture d'entreprise chez Dalenys.

Le modèle OKR a d'abord été déployé auprès de la direction. Une « OKR Lead » est nommée et coordonne les efforts de mise en place. Lors du premier trimestre l'équipe dirigeante traduit sa stratégie en OKRs stratégiques annuels et met en place un suivi toutes les deux semaines. Des personnes dans chaque département sont identifiées pour faciliter le lien entre les OKRs et les activités associées. Ils sont formés par l'« OKR Lead » et coordonnent l'exécution au quotidien. L'« OKR Lead », elle, compile les retours et facilite le suivi régulier avec la direction.

Marquée par la pandémie globale, l'année 2020 a forcé l'organisation à ajuster ses plans et seuls certains des OKRs définis en début d'année sont restés pertinents. Les premiers cycles OKRs ont néanmoins été très riches d'enseignements. Grâce au feedback, les OKRs ont aidé la direction et plusieurs équipes à établir des priorités et à améliorer la transparence. Ces retours positifs ont encouragé Dalenys à continuer, en dépit de certaines réticences au changement. La majorité des membres de l'organisation et de la direction plébiscitait le modèle et s'accordait à l'étendre à l'ensemble du personnel en 2021.

En 2021, toutes les équipes avaient été incorporées au programme OKR. Des facilitateurs et facilitatrices OKR sont nommés dans chaque équipe et reçoivent une formation dédiée. L'ensemble des collègues se voit donner l'accès à une formation en ligne certifiante. Et ainsi, après quelques semaines de préparation, tout le monde fait partie du processus. Pour beaucoup d'équipes, le modèle OKR a été perçu comme un vecteur de focalisation du travail. Il a aussi permis d'améliorer la communication entre les équipes. De nombreux individus ont adopté un état d'esprit d'apprentissage permanent vis-à-vis du modèle. La hiérarchisation et la gestion des priorités se sont également améliorées.

Certaines équipes ont intégré facilement le modèle OKR et sa méthode de suivi à leurs habitudes de travail. D'autres ont eu plus de mal à maintenir la priorité sur les objectifs communs quand survenaient des problèmes urgents. Tout du long, la direction, l'« OKR Lead » et les équipes au cœur du dispositif ont réfléchi en permanence aux façons d'améliorer la communication et les performances.

4.3. LOGICIELS ET SYSTÈMES OKR

Pour faire fonctionner le modèle OKR, il faut un endroit où tous les objectifs et résultats clés sont collectés de manière cohérente et systématique. Il est bon de les stocker dans un endroit où chaque personne peut les consulter et où ils sont mis à jour régulièrement. La clarté, la simplicité et la transparence du système sont essentielles. Pour qu'elles soient réellement utilisées, il faut que les informations soient accessibles aisément.

C'est tout en ce qui concerne les éléments indispensables du système. Le modèle OKR ne nécessite pas de logiciel complexe. Nous avons constaté, dans une petite organisation, qu'un tableau blanc et des post-it constituent un très bon système OKR. Nous avons croisé des quantités de tableaux Excel qui fonctionnaient très bien, ainsi que de nombreuses solutions logicielles avec de nombreuses fonctionnalités utiles.

Si une entreprise compte une équipe de direction et plusieurs autres équipes, ou si elle est disséminée sur plusieurs sites, l'adoption d'un logiciel OKR est justifiée. Avec un logiciel :

- les liens entre la direction et les équipes sont bien visibles ;
- la mise à jour et le suivi des résultats clés peuvent se faire de n'importe où ;
- le système rappelle aux équipes les résultats clés qui n'ont pas été mis à jour.

Étude de cas : les outils OKR de Google sont très simples

On pourrait penser qu'entre tous, ce serait Google qui aurait un système OKR complexe. Mais en fait, chez Google, on pense et on agit différemment. L'entreprise a constaté qu'on n'a pas besoin de système complexe si chaque personne s'engage à suivre ses propres OKRs.

Chez Google, on pense que chaque individu doit faire siens les OKRs pour que le modèle fonctionne. L'essentiel est que chaque personne ait la possibilité de peser sur ses propres OKRs. On les discute avec l'équipe et le manager. La culture de l'entreprise est fondée sur une forte confiance dans les individus et leurs actions. C'est pourquoi, chez Google, les OKRs sont toujours les objectifs d'un individu et non du système.

Quand, dans une entreprise, on laisse chaque collègue s'occuper de ses propres objectifs, il suffit d'outils très simples en guise de système. Les gens rédigent eux-mêmes les cibles OKR et ils utilisent beaucoup des instruments comme Google Docs et Google Sheets. Les cibles OKR doivent être publiques et accessibles à tous.

Google veut donner à chaque personne un maximum de liberté et de responsabilité. Les bons OKRs sont un mélange d'OKRs de priorités d'entreprise (*top down*) avec des suggestions individuelles (*bottom up*). C'est ce qui permet à chaque individu d'exercer une influence sur ce qui lui semble important et sur la manière dont il peut contribuer aux objectifs de l'entreprise.

4.3.1. Choisir son logiciel

Le choix du logiciel repose toujours sur les besoins de l'organisation et sa situation du moment. Donc pas de méthode universelle pour choisir son logiciel OKR. Le choix n'est pas plus facile si de nouveaux logiciels sont sans cesse mis sur le marché. Presque toutes les solutions logicielles sont dans le *cloud* et leur gamme de fonctionnalités est très large.

En général, tous les logiciels contiennent au moins les caractéristiques suivantes :

1 connexion avec d'autres sources de données utilisateur, telles que les identifiants Google ;

2 mémorisation des objectifs et résultats clés ;

3 liaisons horizontales et verticales des objectifs au sein de l'organisation ;

4 affichages et tableaux de bord variés pour suivre la progression ;

5 mécanismes d'évaluation des résultats clés.

Dans cette section, nous allons étudier de plus près Tangible Growth et Jira, car les auteurs les ont eux-mêmes utilisés. Au moment de la rédaction de ce livre, voici les logiciels dont nous avions connaissance. Nous distinguons principalement trois types de logiciels qui aident à la gestion des OKRs.

– Les logiciels de gestion des objectifs et de la performance

Traditionnellement plébiscités et mis en place par les départements des ressources humaines, ces logiciels permettent de faciliter le dialogue des membres du personnel lié à tout ce que touche à leur performance et à l'atteinte de leurs objectifs. Ils ont intégré la méthode OKR comme parti des modèles de suivi.

- BetterWorks [www.betterworks.com]
- Impraise [www.impraise.com]
- Koan [www.koan.co]
- Lattice [lattice.com]
- Leapsome [leapsome.com]

– Les logiciels de gestion des activités et de planning

Initialement utilisés par et pour la gestion du planning et la distribution des tâches entre les différentes équipes et individus, ces logiciels donnent la possibilité d'utiliser les OKRs avec des fonctionnalités dédiées ou des intégrations tierces afin de répondre à la demande grandissante des sociétés désireuses de planifier avec une orientation résultats.

- Asana [www.asana.com]
- JIRA [www.jira.com]
- Monday.com [www.Monday.com]
- Scoro [www.scoro.com]

– Les logiciels spécialisés OKR

Développés pour répondre aux besoins spécifiques de la gestion des OKRs, ces logiciels ont le vent en poupe et profitent du déploiement du modèle dans bon nombre d'organisations. Au travers de fonctionnalités internes ou d'intégrations avec des applications tierces, ils proposent aussi des éléments de gestion des activités, de dialogue sur les objectifs ou encore sur la stratégie.

- GTMHub [gtmhub.com]
- Perdoo [www.perdoo.com]
- Weekdone [weekdone.com]
- Workpath [www.workpath.com]

Du côté francophone, nous avons recensé ces deux logiciels :

– Zest – [www.zestmeup.com]
– Elevo – [www.elevo.fr]

Chacun de ces systèmes interprète, légèrement différemment, la théorie OKR. Chacun a ses fonctionnalités propres. Cela étant dit, on observe une convergence grandissante des usages et certains outils chevauchent plusieurs catégories pour répondre aux besoins dynamiques des entreprises. Certains intègrent des outils de stratégie, d'autres récupèrent automatiquement des données de nombreux systèmes, d'autres encore évaluent les performances des personnes, etc. Par conséquent, le choix d'un logiciel dépend souvent d'autres critères que le travail OKR en lui-même.

Voici quelques suggestions pour faciliter la sélection initiale. Ensuite, nous approfondirons trois options.

- Si l'organisation est petite, que les ramifications entre les objectifs sont peu nombreuses et que les gens peuvent se retrouver dans les mêmes bureaux, pour mettre en œuvre le modèle OKR, il suffit d'un tableau blanc, d'un fichier Excel ou de Post-it.
- Si l'organisation cherche à récupérer automatiquement des données de résultats clés à partir de nombreux systèmes, des solutions comme Workpath ou GTMHub peuvent être de bonnes solutions.
- Si une grande organisation a besoin de communiquer autour de sa stratégie, d'autres projets de transformation connexes et de mettre en place les OKRs, Tangible Growth est un bon point de départ.
- Si une organisation veut aller vite et garder des cycles d'exécution très courts, Weekdone peut être un bon choix.
- Si une organisation utilise déjà Jira et est prête à investir pour une configuration OKR de base, ça vaut la peine d'explorer la piste Jira. Elle peut aussi s'intégrer avec les softwares spécialisés OKR comme Workpath ou GTMHub.
- Si une organisation souhaite gérer de manière exhaustive les évaluations des performances de ses personnes, on peut commencer par BetterWorks ou Zest.

L'écosystème est très dynamique et les acteurs et technologies qu'ils emploient évoluent rapidement. Il vaut toujours mieux comparer différentes options et demander leur avis à des organisations qui en ont fait l'expérience pour la mise en place du modèle OKR. Aucun système n'est parfait pour tout, mais il y en a beaucoup de très bons.

4.3.2. Les OKRs sur un tableau blanc – étude du cas Ingenico ePayments LATAM

Ingenico ePayments est une entreprise globale avec des sièges locaux dans chaque continent, dont un à Buenos Aires, en Argentine. Bien que l'ensemble de l'organisation dépasse les mille personnes, l'équipe basée en Amérique Latine compte une quarantaine de collaborateurs et collaboratrices. Lors de la mise en place des OKRs, le General Manager de la région Amérique Latine a donc opté pour un tableau blanc pour regrouper les OKRs trimestriels ainsi que le plan d'action associé sous forme d'un *Tableau Kanban*[2].

2 Un tableau Kanban est un outil de gestion de projet agile conçu pour aider à visualiser le travail, limiter le travail en cours et maximiser l'efficacité (ou le flux). Définition par Atlassian.

Dans l'esprit du mode de gestion *lean*[3], Ingenico ePayments a fait en sorte que toutes les informations importantes soient visibles sur des tableaux blancs et sur ses murs – et non à l'intérieur des systèmes. Quand les informations sont visibles sur un grand tableau blanc commun, sans avoir à les chercher, les gens sont constamment à jour sur les OKRs.

L'équipe locale a repris les objectifs stratégiques de l'entreprise et les a adaptés à son contexte. Après avoir défini des résultats clés au niveau régional, chacune des équipes identifie ses contributions avec des post-it de couleurs différentes.

L'équipe se réunit chaque semaine et met collectivement à jour les informations sur le tableau. L'équipe s'assure d'avoir avancé vers les résultats clés et les problèmes éventuels sont évoqués et résolus collectivement.

L'avantage du tableau blanc, c'est qu'on y voit tout en même temps, y compris les relations entre les différents éléments. Sans effort, on a une vue d'ensemble de la façon dont les choses évoluent.

4.3.3. Reconfiguration du logiciel Jira – étude du cas Ambientia

Chez Ambientia, le logiciel Tangible Growth est utilisé, mais en plus, le modèle OKR est également géré avec le logiciel Jira d'Atlassian. Il y a une explication rationnelle au fait d'utiliser deux systèmes. Ambientia est elle-même une organisation qui consulte pour Atlassian, et du coup, les équipes ont voulu tester si Jira fonctionnerait également comme logiciel OKR.

De nombreuses organisations utilisent Jira, comme système de gestion des incidents pour le service client, par exemple, ou pour gérer le développement de logiciels. Il peut donc être logique d'utiliser le logiciel pour gérer aussi les OKRs. L'expérience montre qu'il est possible, moyennant un effort raisonnable, de construire un système logiciel adapté aux OKRs en utilisant de manière créative différents modules de Jira.

Le logiciel Jira modifié pour les besoins OKR

La solution est simple comme un logiciel OKR. Mais son grand avantage, c'est que les tâches dans Jira sont faciles à relier à la structure de l'entreprise déjà existante dans le système. Si Jira est déjà utilisé, la solution est également assez peu coûteuse.

4.3.4. Étude de cas : Le logiciel Tangible Growth se concentre sur la stratégie

Les auteurs connaissent très bien le logiciel Tangible Growth. Juuso est l'un des fondateurs de la société et il en est le PDG. Henri a également utilisé le logiciel en tant que directeur des opérations chez Ambientia.

---

3 Rien de superflu

La force de Tangible Growth, c'est qu'il propose des outils pour opérer des changements stratégiques à différents niveaux au sein d'une organisation. En ceci, les OKRs sont clés, mais en plus, le système propose des outils pour améliorer la compréhension de la stratégie, des transformations et des objectifs.

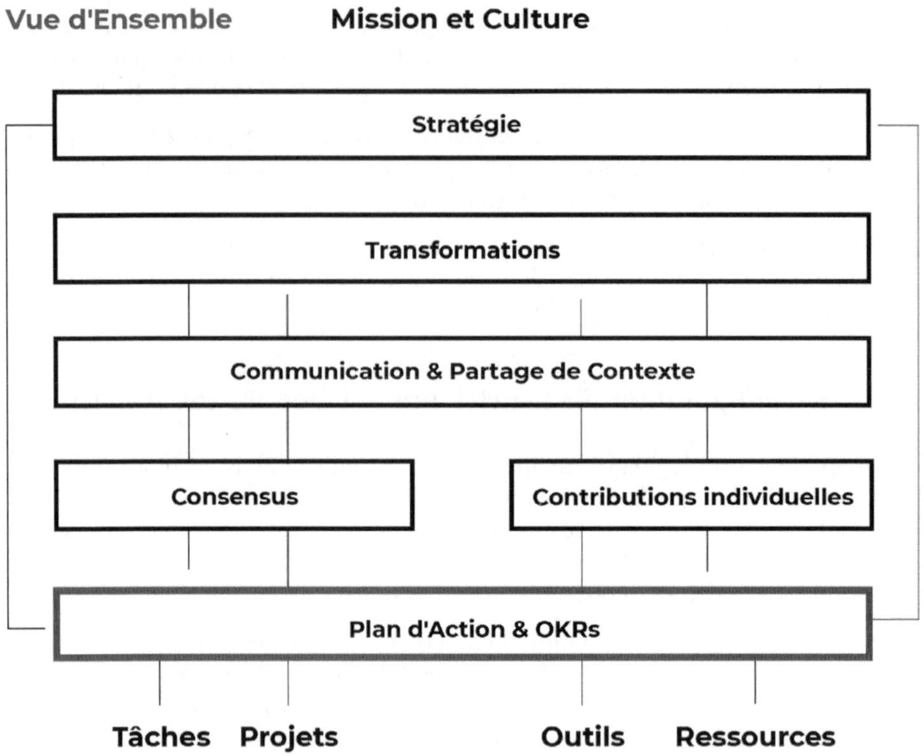

Figure n° 11 : Vue d'ensemble de la transformation : Tangible Growth

Les fonctionnalités de Tangible Growth sont liées à la définition de la mission de l'entreprise et à la manière dont cette mission est communiquée aux membres du personnel, aux clients et aux autres parties prenantes. Tangible Growth met particulièrement l'accent sur l'accès à l'information en temps réel, le partage actif du contexte et la narration. Sans rompre les contraintes de confidentialité, l'organisation est informée des raisons de certains choix, de ce qui a été pris en compte et des questions qui restent en suspens. Les individus sont également informés de la manière dont les changements doivent se refléter dans le quotidien d'un client ou des équipes.

Répéter un message ne suffit pas, aussi bon soit-il. Dans le pire des cas, dans une organisation de 2 000 personnes, on aura 2 000 interprétations différentes d'une stratégie. Tangible Growth invite à se rassembler sur une interprétation commune. Toute l'organisation – chaque équipe, chaque unité – doit se préoccuper de la manière dont les changements souhaités doivent s'inscrire dans l'activité quotidienne, ce qui doit être clarifié et les prochaines priorités, même s'il est tout aussi important de recueillir les retours des membres du personnel, de savoir ce que les changements provoquent au niveau individuel, qu'est-ce qu'on en dit, qu'est-ce qu'on en pense et quelles inquiétudes doivent être dissipées.

En dehors d'Ambientia, les utilisateurs de Tangible Growth sont aussi bien des entreprises internationales que des petites start-up high-tech en développement. Évidemment, chez Tangible Growth aussi on utilise ce système. Les fonctionnalités OKR conviennent aux entreprises de toutes tailles, mais celles de gestion du changement commencent à être vraiment utiles quand les organisations comptent plus de 100 personnes. Ainsi, le logiciel Tangible Growth est conçu comme un outil de gestion et de transformation plus large, pas limité aux seuls OKRs.

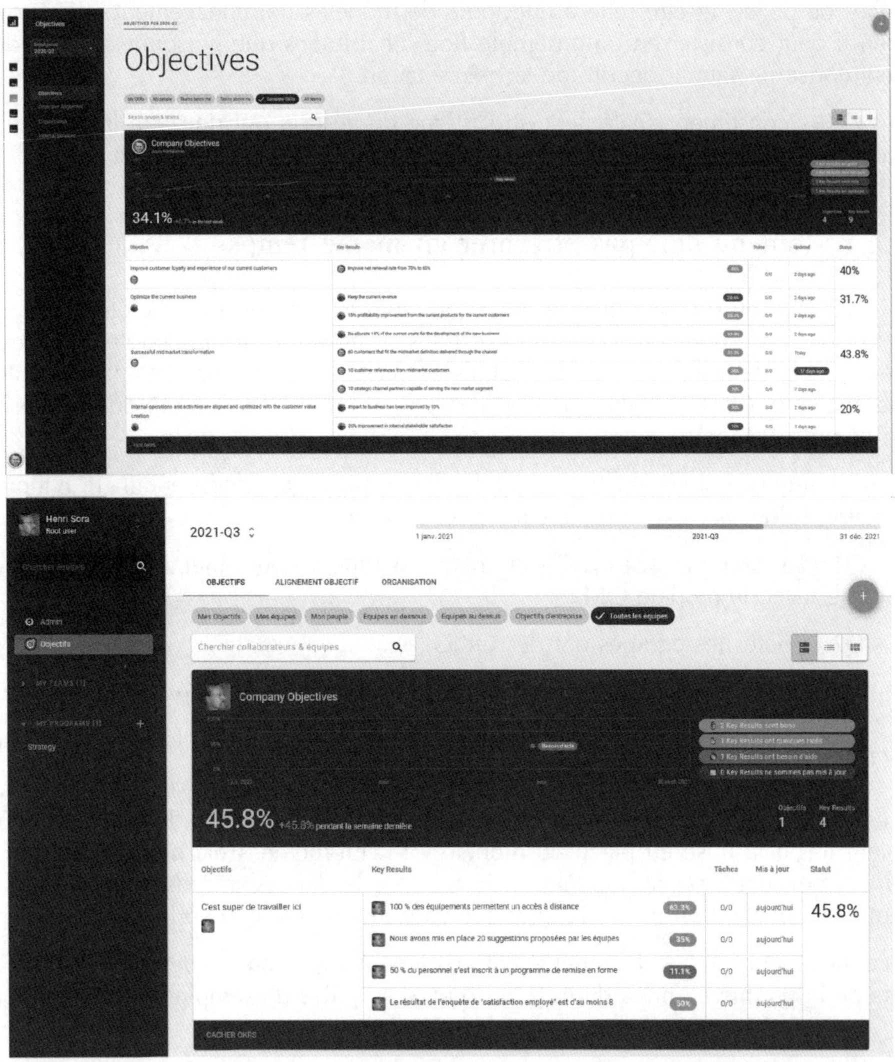

Figure n° 12 : Exemple de la façon dont Tangible Growth a modélisé les objectifs et résultats clés au niveau entreprise

4.4. HARMONISER LES MODÈLES DE GESTION

Dans chaque organisation, un modèle de gestion est déjà en place. Il existe un style de gestion, comme une culture d'entreprise, qu'on en ait conscience ou pas. Qu'il soit né du hasard ou construit méthodiquement. La mise en œuvre du modèle OKR oblige à examiner le type de gestion qui est en vigueur dans l'entreprise et comment il doit évoluer pour soutenir le modèle OKR et la mise en œuvre de la stratégie.

Un modèle de gestion repose sur des événements, des processus et des politiques sur lesquels on s'est mis d'accord et au travers desquels l'entreprise est gérée. Il peut être très précisément défini et détaillé dans un document de plusieurs centaines de pages, et être relié à une foule de modèles de management précis, ou bien il peut consister en un ensemble flou d'habitudes que personne au sein de l'entreprise ne saurait décrire de la même façon.

Les OKRs constituent également un système de gestion qui doit être intégré aux habitudes de l'organisation. À défaut, on s'expose à de mauvais résultats.

4.4.1. Tout ne doit pas être prêt en même temps

La combinaison des systèmes de gestion n'a pas forcément besoin d'être finie au début de la mise en place du modèle OKR. C'est souvent impossible car il est très difficile de fusionner tous les détails et toutes les fonctionnalités par la seule planification. C'est seulement par la pratique qu'on voit tout ce qui doit être pris en compte et modifié.

C'est pourquoi la mise en œuvre du modèle OKR doit s'effectuer sur un rythme modéré, selon, par exemple, le calendrier suivant :

- **Q1 :** La direction a ses OKRs et chaque équipe a pour objectif de se familiariser avec le modèle OKR.
- **Q2 :** Toutes les équipes ont des OKRs.
- **Q3 :** Le suivi est activé et les résultats clés sont pour la plupart chiffrés.
- **Q4 :** Les rétrospectives sont en place et les OKRs donnent le tempo annuel de l'organisation.

Il est courant, et fortement recommandé, que les premiers OKRs de l'organisation soient liés à la mise en place du modèle OKR lui-même. Cela permet non seulement de s'entraîner au modèle, mais aussi de le découvrir dans un cadre réel, tout en le mettant en place. La pratique vaut mieux que la théorie.

En annexe, nous avons documenté ce à quoi peut ressembler le déploiement OKR lors de la première année de mise en œuvre en guise d'exemple et de support.

4.4.2. Quel est notre modèle de gestion ?

Le modèle de gestion est la somme de tous les modes de fonctionnement au travers desquels l'activité se déroule. Il peut s'agir d'une description extrêmement précise des processus, documentée de manière minutieuse et contrôlée par une entité externe.

C'est un modèle de ce type qu'on trouve chez Labrox, où on construit des équipements vitaux de laboratoire ; là, un changement minime au mauvais endroit au mauvais moment peut être fatal. Les prises de décision, la gestion et les processus sont nécessairement régis par des règles très précises.

À l'inverse, le système de gestion peut aussi être un ensemble très libre et fluctuant de mesures : il peut y avoir les réunions du lundi, des fichiers Excel, voire un *conference call* de la direction le lundi pour donner des consignes aux sites qui en ont besoin.

Un modèle n'est pas bon ou mauvais, il est ce qu'il est. Il est juste important de connaître la nature du système de gestion qui est en place dans l'entreprise en répondant aux questions suivantes :

- Comment le travail est-il géré ?
- Comment est-il mesuré ?
- Comment est-il planifié ?
- Quel est le processus de prise de décision ?
- Quelles sont les réunions prévues et quand ?
- Quels sont les éléments surveillés, pourquoi et comment ?

Quand on sait répondre à toutes ces questions, il est plus facile d'intégrer ces différents mécanismes au modèle OKR.

4.4.3. Les OKRs montrent les priorités

Dans toute organisation, le travail est planifié et un large éventail de mesures sont prises, qui se traduisent par une liste de tâches pour les individus. Elles apparaissent comme des listes de priorités distinctes, souvent mutuellement exclusives. Le modèle de gestion détermine comment les ordres de mission arrivent et ce qu'on en fait.

Les tâches et les listes de priorités émanent, par exemple, des flux suivants :

- questionnaires pour le personnel ;
- gestion des risques ;
- forum sur la sécurité ;
- système qualité ou environnemental ;
- questionnaires de satisfaction clients ou du service client ;
- lois et règlements.

Le préalable et le but du modèle OKR, c'est qu'en l'examinant, on peut savoir ce qui est important à l'instant présent. C'est pourquoi les données de tous les forums mentionnés ci-dessus doivent être considérées lors de la planification des objectifs pour le trimestre suivant.

Les résultats doivent être pris en compte au bon niveau dans l'organisation. Par exemple, les objectifs de la direction peuvent ne pas faire apparaître les ordres de mission venus d'un forum sur la sécurité, mais pour un département informatique, ils peuvent se révéler très importants. Dans la réflexion sur ses objectifs, chaque niveau de l'organisation doit tenir compte des forums et des listes de priorités qui concernent son activité.

En outre, il ne faut pas oublier que le modèle OKR ne montre que ce qui est important au moment présent, c'est-à-dire le changement qu'on veut apporter à ce moment précis. À côté de cela, il y a des tâches quotidiennes gérées dans les systèmes de gestion des tâches et des personnes et mesurées par les indicateurs de performance clés (KPIs), comme indiqué au chapitre 2.

Une fois le modèle OKR en place, les individus doivent pouvoir dire sans hésitation à quoi ils doivent consacrer leur temps et leur énergie. Ils savent ce qui est important à ce moment, quelles sont les priorités, et à quoi se rapportent toutes leurs actions. C'est ce qui apporte aux opérations cohérence et sécurité.

Les conseils de BookingSync aux PDG ou aux championnes et champions internes

Florian Stenström, COO et « OKR Lead » chez BookingSync, donne cinq conseils aux PDG ou aux championnes et champions internes, au moment de se lancer dans l'aventure OKR.

1. Identifiez d'abord la culture actuelle de l'entreprise et celle à laquelle vous aspirez. En quoi la culture d'entreprise diffère-t-elle dans les différentes parties de l'organisation ? Par exemple, selon les pays ou les sites ?

Sur cette base, envisagez l'approche appropriée pour votre organisation en ce qui concerne le modèle OKR et son déploiement. En même temps, étudiez ce qui fait naître un climat de confiance et quel est le niveau de transparence et d'égalité que les personnes ressentent dans l'organisation. L'adoption réussie du modèle OKR nécessite des bases saines. Toutefois, ne vous laissez pas arrêter au départ par les problèmes existants. Tentez l'expérience. La mise en œuvre du modèle OKR peut aussi permettre de redresser les fondamentaux.

2. Trouvez un garant et assurez-vous que la majorité des acteurs clés sont engagés dans le projet. Au niveau de l'organisation, la mise en œuvre du modèle OKR demande des investissements et des ressources intellectuelles, en particulier de la part des managers, pour faire en sorte que les OKRs fassent partie intégrante du processus stratégique. Il ne faut pas oublier que même une seule équipe peut tirer parti du modèle OKR en contrôlant ses priorités quotidiennes. Mais le plus grand bénéfice apparaît lorsque c'est toute l'organisation qui est alignée.

3. Dès le départ, insistez sur le défi que la mise en œuvre du modèle OKR vise à relever dans votre organisation. Répondez très clairement à la question « pourquoi » – du point de vue de l'organisation comme des individus – et répétez le message sans relâche. Cela vous sera utile, notamment en ce qui concerne l'engagement de la direction. Quand une difficulté est identifiée, vérifiée, acceptée et actualisée, les gens s'efforcent plus volontiers de la résoudre.

4. Profitez de la communication multi-canal et utilisez de bons outils plutôt que de vous débrouiller par vos propres moyens. Dans les années 1970, les OKRs d'Intel n'étaient consultables que sur papier, aux postes de travail des membres du personnel. C'était simple, mais ça marchait. Aujourd'hui, la communication électronique est le mode de communication par défaut, mais elle peut facilement se noyer dans le flot d'e-mails et d'informations provenant de canaux de communication plus agiles.

5. Voyez ça comme un voyage où on apprend en permanence. La destination ne sera pas atteinte en un trimestre ou deux. Il faut dessiner une route qui vous ressemble et choisir un guide qualifié. En outre, au moment de l'embarquement, rappelez-vous qu'il y aura des obstacles qui en décourageront beaucoup.

Mais en cas de réussite, ce voyage propulsera votre activité dans un monde plus agile, plus transparent et plus efficace. Avec nous, ce voyage est encore clairement en cours et le succès n'est pas garanti à 100 %, mais jusqu'à présent, la direction est bonne – et oui, nous apprenons en permanence !

4.5. RÉSUMÉ ET ÉTAPE SUIVANTE

Jusqu'ici, nous avons examiné la mise en route du modèle en fonction du projet, du système et de l'organisation. Ce chapitre a étudié les conditions préalables, déterminantes pour la réussite ou non du déploiement. Le déploiement exige de l'entreprise qu'elle ait une stratégie et qu'elle dispose de suffisamment de temps pour opérer ces changements ; il faut aussi que la direction soit engagée et connaisse le niveau d'autonomie au sein de l'organisation. Il est également important de savoir pourquoi on a opté pour le modèle OKR. C'est sur la réponse à cette question que repose la communication autour du projet.

Bien entendu, cette mise en place demande aussi certaines compétences dans l'organisation et un engagement à changer. Le moteur de cette transformation, c'est une équipe responsable du projet qui compte au moins un rôle de représentant de la direction, un rôle de représentant du personnel et un rôle d'« OKR Lead » pour entretenir la dynamique. Nous avons également examiné la possibilité d'utiliser un logiciel ou d'opter pour une autre solution.

Nous nous sommes aussi intéressés aux systèmes de gestion, dont le modèle OKR est un exemple. Ces modèles gouvernent à la fois l'activité et les personnes. Lors de l'adoption du modèle OKR, la gestion des personnes et la communication sont au moins aussi importantes que les changements techniques. Au chapitre suivant, nous examinons la gestion des attentes, la communication et les changements culturels lors de la mise en œuvre du modèle OKR.

Chapitre 5. Gérer les attentes et les personnes

Avoir une stratégie, c'est vouloir modifier le statu quo. Le modèle OKR est un moyen d'opérer ce changement. Un changement est toujours synonyme d'excitation et d'inquiétude pour les individus. C'est une bonne nouvelle pour certains et une mauvaise nouvelle pour d'autres. La mise en œuvre du modèle OKR nécessite donc de gérer les attentes et les personnes. Il n'existe vraiment qu'un seul outil pour cela : la communication.

Comme nous l'avons montré au début du chapitre précédent, le processus de mise en œuvre se déroule généralement de la façon suivante :

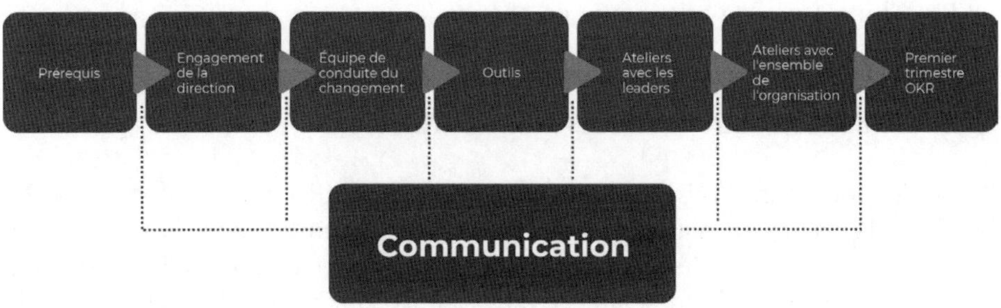

Figure n° 13 : Séquence type des étapes de mise en œuvre du modèle OKR

À chaque étape, il faut communiquer : qu'est-ce qui est en train d'être fait, pourquoi, qui le fait, dans quel ordre et selon quel calendrier. La communication ne doit pas seulement informer, elle doit aussi inspirer et encourager. Elle vise également à gérer les attentes de l'organisation en ce qui concerne les changements et leurs conséquences. Du coup, les exigences en matière de communication sont nombreuses et il convient de lui consacrer attention et ressources tout au long de la mise en place.

En général, les projets de transformation sont un bon moyen d'informer. Les entreprises ont une bonne capacité à faire savoir qu'un projet démarre ou qu'un nouveau modèle est mis en pratique. Les organisations parlent volontiers de leurs nouveaux projets et des personnes qui y sont affectées. On communique les objectifs, on annonce le choix du logiciel, on diffuse des calendriers et on annonce les résultats des ateliers stratégiques. Mais ce qu'on oublie parfois, c'est la communication liée à la gestion des attentes et des personnes.

Gérer les attentes, ça signifie :

- tenir compte de différents points de vue à l'avance, avant de se mettre au travail ;
- annoncer les difficultés à venir et les différentes mesures prises dès le départ ;
- préciser en quoi les premiers résultats obtenus répondent à tel ou tel besoin préalablement identifié, le verbaliser clairement ;
- continuer, malgré les désagréments et rebondissements qui ne manqueront pas d'arriver sur la route.

Le modèle OKR est simple mais sa mise en œuvre peut s'avérer plus compliquée que prévu. Les phases de mise en route se heurtent à toutes sortes de difficultés qu'il s'agit de résoudre d'une manière ou d'une autre. Malgré cela, il ne faut pas s'inquiéter : allez-y franchement. L'important, c'est d'être capable d'anticiper les problèmes et que la communication les concernant soit rapide et juste.

Ce chapitre est dédié à la communication sur les changements dans une organisation par rapport au modèle OKR. Nous listons les aspects de la mise en place du modèle OKR qui, d'après notre expérience, nécessitent une communication attentive. On les retrouve dans de nombreux exemples de passage au modèle OKR et il n'y a pas de raison que ça change.

5.1. L'OBJECTIF EST D'AMÉLIORER L'ACTIVITÉ

Il y a plein de bonnes raisons d'adopter le modèle OKR – dont ne fait pas partie le fait de le mettre en place. Le modèle OKR est un instrument, pas une fin en soi. Même si la raison elle-même varie d'une entreprise à l'autre, elle est souvent liée à des objectifs commerciaux. Avant tout, le but du modèle OKR, c'est le changement organisationnel, la croissance et l'innovation. Au bout du compte, les changements doivent se traduire dans le chiffre d'affaires et les bénéfices.

Un grand nombre de projets de transformation vacillent lorsque la méthode, le modèle, la théorie ou le processus lui-même deviennent plus importants que l'objectif. On perd alors la vue d'ensemble et on oublie l'essentiel. Nous avons vu beaucoup trop de transformations « agiles », où l'agilité elle-même devient soudain plus importante que le client et le résultat. C'est particulièrement le cas dans les grandes organisations, où les gens ont moins de contacts avec les clients et moins d'intérêt direct à obtenir des résultats.

Si la discussion s'oriente vers une querelle pour savoir quel type de résultat clé est « plus juste » ou « plus cohérent » avec le modèle OKR, c'est qu'elle est devenue trop théorique. Il est important de comprendre le fonctionnement du modèle, mais si un résultat clé ou un objectif décrit *suffisamment bien* une cible importante pour l'entreprise, c'est suffisant. Il est plus important d'atteindre les objectifs et les résultats clés que de discuter de la justesse de chaque détail.

Par conséquent, lors de chaque réunion de planification, il est nécessaire de rappeler que l'objectif n'est pas la mise en œuvre complète du modèle OKR lui-même, mais l'amélioration de l'activité grâce à ce modèle OKR. Quand ce point est bien clair, il est plus facile de se concentrer sur l'essentiel et d'éviter les analyses superflues à propos des résultats clés.

***Test** : dans votre entreprise, débat-on fréquemment de la bonne méthode pour mettre en place des indicateurs agiles ou des indicateurs de performance clés ? Existe-t-il une « police du superflu » dans votre organisation qui condamne certains modes opératoires avec l'efficacité comme critère ? Discutez-vous sans fin de détails et de la perfection des procédures, ou êtes-vous capable d'avoir une vue d'ensemble et de vous concentrer sur le résultat final ?*

Conseils pour les problèmes de communication

1 Dans toutes vos communications OKR et particulièrement au début de la mise en place, n'oubliez pas de rappeler la raison de ce choix. Répétez-le jusqu'à saturation, pour que ce soit clair pour tout le monde. Après, rappelez de temps en temps aux équipes pourquoi c'est ce modèle OKR qui a été choisi pour atteindre votre objectif.

2 Ajoutez une courte section au début de chaque atelier pour expliquer la raison de mettre en œuvre les OKRs. Rappelez aux participants que leur mission est d'améliorer l'activité, pas d'élaborer des objectifs et des résultats clés parfaits.

3 À la fin du trimestre, communiquez toujours sur la façon dont le modèle OKR a permis d'atteindre l'objectif initial, ou à quel point on s'est rapproché du but souhaité. Communiquez régulièrement sur la manière dont le modèle OKR contribue à l'amélioration de l'activité et de l'efficacité de l'organisation. Soulignez aussi les leçons qui en ont été tirées en route.

Étude de cas : Wemind renomme les OKRs pour favoriser l'adoption au sein de l'équipe

Wemind est une jeune et ambitieuse organisation proposant des services développés pour aider et protéger une communauté grandissante d'indépendants et leur permettre de se focaliser sur leurs propres activités avec sérénité. Magaly Fréon y est Directrice des Ventes et c'est une active enthousiaste des OKRs chez Wemind, collectif d'une quinzaine de personnes. Les OKRs, c'est un sujet nouveau puisque l'entreprise s'y est mise six mois avant que l'on échange dans le cadre de la préparation de ce livre. Magaly, elle, connaît déjà bien le modèle puisqu'elle l'a utilisé dans deux organisations précédentes.

Chez Wemind, le modèle OKR est un outil d'alignement et de motivation. Il permet aux équipes de visualiser la marche à suivre pour pérenniser l'activité, de structurer le développement avec des paliers clairs et d'asseoir la stratégie pour chaque personne. Comme dans la majorité des PME qui mettent en place la méthode OKR, chez Wemind, tout le monde est impliqué. Une personne par équipe est responsable des indicateurs qui sont mis à jour chaque semaine et partagés une fois par mois au sein de l'organisation. Tous les trimestres, la direction organise un atelier OKR pour revoir les progrès et, au besoin, réajuster et rediriger. Le DG, Mikael Uzan, orchestre le rituel.

Un élément marquant chez Wemind est que les OKRs ne s'appellent pas « OKR ». Les membres de l'équipe ont décidé de lui donner un autre nom plus en lien avec leur culture. Et de ce fait, chez Wemind, les OKRs sont en fait des « mimes » (pour « MIssions-MEsures »). Chacun doit adapter la méthode à sa culture et à son organisation. Si changer de nom facilite l'appropriation par les équipes, c'est très bien. Le modèle OKR est un outil, un moyen et pas une fin en soi. Il est donc utile et conseillé que les organisations se sentent libres d'adapter les différents éléments du modèle en fonction du contexte et des ambitions.

5.2. LA ROUTE EST LONGUE DE L'ENTHOUSIASME INITIAL À LA LIGNE D'ARRIVÉE

« Faisons comme Google ! Le modèle est simple, donc je suis sûr qu'il est facile à mettre en place ! » Voilà comment ça commence. L'enthousiasme initial permet de démarrer mais, confronté à la réalité, tôt ou tard, il s'émousse. Soit que l'effet de nouveauté s'estompe, soit qu'on rencontre des difficultés.

L'enthousiasme est un atout merveilleux mais il doit être associé à un travail rigoureux et à une personnalité sans compromission. Parfois, on trouve ces qualités dans une seule et même personne, le plus souvent, non. D'où l'importance d'avoir des profils variés dans une organisation, et particulièrement au sein d'une équipe. Il y a les enthousiastes et les finisseurs, les deux sont nécessaires.

Dès le départ, il faut admettre qu'il y aura des moments difficiles. Par exemple :

- Les résultats clés n'ont pas été mis à jour chaque semaine ; du coup, il y a des surprises à la fin du trimestre.
- Il y a trop d'objectifs et/ou trop difficiles ; aucun n'a été atteint.
- Ce qui semblait important au début du trimestre se révèle sans conséquence à la fin du trimestre.
- On réalise au milieu du trimestre que les résultats clés sont en fait des tâches.
- On se rend compte que les cibles OKR sont en fait des KPIs.
- On se rend compte que l'atteinte des objectifs ne dépend pas de l'activité des équipes.
- Après deux trimestres, on réalise que les objectifs ne sont pas alignés sur les objectifs annuels.

Lorsque cela arrive, il faut se reprendre et réessayer. Même si l'enthousiasme initial a disparu pour un temps, le niveau d'engagement doit être maintenu. Il faut retrouver la flamme en se rappelant ce qui est important, quel est l'objectif à atteindre et ce qu'on essaie de réussir ensemble.

Il faudra probablement du temps pour opérer des changements fondamentaux, et les résultats n'arriveront pas tout de suite. Voilà pourquoi, pendant les premières étapes du déploiement OKR, il est bon de rappeler aux équipes qu'il faut au moins un an pour maîtriser le modèle, et que les résultats ne se feront sentir qu'au bout de plusieurs trimestres. Il faut maintenir l'effort en étant confiant dans le fait que, bientôt, les effets seront visibles, aussi bien dans les chiffres que dans l'activité quotidienne.

Heureusement, les premières discussions sur les OKRs aident à trouver des priorités et apporter de la clarté. Quand tout est plus clair, la satisfaction ressentie permet à elle seule de supporter les moments où la mise à jour des résultats clés est frustrante.

Test *: votre organisation arrive-t-elle au bout de ses projets de transformation ? Quel est le rapport entre projets inachevés et projets achevés ? Votre organisation est-elle douée pour démarrer des projets mais pas pour les faire avancer ? La direction est-elle composée d'enthousiastes ou de finisseurs ?*

Conseils de communication à cette étape

1 Si jusqu'à présent votre organisation a été douée pour démarrer des projets mais pas pour les faire avancer ou les finir, reconnaissez-le devant l'ensemble des équipes. Réfléchissez à la manière dont ce problème sera résolu grâce à ce projet de transformation, et exprimez-le fort et clair.

2 Une idée encore meilleure, c'est de demander directement aux équipes comment elles résoudraient le problème. Organisez un atelier et recueillez des idées de l'organisation. Vous pouvez ouvrir le débat en disant : « Nous sommes doués pour nous enthousiasmer mais les projets restent souvent inachevés et les mises à jour ne sont pas faites rigoureusement sur le long terme. En tant qu'équipe, que pourrions-nous faire pour que ce projet ne perde pas sa dynamique et que les choses se fassent ? »

3 Annoncez dès le départ à l'organisation que la route vers ce changement ne sera pas une belle ligne droite vers la réussite. Le changement sera progressif, il faudra de la persévérance. Au lieu d'essayer de tout changer d'un seul coup, de s'épuiser et d'abandonner, préparez l'équipe à un effort de mise en route long et régulier.

4 Soyez honnête dans les évaluations trimestrielles et partagez aussi bien les réussites que les difficultés. Félicitez les gens qui prennent de bonnes habitudes en matière d'OKR, qui en assurent le suivi et la mise en œuvre. Veillez également à ce que les rétrospectives traitent des problèmes liés au fonctionnement du modèle lui-même, pas seulement des résultats par rapport aux objectifs.

5.3. ACCEPTER LE FAIT D'ÊTRE NOVICE

Presque toutes les entreprises que nous avons interrogées et qui utilisent le modèle OKR nous ont dit qu'elles étaient toujours en phase d'apprentissage. Elles ont accepté le fait qu'elles s'entraînaient à l'utilisation du modèle OKR et qu'elles apprenaient en avançant. Avoir l'autorisation d'apprendre en faisant est très important, car il est impossible de planifier tout ce qui peut arriver lors de la mise en œuvre.

Il n'est pas possible de savoir à l'avance à quoi ressemblera le résultat final. Quel que soit le degré d'itération, même le meilleur plan n'est qu'une hypothèse sur l'avenir. Seule l'expérience pratique fait apparaître les facteurs d'influence cachés dans une organisation. Chaque organisation est différente, donc même les détails de la mise en route sont légèrement différents d'une organisation à l'autre. Même un consultant expérimenté ne peut créer un diaporama avec des instructions précises. La réalité surprend toujours.

L'essentiel, encore une fois, c'est de se lancer. On adapte le modèle à l'organisation une étape après l'autre. L'un des fondements du modèle OKR, c'est de travailler de façon systématique et d'apprendre par la pratique. Cela permet de gérer les craintes liées au changement, aussi bien au sein de la direction que dans le personnel.

Permettre de s'entraîner en faisant demande un effort différent selon l'organisation et la culture de l'entreprise. La culture de management française apprend lentement à admettre qu'on n'est pas parfait et qu'il est permis de s'entraîner. La direction n'a pas forcément tout prévu en détail au départ, mais elle a la conviction que l'entreprise, en tant qu'ensemble, sera capable de résoudre les problèmes à mesure qu'ils se présenteront.

En Asie, par exemple, c'est encore exactement le contraire. Il est tout simplement interdit de se tromper, sous peine de perdre la face – et peut-être même son emploi. Évidemment, démarrer de façon imparfaite, s'entraîner en faisant et autoriser l'échec est très compliqué dans une telle culture. C'est pourquoi il est essentiel de comprendre la culture locale dans laquelle le modèle OKR est mis en œuvre et d'adapter l'approche en fonction.

***Test** : comment l'organisation a-t-elle coutume de réagir lorsque quelqu'un échoue à son premier essai ? Cherche-t-on des coupables, éprouve-t-on une honte collective ? Ou bien cherche-t-on ensemble à aller plus loin : qu'a-t-on appris et comment le problème peut-il être résolu ensemble ? Les représentants de la direction toléreront-ils le fait de ne pas être allés au bout ? Voue-t-on un culte aux superhéros et aux grandes performances individuelles ? Est-il courant de parler des leçons qu'on a tirées ?*

Conseils de communication à cette étape

1 Dans la communication OKR, il faut insister sur le fait que même si on n'est pas tout à fait prêts, on lance tout de même une implantation progressive, dans le but de comprendre en avançant. Cela va prendre un bon moment. Des erreurs seront commises, mais on les corrigera et on en tirera les enseignements tous ensemble.

2 La direction doit donner l'exemple et dire ouvertement quelles leçons elle a tiré des échecs et des défaillances. Une grande part de la réussite dépend de la façon dont la direction réagit aux échecs rencontrés par le reste de l'organisation.

3 Dans la communication, pas de reproches ni d'attitude défensive. Il faut plutôt encourager la recherche en commun d'idées et de solutions, chercher ensemble comment aborder le problème, comment le résoudre et comment atteindre le résultat souhaité.

5.4. DÉFINITION DES OBJECTIFS ET RÉSULTATS CLÉS : AU DÉBUT, C'EST COMPLIQUÉ

Dans presque toutes les histoires d'OKR que nous avons recueillies pour ce livre, nous avons entendu le même message : le modèle OKR lui-même est très facile à comprendre, mais il est étonnamment difficile à mettre en œuvre. Alors si le modèle est facile à comprendre, d'où viennent les difficultés ?

Dans le modèle OKR, il faut pouvoir parler clairement des questions importantes. Or, il est toujours plus difficile de parler clairement que vaguement. Ça exige d'avoir les idées claires, d'être sûr de ce qui est vraiment important, et de le communiquer ensuite de façon simple à l'ensemble de l'organisation.

Autre difficulté : les objectifs et résultats clés obligent à faire des choix et à se concentrer sur un nombre limité de choses. Le processus de sélection n'est certainement pas une tâche facile, surtout au début et surtout dans les organisations qui sont habituées à faire beaucoup de choses en même temps.

Les OKRs proposent une structure pour relever ces défis. Le modèle des OKRs ne fonctionne pas si on n'aborde pas correctement et clairement les problèmes importants de l'organisation. Les objectifs doivent être clairs pour tout le monde et leur nombre doit être restreint pour chaque trimestre. Voilà l'un des superpouvoirs du modèle : quand les objectifs sont clairs, tout le monde peut chercher à les atteindre – et du coup, ils ont plus de chances de l'être.

Il est nécessaire d'anticiper le fait qu'il sera difficile d'exprimer les objectifs stratégiques de façon compréhensible et d'élaborer les objectifs et résultats clés. Cette difficulté peut entraîner résistances et frustrations, qui peuvent se manifester des façons suivantes :

- « Ça va prendre trop de temps ; ne pourrait-on pas juste dire à chaque personne ce qu'elle doit faire ? »
- « On n'a pas assez de temps pour faire cet exercice en permanence ! »
- « Ça ne sert à rien ; de toute façon, il y aura une crise, une nouvelle stratégie ou un nouveau projet qui va remplacer celui-ci. »
- « Il faut tout faire en même temps ; ce projet ne peut pas attendre trois mois. »
- « On ne peut pas exprimer cela plus simplement que cela ne l'a déjà été ! »

Mais maintenant que vous avez compris qu'avec ce modèle, quand on rencontre une difficulté, il faut s'en réjouir, continuez à le dire... et à le traiter. Si le problème n'est pas verbalisé en tant que tel et comme un problème, il sera difficile de mettre les moyens derrière pour le résoudre. Une fois le problème identifié, les plans d'actions en découleront et les choses pourront commencer à se résoudre. C'est bien le flou qui immobilise, l'imprécision, pas le cadre et la clarté. Alors, à l'action.

Quand on a l'impression qu'il est difficile de clarifier les objectifs stratégiques ou de les harmoniser, il faut prendre le temps d'y réfléchir. Qu'y a-t-il de plus important que de faire comprendre à l'ensemble d'une organisation la direction dans laquelle on va ? De quelle autre manière mettre les idées et les moyens de l'ensemble de l'organisation en ligne avec le bon objectif ? De quelle autre manière s'assurer que personne ne tire secrètement l'entreprise dans une direction complètement différente de celle que souhaite la direction ?

Si les membres d'une organisation n'ont pas le temps de fixer leurs objectifs, parce que les projets en cours sont plus importants, c'est le signe qu'il faut faire des choix. Une fois ces choix opérés, on est plus tranquille, car on n'est plus obligé de satisfaire toutes les demandes. On termine ce qu'on a commencé et il n'y a plus de gaspillage. C'est déjà une raison suffisante pour prendre le temps de bien mettre en œuvre le modèle OKR.

Si les objectifs ne s'inscrivent pas dans l'activité quotidienne, mais constituent juste une tâche supplémentaire, c'est qu'il n'y avait au départ aucune chance que la stratégie soit mise en œuvre. Il faut réduire l'incertitude organisationnelle, contenir le flot de priorités et des choses à faire, sélectionner les questions importantes et s'y tenir. Cela réduit le risque de changements brusques de direction.

En termes de gestion des attentes, il faut se rappeler que dans le modèle OKR, on peut parfaitement refuser un travail qui n'est pas lié aux OKRs, quelle que soit la personne qui le demande. Chacun a le droit de signaler que quelque chose n'est pas en rapport avec les objectifs. Cette capacité de refuser peut sembler bizarre au départ, mais elle devient vite une force.

Test *: avec quelle facilité l'organisation renonce-t-elle à un projet s'il s'avère plus difficile que la direction ne le pensait au départ ? L'organisation réessaye-t-elle jusqu'à ce qu'elle réussisse ? Dispose-t-on d'assez de temps pour évaluer les objectifs et résultats clés, et pour les retravailler ? Tout le monde est-il prêt à accepter que l'organisation annule des projets secondaires à ce moment-là, même si on tient ?*

Conseils de communication à cette étape

1 Soulignez le fait que si le modèle OKR semble facile, sa mise en œuvre est étonnamment délicate. Incitez les gens à ne pas lâcher en leur rappelant que c'est en travaillant ensemble qu'on obtient des résultats. Il peut être utile de consacrer ouvertement à l'expérience OKR une durée minimale suffisamment longue. Par exemple, « Nous allons essayer le modèle OKR pendant un an,

et si au bout de cette année nous ne remarquons aucun effet positif, nous reviendrons à nos méthodes habituelles ».

2 En cas de frustrations et de résistances lors de l'élaboration des objectifs, la direction doit être capable de porter un regard critique sur son travail. Après tout, la stratégie n'est peut-être pas claire ? Peut-être fait-on trop de choses différentes dans l'organisation ? A-t-on parlé assez clairement des bénéfices attendus du modèle ?

3 Avant la mise en route, il est bon de porter un regard critique sur l'organisation. Quelles sont les missions prévues, combien de projets sont en cours, combien d'idées sur la table ? Cela aide à prendre conscience de la difficulté qu'il y a à fixer les objectifs. Dites bien à tous les membres de l'organisation qu'ils ont désormais la capacité de faire des priorités. Il est plus important de faire les choses jusqu'au bout que de lancer de nouveaux projets et ne jamais les terminer.

4 Vous pouvez vous servir du graphique suivant pour vous rappeler qu'attendre trois mois est plus rapide que vouloir tout faire en même temps.

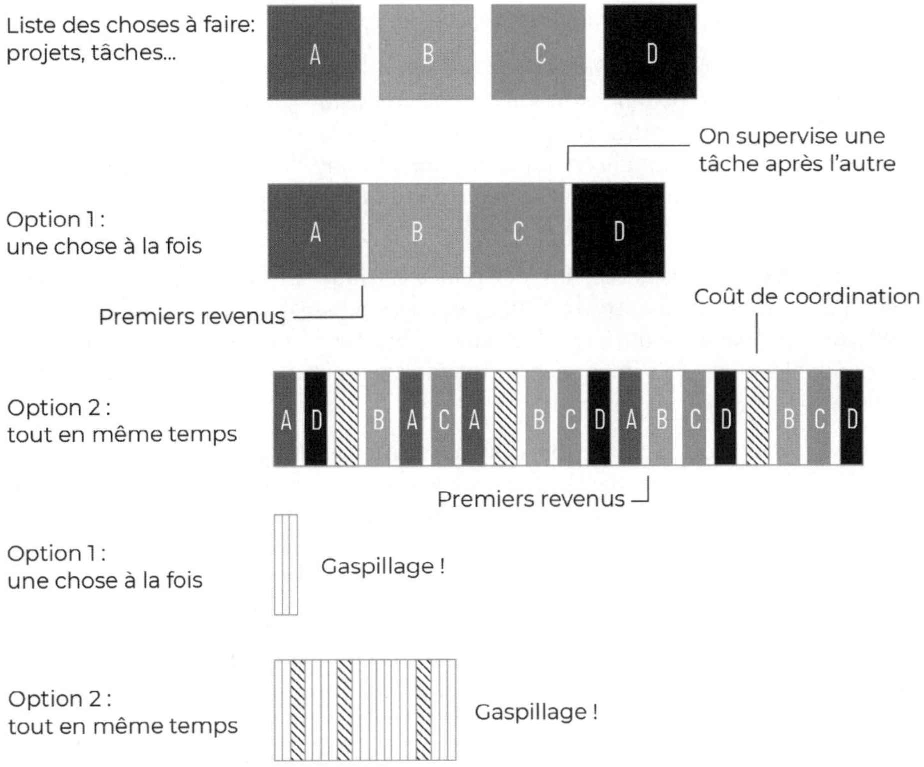

Figure n° 14 : Le coût de plusieurs projets qui se chevauchent

5.5. L'AMÉLIORATION PERMANENTE DEMANDE UNE CULTURE DE L'APPRENTISSAGE

Le modèle OKR n'est pas une solution ponctuelle ; c'est un modèle d'amélioration continue. Sur le papier, c'est bien joli ; dans la pratique, cela peut provoquer des résistances surprenantes. Chacun est différent, et l'amélioration continue peut inquiéter les gens qui :

- tolèrent mal les choses qui ne sont pas finies et voudraient tout faire parfaitement du premier coup ;
- redoutent l'échec ;
- craignent de perdre leur autorité ou leur pouvoir de décision ;
- veulent s'en tenir à des modèles et des méthodes qui ont fait leurs preuves ;
- ont besoin planifier les choses jusqu'au bout avant de commencer.

Plus les gens sont habitués à réfléchir à leurs actions et à les améliorer régulièrement, moins le changement apporté par les OKRs sera grand. Mais pour les personnes habituées à faire la même chose jour après jour, le changement est important et il faudra communiquer avec empathie.

Lorsque la direction ou l'« OKR Lead » présente le modèle OKR à l'organisation, il faut souligner les bénéfices induits par la réflexion permanente qu'il suscite. Quand, à chaque trimestre, on rencontre la réussite et l'échec, on peut rendre l'entreprise meilleure, améliorer l'activité quotidienne des individus, améliorer le sentiment le confort au travail et le service client, diminuer la précipitation, être prêt plus rapidement, etc.

Il faut rappeler à l'ensemble des personnes impliquées que si le modèle OKR met en lumière les mauvaises habitudes et les processus de travail inefficaces, les OKRs ne sont pas un outil pour harceler et blâmer. Il ne s'agit pas de désigner des coupables mais de s'intéresser au fonctionnement de l'entreprise en tant que système.

L' « OKR Lead » ou la direction doit aussi mettre l'accent sur le fait que le modèle OKR ne corrige pas le fonctionnement d'une organisation d'un seul coup. Si on fait en sorte que chaque trimestre soit légèrement meilleur que le précédent, alors en une année toute l'organisation sera nettement plus orientée vers ses objectifs.

Ce modèle d'amélioration permanente suit la même idée que la gestion de la qualité sur la roue de Deming : Planifier (Plan)-Faire (Do) -Vérifier (Check) -Agir (Act)

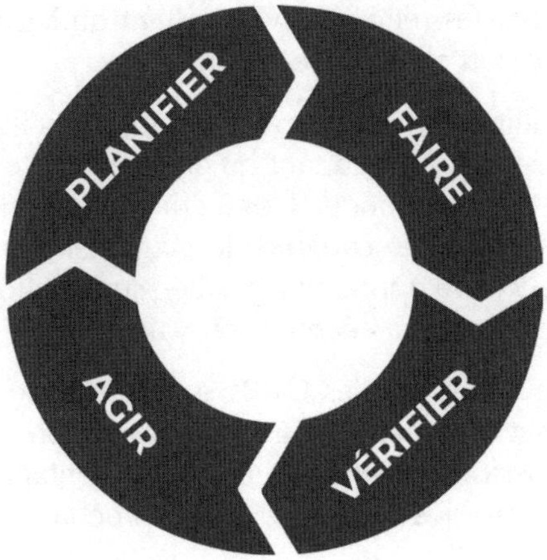

Figure n° 15 : Le cercle de qualité de Deming.

Il faut se souvenir qu'une amélioration continue et des objectifs très ambitieux exigent des personnes qu'elles soient capables de reconnaître leurs erreurs et aussi d'échouer. Une part de la culture d'apprentissage, c'est qu'il est permis d'échouer du moment qu'on en tire un enseignement. Il est même souhaitable de mettre en lumière les erreurs et les faiblesses, afin d'en tirer des leçons et d'apporter des améliorations. Il est donc absolument déconseillé de punir les gens qui parlent ouvertement de leurs échecs, de leurs erreurs et de leurs griefs à l'égard du système.

De façon surprenante, viser loin, échouer et s'améliorer, cela peut être particulièrement difficile pour l'équipe dirigeante. Ce sont en général des personnes habituées à atteindre leurs objectifs sans états d'âme. Pour elles, l'échec a toujours été considéré comme un affreux péché. Avec les OKRs, c'est complètement différent. Les objectifs ambitieux sont pensés pour être inatteignables. Si tous sont atteints, c'est qu'ils n'étaient pas assez ambitieux. Cela peut créer des problèmes d'ajustement pour la direction.

Test *: vos OKRs sont-ils toujours « parfaits » au début de chaque trimestre, ou sont-ils simplement le mieux que vous puissiez faire en fonction de votre compréhension des choses à ce moment-là ? Parle-t-on ouvertement des erreurs, des leçons et des tentatives dans l'entreprise, ou est-ce que tout est enterré comme si rien ne s'était passé ? Les gens sont-ils incités à tenter des choses ? La réflexion est-elle une habitude dans l'entreprise ou s'agit-il d'un tout nouveau mode de fonctionnement ?*

Conseils de communication à cette étape

1 Communiquez sur le fait que le modèle OKR implique une amélioration systématique et continue. Dans le processus du changement, il y a un processus de retour sur expérience continu et honnête. Soulignez le fait que la direction

est très intéressée par les rétrospectives en tant qu'instantanés de la situation du moment et parce qu'elles rendent l'entreprise plus forte.

2 Insistez bien sur le fait qu'il n'y a pas de coupables, qu'ils ne sont ni recherchés, ni punis. Plus on est capable, en tant qu'entreprise, d'évoluer et d'apprendre, mieux c'est pour tout le monde. L'objectif du modèle OKR est de rendre l'organisation plus souple et capable de s'adapter. Ça ne peut se faire que par l'expérimentation et l'apprentissage. Les suppositions et le trop-plein de planification ne servent qu'à s'échiner en vain.

3 Rappelez à l'organisation que les OKRs sont une série de sprints réalisés sur le long terme. Le but n'est pas d'épuiser l'organisation, mais de la rendre forte et d'améliorer ses performances. L'intention est d'entamer ensemble le voyage sur le long terme – pas juste de survivre au prochain trimestre ou jusqu'à la fin de l'année.

Étude de cas : l'amélioration continue chez Simplebo

Chez Simplebo, les OKRs au début, c'était un tableau blanc avec les sujets chauds du moment et la possibilité d'itérer rapidement. Aujourd'hui, il s'agit d'un « tracker » sur Google Sheets qui est actualisé chaque semaine. L'utilisation du modèle a évolué progressivement avec la croissance de l'organisation, sa maturité et sa prise en main des OKRs.

L'amélioration continue est au cœur de la culture chez Simplebo et c'est ainsi qu'au fur et à mesure du temps, de nouvelles initiatives ont vu le jour autour des OKRs. Alexandre Bonetti nous en cite quelques-unes :

- harmonisation du contenu et lexique ;
- gamification – *team building* pour ceux qui réussissent le mieux leurs OKRs ;
- partage d'expérience avec d'autres start-up ;
- points mi-trimestriels – *update* PDG avec chaque OKR Setter pour aligner et ajuster les OKRs ;
- pondérer les KR d'un pourcentage, afin d'inciter les équipes à les prioriser.

Toutes ces initiatives ont pour points communs de contribuer à la mobilisation des équipes autour des ambitions stratégiques et au dialogue sur la meilleure marche à suivre pour l'organisation. Et dans une logique de continuité, de nouvelles suggestions d'améliorations sont proposées et mises en place chaque trimestre.

5.6. LE RÉGLAGE PAR DÉFAUT, C'EST LA TRANSPARENCE TOTALE

La transparence du modèle OKR peut être un point délicat pour certains membres des équipes. Il est facile de penser que seules les personnes qui ont quelque chose à cacher sont contre la transparence. Mais chaque individu est différent, particulièrement en ce qui concerne ce qu'on voudrait garder pour soi-même.

Même quand leur travail est irréprochable, certaines personnes préfèrent rester dans l'ombre.

La transparence est cependant un élément crucial du modèle OKR. Elle permet à l'entreprise d'harmoniser son activité et de *voir*, concrètement, comment le travail d'un département ou d'une équipe affecte le travail des autres. Les objectifs de toutes les équipes étant publics, l'harmonisation peut se faire à tous les niveaux, et pas seulement du haut vers le bas. Quand chaque personne comprend les objectifs stratégiques de l'entreprise et comment son rôle s'inscrit dans le plan d'ensemble, cela supprime le flou, l'ambiguïté et le manque de direction et cela redonne son importance à l'activité.

Il n'est pas possible d'y parvenir sans rendre tous les objectifs visibles l'ensemble du personnel. Il se peut que cette transparence soit radicalement différente du mode de fonctionnement précédent, où le secret pouvait présider aux décisions et aux projets. La direction, en particulier, peut s'être habituée à diriger de manière invisible, à l'abri du secret. En appliquant le modèle OKR, ce voile de confidentialité est levé et les objectifs sont révélés à l'ensemble des collègues.

Du point de vue de la communication, la transparence des objectifs peut, dans un premier temps, être source d'inconfort. L'équipe dirigeante joue un rôle important en donnant l'exemple, en montrant comment elle choisit ses objectifs et en insistant sur la transparence. Il faut aussi reconnaître qu'avec le modèle OKR, les gens peuvent, dans une certaine mesure, voir les données relatives aux performances individuelles, même s'il ne s'agit pas d'un système de mesure des performances individuelles.

Il est donc utile de souligner que la transparence du modèle n'est pas destinée à la surveillance ou au harcèlement, mais à aider tout le monde à voir ce qui est important. Si, dans l'entreprise, il y a une tendance aux commérages, aux rumeurs et aux reproches, il faut s'en occuper.

Test *: osez-vous rédiger vos objectifs de manière que tout le monde puisse les voir, par exemple sur un intranet ? Si ce n'est pas le cas, qu'est-ce qui vous en empêche ? Les gens ont-ils tendance à dénoncer les erreurs ou les faiblesses des autres ? Les gens se réjouissent-ils des échecs des autres ?*

Conseils de communication à cette étape

1 Commencez par vous assurer que l'ensemble de la direction et des managers acceptent la transparence et sont prêts à communiquer ouvertement leurs objectifs. L'exemple venu de la direction est très important pour faire accepter la transparence dans l'organisation.

2 Communiquez bien sur le fait que tous les objectifs sont visibles pour que chaque personne puisse voir ce qui compte pour les autres et puisse contribuer à atteindre les objectifs communs. La transparence est la base du dialogue, de la remise en question et du développement de l'organisation.

3 Insistez sur le fait que personne n'est surveillé et que les équipes ne seront en aucune façon classées selon la manière dont elles atteignent leurs objectifs.

5.7. LE CHANGEMENT S'ACCÉLÈRE AVEC LE TEMPS

Nous sommes accoutumés à fixer des objectifs à long terme détaillés. Des budgets annuels et des plans quinquennaux. Dans le modèle OKR, le long terme reste présent de façon claire car la vision à long terme et les objectifs annuels sont des objectifs de long terme.

C'est un cliché de dire qu'aujourd'hui le monde change trop vite pour faire des plans annuels précis. Pour décrire ce monde moderne, l'acronyme anglais VUCA a été trouvé (volatilité, incertitude, complexité et ambiguïté), pour exprimer la rapidité et le caractère incontrôlable des changements. Le modèle OKR est particulièrement adapté pour affronter ce chaos grandissant.

Le modèle OKR fixe des objectifs et des résultats clés seulement pour le trimestre qui vient – et non pour le suivant. On peut avoir des idées sur les trimestres à venir, mais elles ne sont pas inscrites dans le plan annuel. Les idées et les hypothèses ne sont prises en compte que pour la planification du trimestre qui vient.

La planification étant toujours limitée à une période de trois mois, le modèle OKR permet de réagir rapidement aux changements dans l'environnement concurrentiel, à l'économie mondiale ou tout autre chose. Mais parfois, un trimestre ne suffit pas. À la section 7.8 *Modifier les OKRs en période de crise*, nous présentons un scénario où les circonstances changent radicalement au milieu du trimestre et où il faut réagir immédiatement. Mais en général, il est possible de maintenir un rythme de planification trimestriel, déjà très agile par rapport à de nombreuses autres organisations qui n'utilisent pas les OKRs.

Avec la planification trimestrielle, la capacité de l'entreprise à changer de direction et l'agilité stratégique augmentent considérablement, car l'entreprise n'est pas liée à un plan d'un an, voire plus. Sur un cycle trimestriel, même une grande entreprise peut changer de direction aussi rapidement qu'une start-up. De leur côté, les start-up se concentrent mieux sur ce qui se passe lorsqu'elles s'engagent sur des objectifs pour un trimestre entier.

Si une entreprise aime établir des plans détaillés, il peut être difficile d'y renoncer. La planification apporte un sentiment trompeur de sécurité et de contrôle. En réalité, nous ne pouvons pas contrôler ce que l'avenir nous réserve, et la meilleure façon de survivre dans un monde VUCA, c'est d'augmenter la rapidité du changement et de réduire le besoin de contrôle.

Test *: votre organisation peut-elle accepter l'incertitude liée au passage d'objectifs annuels à une planification pour les trois prochains mois ? Est-on prêt à accepter un contrôle moindre avec des plans moins détaillés ? L'entreprise est-elle prête à réagir aux changements à un rythme trimestriel ? Êtes-vous en mesure de vous concentrer sur ce qui est important sans perdre de vue la situation dans son ensemble ?*

Conseils de communication à cette étape

1 Préparez au sentiment d'incertitude en expliquant que, comme on ne peut pas anticiper avec précision ce qui va arriver, élaborer un plan détaillé est le plus souvent une perte de temps. Insistez sur le fait qu'en passant moins de temps sur la planification à long terme, on peut mieux se concentrer sur les problèmes du moment, ce qui renforce la compétitivité et ouvre des possibilités de changement positif.

2 Il est bon de souligner qu'on s'engage à tester le modèle OKR sur une durée déterminée. Cela permet aux gens d'avoir l'esprit tranquille lors de l'expérimentation ; ils savent que si le modèle n'est pas parfaitement adapté à leurs besoins ou à ceux de l'organisation, on pourra l'abandonner. Les personnes amatrices de planification, en particulier, veulent expérimenter concrètement dans le confort d'un cycle plus court avant d'accepter de changer leurs habitudes.

3 Si vous gérez une start-up habituée à modifier rapidement ses plans, rappelez qu'il ne sert à rien de se lancer dans des projets si on ne les mène pas à bien. Après trois mois focalisés sur seulement cinq objectifs (ou moins), les résultats commenceront à se faire sentir. Il est important d'être agile, mais la frontière entre l'agilité et l'anarchie est fine. Le modèle OKR aide à rester agile, mais aussi à aller jusqu'au bout des choses.

5.8. DES ÉQUIPES RAPIDEMENT PLUS AUTONOMES

L'autonomie dans les équipes signifie qu'elles peuvent interpréter les choses à leur manière et prendre des décisions en fonction des circonstances. Parmi les éléments qui requièrent un pouvoir de décision, il peut y avoir la mise en œuvre de la stratégie, la façon de servir la clientèle ou l'utilisation des locaux. Il s'agit de questions rencontrées au quotidien, dont voici quelques exemples :

- Pour demander de nouveaux ordinateurs portables, faut-il passer par la direction ou par le système de gestion des ressources humaines ? Ou bien peut-on les acheter de sa poche et se les faire rembourser en note de frais ?
- Pouvez-vous convenir de conditions de livraison particulières avec un client, ou faut-il l'autorisation de la direction ?
- Pouvez-vous changer de marque pour une commande de produits ou de composants ou la décision doit-elle être soumise au processus d'accord ?
- Pouvez-vous lancer une nouvelle campagne de marketing ou faut-il l'accord de la direction ?
- Pouvez-vous organiser une fête de Noël pour votre équipe ?

Le niveau d'autonomie d'une équipe mûre et constituée depuis longtemps peut être très élevé : ses membres connaissent les habitudes et les principes de l'entreprise et du secteur, leurs actions et leurs jugements sont fiables. D'un autre côté, une équipe de jeunes salariés en début de carrière a généralement besoin de beaucoup de conseils et d'instructions pour acquérir les compétences nécessaires. À chaque étape, ils deviennent un peu plus indépendants. Au sein d'une organisation, on peut trouver des équipes fonctionnant à différents niveaux d'autonomie.

La prise de décision autonome est particulièrement importante lors de la planification des OKRs. Quel est le degré de liberté des équipes pour déterminer leurs propres objectifs ? Comme nous l'avons vu à la section 3.4.2 *Transposer les objectifs au niveau de l'équipe*, dans les cas extrêmes, on peut donner à une équipe ses objectifs. À l'autre extrême, l'équipe aura une liberté totale pour déterminer ce qu'elle va faire, la direction se contentant d'observer et d'approuver. Entre ces deux extrêmes, il existe de nombreuses possibilités.

Des équipes différentes ayant un niveau de maturité différent, leur niveau d'autonomie peut lui aussi être différent. La direction doit décider du niveau d'autonomie donné à chaque équipe et en communiquer le résultat par équipe. Il est également bon de rappeler que ce degré d'autonomie augmentera à mesure que l'équipe prendra davantage de responsabilités et remplira ses missions sans supervision externe. Cela encourage les équipes à développer leurs compétences.

Test *: parle-t-on d'autonomie dans l'entreprise ? Existe-t-il des processus différents au sein de l'organisation ou tout le monde fait-il les choses de la même manière ? La composition des équipes change-t-elle ou est-elle immuable ? Comment augmente-t-on le niveau d'autonomie des membres du personnel et quelles sont les limites ?*

Conseils de communication à cette étape

1 Il est utile d'examiner ce que signifie l'autonomie d'une équipe dans l'entreprise. La transparence sur les différents niveaux d'autonomie au sein des équipes et la logique qui les sous-tend aide à comprendre pourquoi certaines équipes peuvent prendre des décisions de manière plus ou moins indépendante. Nous recommandons aussi de donner aux équipes plus de responsabilités – tout en restant disponible pour répondre aux questions et aux doutes.

2 Le modèle OKR encourage l'autonomie et repose sur l'hypothèse que les équipes et les individus sont capables de gérer des objectifs pour et par eux-mêmes. Il est important que la direction encourage les équipes à faire des propositions pour leurs objectifs pour juger comment elles analysent les objectifs annuels et les traduisent en objectifs trimestriels.

3 Pour que le modèle OKR soit significativement bénéfique, il faut accroître le degré d'autonomie. Il faut aussi que chaque personne agisse de manière responsable – aussi bien la direction que les équipes. Avec l'intensification des communications entre les équipes et la direction, on voit rapidement les différences de vue d'ensemble, et le degré de responsabilité souhaité par chacune.

Étude de cas : encadrer pour mieux libérer chez Simplebo

Alexandre Bonetti, PDG de Simplebo nous explique que l'entreprise a mis en place OKR trois ans plus tôt pour trois raisons principales.

L'organisation grandissait vite. Les problèmes de communication étaient plus nombreux. La situation demandait d'instaurer un niveau de hiérarchie intermédiaire pour garantir le bon fonctionnement des activités et cela risquait d'engendrer une perte de connexion entre les quelques 30 collègues et les fondateurs. L'objectif pour l'équipe dirigeante était de garder :

- une direction claire ;
- de la visibilité ;
- une culture du résultat.

Pour le PDG, l'enjeu principal était donc de donner un cadre clair aux membres des équipes au sein duquel il est possible de travailler en toute autonomie. Encadrer pour mieux libérer pour reprendre ses mots. C'est cet objectif qui a encouragé l'organisation à mettre en place les OKRs.

5.9. RÉSUMÉ ET ÉTAPE SUIVANTE

Dans ce chapitre, nous avons examiné certains problèmes qui se posent dans la mise en œuvre des OKRs, problèmes pour lesquels une communication attentive est particulièrement importante. Dans la communication OKR, il est essentiel d'être simple et d'utiliser un langage clair. Quand on communique avec une organisation, on communique avec tout le monde.

Éléments sur lesquels il faut communiquer :

- La mise en place du modèle OKR ne se fera pas d'un seul coup mais chaque étape est un progrès.
- On rencontrera des difficultés mais il ne faut pas s'en inquiéter. Les problèmes seront résolus ensemble et doivent être vus comme des opportunités de progrès.
- Pas besoin d'être parfaits tout de suite ; on apprend en faisant.
- Le plus important, c'est de tirer les leçons des erreurs qui sont faites et d'être honnête dans ses évaluations.
- Personne ne sera exclu ; tout le monde progressera ensemble.
- Le modèle OKR apporte des changements positifs qui nous rendront meilleurs.

Nous ne saurions trop insister sur l'importance de la communication. La mise en œuvre du modèle OKR peut très bien échouer à cause d'un manque de communication, mais nous n'avons jamais entendu parler d'un cas où elle a échoué à cause d'un excès de communication. Il vaut donc mieux communiquer un peu trop que trop peu.

N'oubliez pas que les gens apprennent chacun à leur manière. Partagez l'information en parlant, en écrivant et via des supports vidéo, par exemple. Utilisez tous les canaux de communication disponibles. Soyez persévérant.

Le chapitre suivant porte également sur la communication. Nous présentons les écueils qu'on rencontre fréquemment dans une mise en œuvre. Nombre d'entre eux peuvent être évités et résolus grâce à la communication. Il est bon de les connaître pour savoir les éviter – mais aussi pour les reconnaître quand on se retrouve face à l'un d'entre eux.

Il est important de bien comprendre ces pièges, car on n'en parle pas souvent. On peut facilement imaginer qu'on est seul à rencontrer ce problème. En réalité, le nombre d'organisations qui y ont déjà été confrontées avant de réussir leur mise en œuvre est impressionnant. Vous trouverez l'aide nécessaire pour les surmonter non seulement dans le chapitre suivant, mais aussi avec des exemples d'organisations qui ont connu le même parcours.

Chapitre 6. Traverser la vallée de la mort

Chacun a pu faire l'expérience d'un projet où, passé l'enthousiasme initial, tout s'arrête complètement. Ce qu'on faisait avec enthousiasme jusqu'à la semaine dernière va se mettre à tourner au ralenti, voire s'arrêter net. Les OKRs ne font pas exception à cette règle.

Nous avons vu des projets de déploiement OKR partir fort avant de baisser de rythme, ou alors où l'on s'apercevait qu'après quelques mois enthousiastes, plus rien n'avançait. Nous appelons cela la vallée de la mort de la mi-parcours. Comme le modèle OKR et sa mise en œuvre sont tous les deux spécifiques à l'entreprise, chaque projet de transformation est différent. Et donc, dans chaque organisation, cette vallée de la mort est un peu différente.

Souvent, elle apparaît avec un problème typique de la gestion du changement. Ces problèmes ont été rassemblés et décrits dans le modèle « Mener et gérer un changement complexe ».

Vision	+	Consensus	+	Compétences	+	Incitations	+	Ressources	+	Plan d'action	=	Changement
		Consensus	+	Compétences	+	Incitations	+	Ressources	+	Plan d'action	=	Confusion
Vision			+	Compétences	+	Incitations	+	Ressources	+	Plan d'action	=	Sabotage
Vision	+	Consensus			+	Incitations	+	Ressources	+	Plan d'action	=	Angoisse
Vision	+	Consensus	+	Compétences			+	Ressources	+	Plan d'action	=	Résistance
Vision	+	Consensus	+	Compétences	+	Incitations			+	Plan d'action	=	Frustration
Vision	+	Consensus	+	Compétences	+	Incitations	+	Ressources			=	Tapis roulant

Adapté de Knoster, T. (1991). Présentation à la conférence TASH, Washington DC. Adapté par Knoster pour Enterprise Group, Ltd.

Figure n° 16 : Le modèle de gestion du changement complexe, adapté du modèle Lippitt-Knoster.

Les investigations de Sergio Carreda attribuent la première version de modèle à Mary Lippitt en 1987. À l'époque, le modèle comportait cinq composantes : vision, compétences, incitations, moyens et plan d'action. En 1991, Timothy Knoster a ajouté un sixième élément, le consensus (ou l'adhésion) au modèle.

Selon le modèle Lippitt-Knoster, une transformation réussie comporte six composantes. Les membres de l'organisation doivent d'abord comprendre quelle est la **vision** commune : où allons-nous et pourquoi. Ensuite, il doit y avoir un **consensus** de tous les membres du personnel sur cette direction et son importance.

Pour obtenir un résultat, il faut les bonnes **compétences**. Chaque personne doit également savoir quelles sont les **incitations** au changement. En d'autres termes, quels bénéfices on tirera du changement, autant du point de vue des individus que de l'organisation. Pour réussir le changement, il faut fournir les **ressources** adéquates. Le temps étant la ressource la plus universelle mais d'autres moyens doivent souvent être engagés. Le succès est enfin assuré par un **plan d'action** clair.

La mise en œuvre du système OKR est un parfait exemple de projet de transformation pour lequel le modèle Lippitt-Knoster s'applique. Le plus souvent, les difficultés liées à l'implantation du modèle OKR peuvent être rattachées à l'une de ces six composantes. Dans ce chapitre, nous allons traverser les différentes vallées de la mort potentielles selon les différents scénarios du modèle Lippitt-Knoster. Nous allons également examiner comment les éviter et aller de l'avant.

6.1. LA CONFUSION NAÎT D'UNE ABSENCE DE DIRECTION

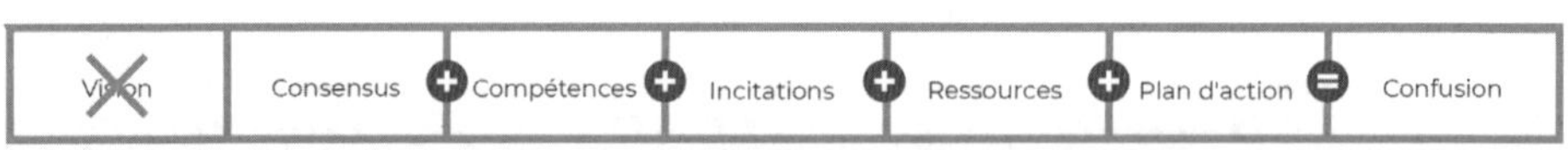

Figure n° 17 : L'absence de cap provoque la confusion

En général, l'absence de cap est liée à une absence de vision. La confusion naît quand les individus ne savent pas où va l'organisation. Dans ce scénario, il n'y a pas de consensus sur un futur commun, sur l'horizon à atteindre ou sur ce qui est *bien*.

Dans la gestion du changement, l'absence de vision fait qu'on ne comprend pas la raison de ce changement. Dans l'adoption du modèle OKR, si on ne communique pas assez tôt et assez souvent sur les raisons de sa mise en œuvre, l'absence de direction commune se fera sentir. La confusion est particulièrement notable lorsque les gens ne savent pas clairement pourquoi l'organisation veut mettre en œuvre le modèle OKR.

Cela se produit assez couramment lorsque la direction, qui elle-même comprend la valeur du modèle OKR, l'applique avec enthousiasme à l'organisation mais oublie de gérer le changement. Parfois, on oublie de communiquer sur les choses qui nous semblent évidentes.

Comment repérer la confusion

Une caractéristique commune à toutes les vallées de la mort, c'est que les choses n'avancent pas. C'est la même chose avec la confusion. Lorsque les membres d'une organisation sont désorientés, on n'avance plus parce qu'on ne sait pas ce qu'il faut faire. Quand on arrête de progresser, il faut en rechercher les raisons.

La confusion se traduit aussi dans le langage, avec des phrases comme : « Qu'est-ce qui se passe ? », « D'où ça vient ? », « À quoi ça sert ? », « Encore un nouveau système/une nouvelle liste de priorités », « Qu'est-ce que ces personnes essaient de faire avec ça ? », « Pourquoi ça ? »

On la ressent également dans l'atmosphère qui règne : les gens sont silencieux, réticents, les visages sont perplexes. Des choses peuvent être accomplies quand on les demande, mais les gens ne prennent pas plaisir à travailler, réfléchir ou innover.

Si on craint que la confusion ne règne, il faut s'attaquer à la racine du mal en posant les bonnes questions. Une enquête anonyme ou des discussions en tête-à-tête révèlent rapidement si l'intérêt du modèle OKR est compris et si le cap fixé est clair.

Évitez les questions fermées dont on peut deviner la « bonne » réponse ou auxquelles on peut répondre par oui ou par non. Exemple de question fermée : « La mise en œuvre du modèle OKR est-elle importante pour la réussite de notre entreprise ? » Demandez plutôt : « Comment ou pourquoi la mise en œuvre du modèle OKR est-elle importante pour la réussite de notre entreprise ? »

Comment éviter la confusion

Si le projet n'a pas encore été lancé, on peut éviter la confusion grâce à la communication. À la section 4.1.2 *Pourquoi mettre en place le modèle OKR,* nous avons dit que l'élément le plus important pour communiquer avec précision et clarté, c'est expliquer pourquoi les OKRs sont mis en œuvre. L'importance de la communication augmente avec la taille de l'organisation et l'ampleur du changement.

Dans toutes les communications OKR, il faut toujours insister sur les points suivants :

- Pourquoi le système OKR est-il mis en œuvre et quel est l'objectif ?
- Quel changement de culture est-il souhaité, et pourquoi ?
- Que peut-on réussir avec les OKRs ?
- Pourquoi la mise en œuvre des OKRs est-elle une bonne chose pour les membres de l'organisation ?

Comme le disait l'écrivain britannique du XVIIIe siècle Samuel Johnson : « Les gens ont davantage besoin qu'on leur rappelle les choses plutôt qu'on les leur apprenne ». Ce n'est que lorsqu'il pense que tout le monde en a assez de l'entendre parler de direction commune et d'avenir commun, que le message de l'équipe dirigeante commence à s'ancrer dans l'esprit du personnel. Communiquer sur le changement de façon claire et enthousiaste est primordial pour éviter toute confusion et pour que le changement s'installe dans tous les rouages de l'organisation.

À force de travailler ensemble et d'en voir le résultat, la vision finit par devenir plus claire. C'est là que le champion ou la championne interne du projet OKR brille. Le modèle OKR se traduit par des objectifs tangibles et des résultats clés élaborés lors d'ateliers inspirants organisés par les champions ou championnes internes. Le choix de ces derniers mérite donc attention.

Comment survivre à la confusion

Si le projet est déjà en cours et que l'on découvre que les choses n'avancent pas, que la confusion est paralysante, il est temps de revenir aux discours inspirants du début du projet. Rassemblez tout le monde et abordez les problèmes de front. La confusion peut être atténuée en clarifiant activement, encore et encore, l'objectif final.

Il est particulièrement utile de se concentrer sur « ce à quoi ça ressemble quand c'est bien », c'est-à-dire ce à quoi l'avenir ressemblera. Il est bon de penser au bien que les OKRs vont faire, et comment ils vont aider l'organisation tout entière à progresser vers cet avenir. Parlez de ce à quoi cela ressemble quand c'est bien du point de vue de la clientèle, des membres du personnel, d'une organisation et du monde.

Mais il ne faut pas non plus craindre la confusion, puisque toute nouveauté semble d'abord semer la confusion. C'est pourquoi nous avons insisté dans les chapitres précédents sur l'inutilité d'une planification excessive et de la quête de perfection, et sur l'importance de simplement s'y mettre. La confusion diminue avec l'expérience, les choses se clarifiant avec la pratique.

6.2. LE MANQUE D'ADHÉSION CONDUIT AU SABOTAGE

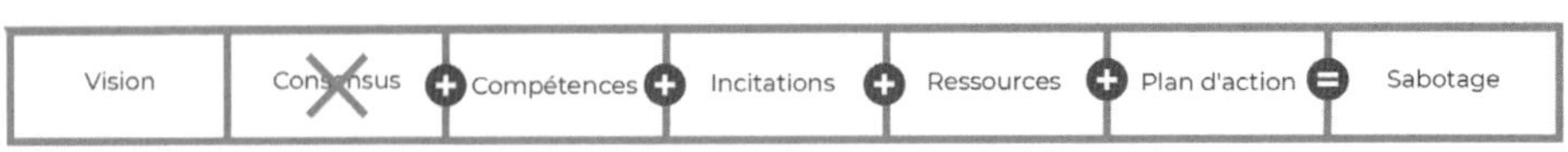

Figure n° 18 : L'absence de consensus provoque le sabotage

La première vallée de la mort possible provenait d'un manque de vision et de la confusion qui en résultait. Une autre vallée de la mort possible surgit quand les gens n'adhèrent pas au cap choisi. Dans le pire des cas, certains membres de l'organisation peuvent aller jusqu'à entraver ou ralentir délibérément l'adoption du modèle OKR.

Timothy Knoster a ajouté cette dimension au modèle de Mary Lippitt et a décrit l'absence de consensus comme un vecteur de sabotage. Selon nous, le terme « sabotage » renvoie à une destruction physique et matérielle qui ne décrit pas correctement le phénomène. L'essentiel de l'apport de Knoster, c'est que le consensus signifie davantage que la compréhension passive du changement ; c'est l'adhésion à la direction choisie, une acceptation active.

Le manque d'adhésion se manifeste quand les individus ne sont pas d'accord avec l'objectif choisi. Certaines personnes peuvent penser que le cap n'est tout simplement pas le bon. D'autres résistent au nouveau cap par crainte d'abandonner leurs habitudes, d'autres encore vivent une forme de fiction nostalgique où l'état présent est le meilleur. Enfin, certains individus n'aiment pas le nouveau cap parce que la proposition ne vient pas d'eux. Et quand on n'accepte pas activement un cap, la conséquence c'est la **subversion**.

Un individu au comportement subversif :

- remet en cause l'objectif par des questions ironiques et provoque du désordre ;
- entrave les progrès en dissimulant son travail ;
- résiste activement ou passivement à l'avancement du projet ;
- tente de convaincre les autres de résister aussi au changement ;
- dissimule des informations indispensables ;
- entraîne l'organisation dans une direction diamétralement opposée à celle qui a été convenue.

Ces problèmes proviennent fréquemment du fait que ces personnes n'ont pas suffisamment pu participer à l'élaboration de la nouvelle direction. On ne les a pas écoutés, ils n'ont pas eu l'occasion de présenter leurs idées et leurs points de vue, et n'ont pas été inclus dans le processus de développement du nouveau cap. Une nouvelle vision annoncée par la direction suscite souvent des oppositions, même si elle a été communiquée clairement.

Comment reconnaître la subversion

Parmi les réactions de défiance, la malveillance active est la plus difficile à identifier, car les choses se passent souvent dans le dos de la direction. Si on peut parler ouvertement de la confusion, l'absence de consensus, on en parle plutôt dans les couloirs.

Il n'est pas rare que les managers, lorsqu'ils sont face à la direction, signifient leur accord et s'impliquent dans le changement. Mais la semaine suivante, les mêmes managers racontent une tout autre histoire à leurs équipes : « Encore une initiative à la gomme. Contentez-vous de ramener un truc qui satisfasse les patrons, mais n'y passez pas trop de temps ».

C'est ce qui se passe dans la « réunion après la réunion » mentionnée dans le livre de Brené Brown *Dare to Lead* (Osez diriger). Elle y décrit comment, après une réunion, le contre-message commence dans les couloirs, dans le dos du manager. Ce qui aurait dû être dit lors de la réunion sort sous la forme de ragots.

Pour repérer la subversion, il suffit de discuter avec différentes personnes, à différents niveaux de l'organisation. Si les cadres intermédiaires s'emploient à entraver le projet OKR avec leurs équipes, on peut repérer le problème en discutant avec ces équipes. Parfois, on retrouve l'absence de consensus dans des commentaires acerbes, une façon de lever les yeux au ciel ou de soupirer en réunion ou lors d'un atelier.

Comment éviter la subversion

Plus les gens sont impliqués tôt et peuvent agir sur les changements, plus le consensus sera profond. Quand on permet aux gens d'exprimer leurs idées et leurs préoccupations, on montre qu'on écoute leur opinion.

Dans son livre *Optimisez votre équipe* (*Les cinq dysfonctionnements d'une équipe*), Patrick Lencioni affirme qu'en principe, les gens acceptent une décision contraire à leur opinion, à condition d'avoir pu exprimer leur désaccord. Ils doivent avoir le sentiment d'avoir été entendus et compris, même si la décision n'est pas celle qu'ils souhaitaient.

On peut aussi craindre qu'un changement ne révèle des problèmes jusque là cachés. La transparence du système OKR peut être redoutable pour quelqu'un qui a pu jusque là présenter les choses sous un meilleur jour qu'elles n'étaient en réalité. L'exigence de transparence peut également susciter des inquiétudes au sein de la direction.

On peut prévenir ce problème en insistant dès le début sur le fait qu'il ne faut pas avoir peur d'échouer. On ne sanctionne pas quelqu'un qui n'atteint pas ses objectifs. La seule chose dont il faut se préoccuper, c'est de tirer les leçons de ces échecs. Même si cela semble évident, il peut être nécessaire de répéter haut et fort, et plus d'une fois, que le but de l'implantation du système OKR n'est pas de licencier les personnes qui n'atteignent pas leurs objectifs.

Le modèle OKR place la barre plus haut pour l'ensemble de l'organisation, et il met toujours en lumière les défauts, les rancœurs et les processus qui ne fonctionnent pas – et c'est parfaitement acceptable. La transparence doit permettre de voir la situation réelle. Sur cette base, on peut prendre des décisions et améliorer les choses. L'objectif n'est pas de mettre en évidence les défauts des personnes, mais ceux des méthodes et des processus – pour les améliorer ensemble.

Comment se débarrasser de la subversion

Le système OKR prive les déstabilisateurs de leur pouvoir de nuire. Plus la transparence est grande, plus les actes d'un individu qui ralentit ou entrave l'évolution se voient. Par exemple, si on continue avec ses propres objectifs, différents de ceux du système OKR, en général, cela se voit. Comme l'élaboration, la progression et les résultats des objectifs sont régulièrement discutés en commun, il est toujours plus difficile de dissimuler son travail et d'esquiver les OKRs.

Les efforts pour empêcher la mise en place des OKRs peuvent être annulés en faisant de cette mise en place les premiers OKRs. C'est la solution que nous recommandons presque toujours. La mise en place du modèle OKR doit être une mission commune à toute l'organisation ; donc c'est un premier objectif logique. Si une personne subversive tente d'empêcher ou de ralentir cette mise en place, elle finit par s'empêcher elle-même d'atteindre ses propres objectifs. On s'en rend compte généralement tout de suite après le premier trimestre.

Les comportements nocifs doivent être combattus sans préjugés. De nombreuses organisations autorisent des gens à piquer leur colère ou autres, sous prétexte qu'il s'agit d'un « individu incontrôlable » ou encore que « si cette codeuse s'en va, tous les systèmes vont s'effondrer ». Autoriser ces comportements gênants n'est pas une solution à long terme : ces individus isolés nuisent à la culture et au moral de toute l'organisation. Une condition préalable au succès du modèle OKR, c'est une discipline qui s'applique à l'ensemble des personnes impliquées.

6.3. L'ANGOISSE RÉSULTE D'UN MANQUE DE COMPÉTENCES

Figure n° 19 : Quand on manque de compétences, l'angoisse naît

Troisième type de problème dans la gestion du changement : les individus n'ont pas les compétences requises pour atteindre l'objectif. La crainte de ne pas avoir les compétences suffisantes pour faire face à la nouvelle situation est source de stress et d'angoisse.

La mise en œuvre du modèle OKR peut demander au personnel des compétences dont ils n'ont pas eu besoin par le passé ou qui ont été utilisées de manière très différente. Savoir, par exemple, rédiger des objectifs inspirants et des résultats clés mesurables. La nécessité de mesurer, en particulier, n'est pas facile à mettre en pratique. En outre, les personnes doivent être capables de planifier leur activité à la fois au niveau stratégique et sur des cycles de trois mois.

Pour les équipes, se fixer des objectifs peut être très difficile au début – surtout si jusqu'ici, les objectifs ont été dictés d'en-haut. Dans le pire des cas, on leur disait comment atteindre ces objectifs et comment faire leur travail – ce qui laisse aux équipes un très faible pouvoir de décision et très peu d'indépendance.

On en demande aussi davantage aux cadres, et une nouvelle structure est nécessaire pour ces méthodes de management. S'il y avait une petite réunion hebdomadaire dans le passé et que les échanges y étaient principalement informels, les OKRs vont apporter un changement certain. Il faut assurer le suivi des résultats clés, et ce suivi doit être assuré de façon méthodique.

En outre, les managers doivent posséder des talents relationnels pour :

- être proches des membres de l'équipe et identifier ceux qui ont besoin d'aide ;
- encourager et inspirer le changement ;
- avoir le courage d'admettre leurs propres insuffisances.

Le rôle du manager dépend de la situation de départ. Les OKRs apportent plus de transparence et d'autonomie pour les individus. Si les managers sont habitués à commander, le changement est radical.

Tous ces problèmes et exigences nouvelles peuvent donner l'impression qu'on n'a pas les compétences suffisantes. Le modèle OKR amène beaucoup de choses à la fois. Au début, on peut se sentir dépassé. C'est alors que l'angoisse peut monter.

Comment identifier l'angoisse

L'angoisse est liée au sentiment d'insécurité. Le sentiment de sécurité s'estompe dès qu'une personne commence à se demander si elle est capable de faire ce qu'on attend d'elle. Si cette angoisse n'est pas détectée, discutée et traitée, il peut s'ensuivre un large éventail de conséquences.

Dans un projet OKR, l'angoisse peut se manifester, par exemple, dans l'évitement des tâches par peur d'agir. Une angoisse latente peut entraîner des absences répétées, voire un congé maladie. À l'opposé, l'angoisse peut aussi se manifester par une posture courageuse et une réussite apparente. Mais ce qui compte vraiment n'est pas fait. Une personne qui fait bonne figure peut ne pas sembler anxieuse, mais dissimuler son incertitude et ses tourments.

L'anxiété est un phénomène psychologique dont les symptômes varient d'une personne à l'autre. Elle peut donc être difficile à identifier immédiatement, surtout si la personne observée et la personne qui observe n'ont pas les mêmes façons de réagir. Le trio classique des façons de réagir est : la fuite, le combat, la pétrification.

Dans le livre *Radical Collaboration : Five Essential Skills to Overcome Defensiveness and Build Successful Relationships* (Cinq talents essentiels pour surmonter une attitude défensive et nouer des relations saines), James W. Tamm et Ronald J. Luyet présentent 50 signaux différents qui indiquent qu'une personne est sur la défensive. Parmi ceux-ci :

- perte du sens de l'humour ;
- désir d'avoir le « dernier mot » ;
- déni ;
- sarcasmes ;
- reproches ;

- raisonnements tout noirs ou tout blancs ;
- addiction ;
- amabilité exagérée ;
- rythme cardiaque ou respiration rapide.

En paroles, l'anxiété se manifeste dans des phrases comme « Je ne sais pas comment faire ça », « J'ai peur, je suis inquiet », « Personne ne m'a dit comment faire », « Je ne sais pas comment » ou « Cela semble difficile, affreux, ça part dans tous les sens ».

Une manifestation typique de l'anxiété dans les projets d'implantation des OKRs, c'est la volonté d'être parfait immédiatement, ce qui ralentit d'autant la mise en œuvre. Cela conduit à trop réfléchir et à passer des mois à planifier, à perfectionner et à discuter. Dans de telles situations, une quantité déraisonnable d'énergie est utilisée pour s'inquiéter de ce qui se passera si tout ne se déroule pas comme prévu. Ce sont autant de signes d'anxiété lorsqu'on commence à utiliser le modèle OKR.

Comment éviter les angoisses

Pour éviter les angoisses, il faut communiquer depuis le départ sur le fait que la mise en œuvre du modèle OKR se déroule comme prévu, même en cas d'échec. Chaque échec fournit des informations capitales à l'organisation. L'amélioration doit commencer quelque part, et s'y mettre est mille fois plus important que viser la perfection.

Dès le départ, il faut mettre l'accent sur l'apprentissage : c'est quelque chose qui s'apprend ensemble. Le point central, c'est de s'y mettre. Quand on s'entraîne par une pratique commune, c'est déjà un bon résultat. Ça élimine la crainte de ne pas être assez compétent, car comme prévu, tout le monde démarre au niveau présent de ses connaissances.

Bien sûr, il faut fournir la théorie et le matériel d'apprentissage, et il faut qu'un nombre suffisant de personnes dans l'organisation connaissent bien le modèle. Ainsi, les responsables OKR internes forment les « OKR Champions » et les managers qui, à leur tour, savent répondre aux questions du personnel. Chaque individu peut aussi s'entraîner en pratiquant avec une personne qui, elle aussi, connaît le modèle.

En outre, il est bon d'observer de temps en temps la progression de la mise en œuvre d'un point de vue impartial. Une rétrospective régulière avec les « OKR Lead » et les « OKR Champions » est un excellent outil pour cela.

Comment gérer les angoisses

Quand, au milieu d'un projet, une angoisse apparaît, il faut réagir en douceur. On présente le problème sans le juger et on discute des compétences dont la personne a l'impression de manquer ; en d'autres termes, on traite l'origine de l'angoisse. Il est bon qu'un manager apprenne à dire à quel stade il en est de son propre apprentissage, et les points sur lesquels il a dû s'entraîner, pour que les autres osent se découvrir sur leurs propres sentiments d'insuffisance.

Comme les OKRs sont intégrés aux évaluations hebdomadaires, ce sont autant d'occasions de parler de ses insuffisances et de ses angoisses. Le développement des OKRs fait l'objet de discussions ouvertes entre tout le monde. Il est vital pour l'équipe de considérer les problèmes identifiés comme des opportunités de progrès et non comme des échecs.

Lorsqu'un individu se demande si un objectif ou un résultat clé est suffisamment inspirant, mesurable avec précision, parfaitement énoncé et parfaitement aligné, le travail du responsable consiste à encourager l'expérimentation. C'est pourquoi il est utile de fixer l'installation du modèle comme premiers OKRs. Les objectifs restent valables même quand le résultat n'est pas parfait.

On peut aussi se référer à Bruce Lee et au kung-fu. La différence entre une ceinture blanche et une ceinture noire, c'est que la ceinture noire a échoué plus souvent que la ceinture blanche n'a essayé. On progresse seulement pour que les échecs soient moins graves. On n'atteint jamais la perfection, et cela ne doit pas être notre objectif.

6.4. FAUTE DE RÉCOMPENSES, LA RÉSISTANCE S'INSTALLE

Figure n° 20 : Le manque d'incitations suscite des résistances

Une vision inspirante peut parfois emmener loin. Dans son livre *Commencez par pourquoi*, Simon Sinek explique qu'un simple « pourquoi » peut déplacer des montagnes. Mais plus une organisation grandit, plus elle a de chances de compter dans ses rangs des gens pour qui un objectif inspirant ne suffit pas en soi. Chaque individu est, en principe, le protagoniste de sa propre histoire et, à moins que les avantages du modèle OKR ne soient clairs, il est difficile d'être motivé par sa mise en œuvre. En l'absence d'incitations, des résistances peuvent apparaître au sein de l'organisation.

Elles peuvent apparaître pour les mêmes raisons que le sabotage. Si la direction impose le modèle OKR à quelqu'un, il aura probablement tendance à s'y opposer. Si les raisons du changement ne sont pas assez inspirantes, ou s'il est imposé d'en-haut, il manque un élément essentiel.

Ça peut se produire si la communication concernant le modèle OKR a été trop vague, sans liens avec l'activité quotidienne. En période de difficultés, une personne peut s'appuyer sur une vision inspirante, mais pas indéfiniment. Il est important de rappeler aux gens comment ils bénéficieront du modèle OKR dans leur activité courante. Ils ont besoin d'une incitation, c'est-à-dire d'une illustration des bénéfices.

Un aspect problématique de la mise en œuvre du modèle, c'est qu'il ne devrait pas être lié à un système de primes (nous reviendrons sur cet aspect à la section 7.4 *Récompenses et OKR*). Les OKRs n'étant jamais liés à un bonus financier, il leur manque l'incitation la plus courante : l'argent. D'où l'importance d'insister sur les bénéfices au quotidien.

Comment détecter des résistances

On peut facilement identifier une résistance lorsqu'on entend des paroles comme « Je ne vois pas quel bien cela fait », « Cela ne s'applique pas à moi, je n'en profite pas », « Ça ne fait pas partie de mes objectifs », « J'ai des choses plus importantes à faire », « Qu'est-ce que j'y gagne ? » ou « Même salaire, plus de travail ».

Certaines résistances sont plus difficiles à repérer ; comme lorsque l'arrivée d'un « énième système ou liste de priorités » ne provoque qu'une désapprobation silencieuse. Si une personne est tendue vers ses objectifs et ses performances, elle appliquera sans doute ces nouvelles consignes – et elle s'en plaindra. L'autre possibilité, c'est que personne ne fasse rien et que les choses n'avancent pas.

La meilleure façon d'identifier les résistances, comme la confusion, c'est de poser directement la question. Ne demandez pas « Voyez-vous les avantages des OKRs ? », car il est facile de répondre oui, même si on n'en sait rien. Le plus souvent, l'ego ou la peur de perdre la face empêche une personne d'admettre qu'elle ne comprend pas suffisamment pour pouvoir agir conformément aux attentes.

Utilisez plutôt une question ouverte : « En quoi bénéficiez-vous des OKRs dans votre travail ? ». En fonction de la réponse, vous saurez facilement si les avantages du système OKR sont bien compris et intégrés.

Comment éviter toute résistance

Pour réussir la mise en œuvre des OKRs sans opposition, il faut parler des incitations. Dès le début, il faut en souligner les bénéfices au niveau individuel et au niveau de l'entreprise. Les OKRs permettent de réussir les choses suivantes :

- Les gens sont plus libres de déterminer leurs objectifs et la façon de les atteindre.
- Davantage d'enseignements à tirer pour l'organisation dans son ensemble.
- Chaque personne atteint le niveau de responsabilité qu'elle souhaite dans son travail.
- Il y a moins de projets en cours quand on se concentre sur les problèmes importants.
- Il est plus facile d'établir des priorités dans son travail quand chaque personne sait ce qui compte le plus au moment présent.

- L'activité devient transparente et chaque individu peut mesurer l'apport de son travail aux objectifs et à la vision de l'organisation.
- L'objectif est clair pour tout le monde et tout le monde sait s'il est atteint.
- Pas de sanctions quand on n'atteint pas ses objectifs. On a le droit de tenter des choses pour aller plus loin.

Encore une fois, il est sage de faire de la compréhension du modèle OKR le premier objectif. Une fois cet objectif atteint, la récompense est immédiate. De plus, la meilleure incitation, c'est souvent qu'avec le modèle OKR, on peut dire non aux projets et missions qui ne font pas partie des objectifs du trimestre en cours. Cette clarté et cette focalisation apportent très souvent un grand soulagement.

Comment gérer la résistance

Il faut s'occuper sans attendre du comportement d'une personne qui s'oppose à la ligne commune, aux missions et aux façons de faire. La direction doit être capable de faire face à cette personne, d'exposer le problème brièvement et d'avoir une conversation difficile. Si quelqu'un manque plusieurs fois ses OKRs sans changer son approche selon les objectifs et résultats clés, il faut s'en occuper immédiatement.

Dans son livre *What You Do is Who You Are – How to Create Your Business Culture* (Vous êtes ce que vous faites – Comment créer sa culture d'entreprise), **Ben Horowitz** affirme que la culture d'une organisation est créée par les comportements et les actes qui y sont tolérés : « Il y a un dicton dans l'armée qui dit que si vous voyez quelque chose en dessous des standards et que vous ne faites rien, vous venez d'établir un nouveau standard. C'est vrai aussi pour la culture d'entreprise – si vous voyez quelque chose d'inapproprié et que vous ne faites rien, vous venez de créer une nouvelle culture ».

Une culture est créée par des actes plus que par des paroles et, plus particulièrement, les comportements qu'on est prêt à tolérer. Il est tristement fréquent dans les organisations qu'on tolère quelques individus qui se comportent mal parce qu'ils ont de bons résultats. C'est une politique de court terme qui envoie un message clair à l'ensemble de l'organisation : pas besoin de respecter les règles ; on peut faire ce qu'on veut du moment qu'on a des résultats.

Faire des exceptions, c'est affaiblir l'idée que tout le monde est encouragé à adopter un bon comportement. C'est pourquoi, lors de la mise en œuvre du modèle OKR, on est obligé d'intervenir immédiatement en cas de sabotage ou de résistance. Il doit être clair que de tels comportements ne sont pas acceptables.

Au lieu de faire des reproches, il est très important d'essayer de comprendre quelles sont les émotions, les peurs et les modes de pensée qui se cachent derrière un comportement nuisible. S'intéresser à la personne dans sa totalité d'être humain, c'est le seul moyen de l'amener à s'ouvrir sur les raisons de son comportement. Cette intervention doit être douce mais ferme.

Enfin, le tout dernier recours face à la résistance ou au sabotage, c'est de laisser la personne trouver de nouvelles opportunités en dehors de l'entreprise. Les comportements nuisibles sont souvent tolérés trop longtemps. Cela coûte très cher à l'organisation, et cela peut faire des dégâts bien après le départ de la personne. Personne n'a assez de valeur pour démolir toute la culture d'une entreprise.

6.5. LE MANQUE DE MOYENS ENTRAÎNE DES FRUSTRATIONS

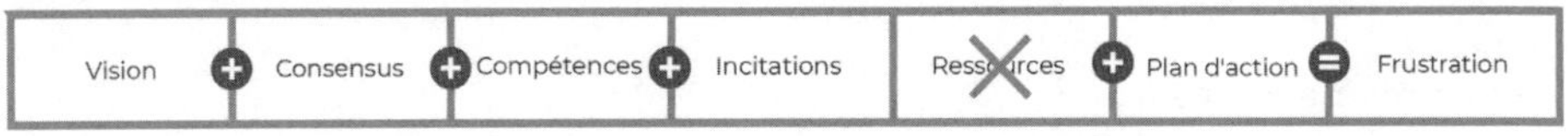

Figure n° 21 : Le manque de moyens est source de frustration

La vallée de la mort la plus courante est le manque de moyens, surtout de temps. C'est la plus frustrante pour les membres du personnel. C'est frustrant quand on voit les avantages qu'un changement aurait sur son travail, celui des autres et l'ensemble de l'organisation, mais qu'il nécessite tellement de ressources et de temps qu'on ne sera pas en mesure de le faire. « J'aimerais bien, mais où trouverai-je le temps ! »

On se retrouve dans la situation où on attend déjà beaucoup des gens, et on leur demande encore autre chose. C'est ce qui se passe quand tout est prioritaire, que tout est pour hier, et qu'on ne voit pas ce qu'on pourrait ne pas faire. Dans ce cas-là, on ne voit pas non plus que faire plusieurs choses à la fois génère gaspillage et travail supplémentaire.

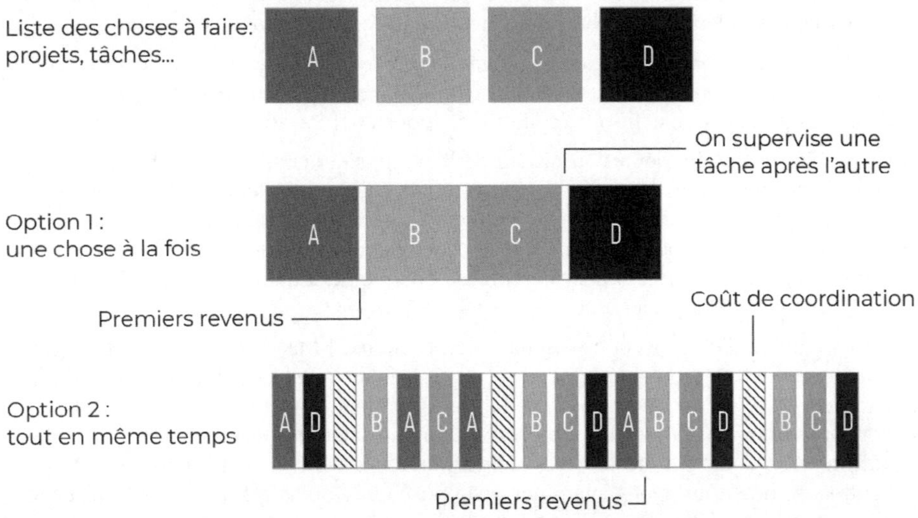

Figure n° 22 : Le coût de plusieurs projets qui se chevauchent

Lorsque les barres « vides » (temps de coordination entre les différents projets, les réunions d'étape et la communication) et les espaces blancs de passage d'une tâche à l'autre sont supprimés, tout le gaspillage fonctionnel et temporel apparaît.

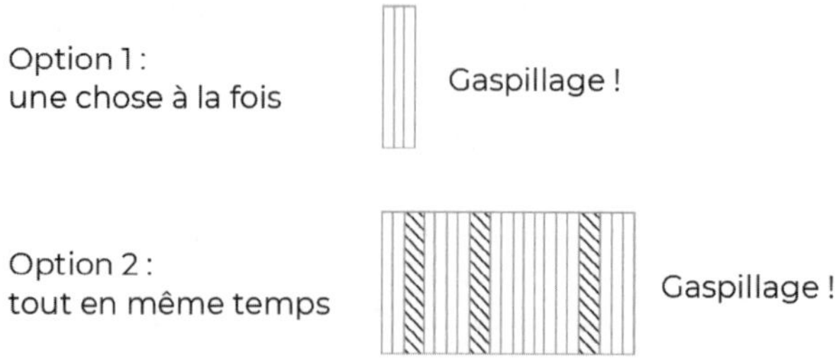

Figure n° 23 : Les gaspillages créés par les différents modèles de gestion des projets

Faire beaucoup de choses à la fois, c'est lent et ça demande beaucoup d'énergie mentale : énorme gaspillage de ressources.

Si le problème au départ, c'est qu'il y a trop de choses à faire et pas assez de moyens, la mise en route du modèle OKR peut s'arrêter rapidement. D'un autre côté, cette mise en œuvre pourrait bien être la meilleure façon de traiter ce mal, à condition de lancer le processus. Le modèle OKR aide à établir des priorités et à se focaliser. Le but est de réduire le travail en cours, pas de l'augmenter.

Étude de cas : le mauvais usage du modèle OKR augmente le désordre

Le but du modèle OKR est de clarifier ce qui est important et de réduire les ambiguïtés au moment de hiérarchiser. Mais nous avons déjà vu le contraire se produire.

Fin 2018, une entreprise a décidé de mettre en œuvre le modèle OKR. La décision a été annoncée au personnel en même temps qu'on annonçait que tout le monde devait avoir défini ses premiers objectifs et résultats clés (pour 2019) avant les vacances de Noël.

Cinq objectifs ont été définis au niveau de l'entreprise et cinq résultats clés pour chacun d'entre eux. Cinq objectifs et cinq résultats clés ont également été définis pour chaque équipe. En outre, chaque individu devait planifier des objectifs et résultats clés personnels. La direction a également exigé que chaque collègue supervise les objectifs l'entreprise, de l'équipe et les siens propres ; chaque personne avait donc 15 objectifs et 75 résultats clés à superviser.

Un tel nombre d'objectifs et de résultats clés, c'est trop ! Mis en œuvre de cette façon, le modèle OKR a augmenté le nombre d'objectifs à surveiller et n'a rien éclairci du tout. Le personnel ne savait pas ce qu'il devait vraiment suivre et ce à quoi il devait donner la priorité. Certains des objectifs se contredisaient les uns les autres et aucune aide ni assistance n'a été fournie pour arbitrer ces conflits. Une représentante de l'entreprise que nous avons interrogée a supposé que la plus grande erreur dans cette mise en œuvre, c'était le nombre de choses à suivre.

Notre propre expérience nous confirme que croire que les membres du personnel devraient contrôler tous les résultats clés est une erreur communément commise. La transparence du modèle OKR signifie que tous les objectifs et résultats clés sont visibles par tous. Mais ça ne signifie pas que chaque personne doive les contrôler tous.

Une fois les objectifs d'une équipe établis à partir des objectifs de l'entreprise, l'équipe est libre de se concentrer sur ses activités. Même la direction n'a pas à se soucier en permanence de tous les résultats clés de l'organisation ; chaque équipe est responsable des siens. C'est ainsi qu'on travaille dans le calme et la clarté.

De plus, comme le montre cet exemple, le nombre maximum d'objectifs et de résultats clés est souvent trop élevé. Le fait de suivre 25 résultats clés – sans parler de 75 – nécessite des ressources dont beaucoup d'organisations ne disposent pas. Il vaut mieux choisir peu d'objectifs et les atteindre – et bien rappeler à l'équipe qu'elle ne doit suivre que ses propres objectifs, pas tous. Avec le modèle OKR, on favorise la qualité et l'impact à la quantité.

Comment identifier les frustrations

Comment la direction peut-elle savoir que les individus manquent de ressources et sont frustrés ? Par exemple parce qu'ils livrent tout à la dernière minute ou en retard. Des e-mails sont envoyés le soir, le week-end, pendant les vacances. Quand on reçoit un e-mail de deux pages à 8 heures du matin précises, c'est sans doute que son envoi a été programmé tard dans la nuit pour le lendemain matin.

Ou alors quand certaines tâches ne sont pas faites, ou bâclées. Ces erreurs sont dues à la précipitation. Plus il y a de choses en cours simultanément, moins on est concentré, plus les erreurs et les oublis sont nombreux.

En parole, la frustration s'observe dans des phrases comme : « Nom d'un chien, ça aussi c'était pour aujourd'hui ! », « J'y ai jeté un œil hier soir », « Je viens juste de terminer », « Je n'ai pas vraiment eu le temps de m'y plonger » et « J'essaierai de m'y mettre demain ».

Comment éviter les frustrations

Dans la mise en œuvre du modèle OKR, il est très important de débattre des objectifs : la direction discute avec les managers, les managers avec leurs équipes. Les équipes discutent entre elles.

Pour déterminer les objectifs, il faut être réaliste. Si la charge de travail est telle qu'on ne peut pas passer plus d'une heure par jour sur les OKRs, les objectifs définis doivent pouvoir être accomplis sur base de ce laps de temps disponible. Pour y parvenir, l'ensemble de l'organisation doit apprendre l'honnêteté et la transparence et laisser tomber le culte du héros. On ne peut plus vénérer ceux qui font des miracles au détriment de leur bien-être. Le changement doit être durable.

La frustration est moindre lorsque la direction admet que la charge de travail est trop élevée par rapport aux ressources. Dans le projet de mise en œuvre, on peut souligner que le but de ce modèle, c'est avant tout de pouvoir travailler en paix pendant le trimestre et de pouvoir se concentrer – et non d'en faire plus. Il est important de suivre l'évolution de la charge de travail après le premier trimestre.

La mise en œuvre du modèle est en elle-même apaisante, puisqu'elle constitue le premier objectif OKR. L'apprentissage, la communication, la fixation des objectifs, le suivi et le développement du système OKR prenant tous du temps, il est tout à fait réaliste de fixer l'objectif du premier trimestre à la seule mise en œuvre du modèle. Ça représente déjà beaucoup de travail en plus des tâches quotidiennes.

La mise en œuvre du modèle OKR demande du travail, en particulier de la part des managers et des « OKR Champions ». Les OKRs modifient leurs habitudes et méthodes de management. De plus, ils et elles doivent apprendre à former les gens à la théorie OKR, faciliter l'élaboration des objectifs et aider les autres pendant la transformation. C'est pourquoi il faut prendre cela en compte dans leur charge de travail, afin d'anticiper de potentielles frustrations.

Comment surmonter les frustrations

Si aucun des objectifs n'est proche de la cible après la première période, il est nécessaire de discuter de la charge de travail de façon très franche (mais en douceur). En même temps, c'est un motif de satisfaction : le modèle OKR vient de montrer qu'on ne pouvait pas continuer avec une telle charge de travail et on peut désormais commencer à régler le problème.

La crainte existe qu'en se concentrant sur une seule chose, les gens ne soient plus aussi productifs et indispensables qu'auparavant. Il semble illogique qu'en faisant moins de choses à la fois, on en fasse en réalité davantage. Si, dans l'industrie manufacturière, le bénéfice de limiter les travaux en cours est connu depuis longtemps, dans beaucoup d'autres cas de figure, on est encore très en retard.

Du coup, il est important de faire de la mise en œuvre du modèle OKR également l'objectif du deuxième trimestre, pour que le démarrage soit encore meilleur. Les résultats commencent à parler d'eux-mêmes à mesure que la quantité de travail se met à correspondre au temps de travail disponible.

En matière de communication, il faut insister sur le fait que lorsqu'on se concentre sur quelques questions, c'est l'efficacité de l'ensemble de l'organisation qui s'améliore. Dans la communication, on peut utiliser des images comme celles de ce chapitre et insister sur le fait qu'il est plus important de terminer les choses que de les commencer.

Pour en savoir plus sur l'efficacité des flux, nous recommandons la lecture de *Le But* d'Eliyahu M. Goldratt ou *The Phoenix Project* de Gene Kim, Kevin Behr et George Spafford.

6.6. NE PAS AVOIR DE PLAN, C'EST FAIRE DU SURPLACE

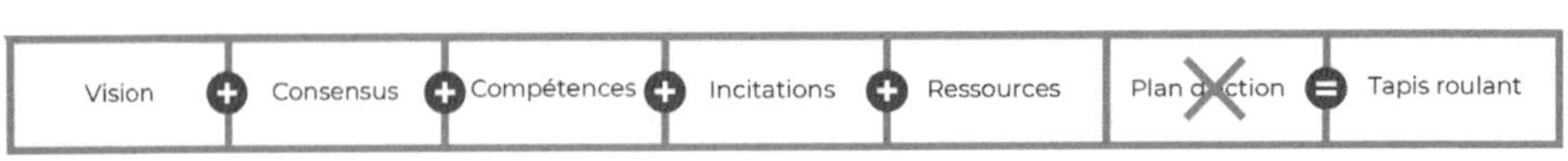

Figure n° 24 : Sans plan d'action, le résultat final est un tapis roulant

La dernière vallée de la mort dans le modèle Lippitt-Knoster, c'est l'absence de plan d'action. C'est rarement un problème dans les projets d'OKR car le plus souvent, les organisations ont l'habitude de planifier. Mais il arrive parfois qu'une organisation semble faire du surplace. Ce phénomène est appelé « l'effet du tapis roulant ».

On a un problème de tapis roulant lorsqu'on n'a pas établi un plan de mise en œuvre du modèle OKR. Sur ce tapis, le rythme est impressionnant, et tout le monde fait beaucoup de choses tout le temps, mais l'organisation n'avance pas vraiment. Ça arrive quand on démarre, mais qu'on n'a pas eu assez de temps pour organiser un système d'assistance. Un système qui comprend un plan de communication et de suivi, ainsi que des rétrospectives et des réunions de retour sur expérience.

Mais l'effet de tapis roulant le plus fort se produit lorsque les résultats clés ne sont pas liés à l'activité quotidienne et n'informent pas sur l'état d'avancement vers les objectifs. Dans ce cas-là, on établit tous les trimestres de nouveaux objectifs et résultats clés, mais le travail de tous les jours n'en est pas affecté.

Comment identifier un tapis roulant

On peut s'apercevoir qu'on est sur un tapis roulant si, à la fin du trimestre, les OKRs n'ont pas progressé dans la bonne direction. Il se peut que beaucoup d'éléments aient progressé un peu, mais qu'on ne se soit pas rapproché beaucoup – voire pas du tout – de l'objectif lui-même.

Ou lorsqu'on étudie les résultats après la période de mise en route, on s'aperçoit qu'on s'est concentré sur un objectif complètement différent de ce qui avait été inscrit dans les OKRs. C'est le cas où « quelque chose de plus important » ou « quelque chose d'inévitable » est apparu ; ou alors, on a cru à tort que l'activité servait l'objectif des rapports d'évaluation, mais les résultats clés n'ont montré aucun progrès.

Lorsque, après examen, la mise en route du modèle OKR n'a pas été une réussite, on l'inscrit à nouveau comme objectif principal du trimestre suivant. Ce qui se passe quand rien ne change, c'est que les résultats clés et les missions ne sont pas évalués sur base des apprentissages du trimestre précédent, la charge de travail de l'organisation n'est pas allégée, les gens continuent de courir sur un tapis roulant.

Trois mois plus tard, le problème est le même. On a les mêmes discussions, on n'a pas fait de progrès. On ne peut jamais mettre en œuvre le modèle OKR sur un tapis roulant.

Comment éviter le phénomène de surplace

Certes, nous avons souligné tout au long du livre que le plus important, c'est de démarrer et que trop planifier est dommageable, mais cela ne signifie pas qu'un plan n'est pas nécessaire. Ce plan, comme l'ensemble du modèle OKR, est déclinable et on le modifiera quand des défauts apparaîtront. Mais sans plan et sans discipline, il n'y aura pas d'améliorations.

Au niveau de l'entreprise et de l'équipe, il faut au moins savoir répondre aux questions suivantes :

- Où les OKRs sont-ils enregistrés ? (Voir section 4.3 *Logiciels et systèmes OKR*.)
- Quand et avec quelle fréquence l'évolution des OKRs est-elle suivie ? (Voir section 3.5 *Suivi des OKRs*.)
- Quand et à quelle fréquence les chiffres clés sont-ils mis à jour ?
- Qui assure le suivi des OKRs ?
- Quand et comment le prochain trimestre sera-t-il planifié ? (Voir le chapitre 3.3 *Planification à court terme sur un trimestre*.)
- Qui faut-il avertir si les chiffres ne changent pas ?

Une fois ces questions éclaircies, il ne devrait plus se poser de problème de tapis roulant. Il faut absolument savoir qui fait quoi et quand. C'est comme ça qu'on démarre. Le plan, les structures de soutien, les processus et la progression seront modifiés quand on aura les résultats.

Il est également primordial de communiquer clairement sur la manière dont le déploiement des OKRs doit se refléter dans l'activité quotidienne. Les questions suivantes y contribuent :

- Comment la mise en œuvre des OKRs affecte-t-elle les autres activités ?
- Qui est responsable du changement et qui en assurera le suivi ?
- Où les gens peuvent-ils trouver de l'aide pour ce qu'ils ont à faire ?

Quand on sait à quoi doit ressembler un modèle OKR, il est plus facile de détecter rapidement les activités qui ne correspondent pas au plan.

Comment descendre du tapis roulant

Il nous est arrivé d'assister à des mises en place d'OKR sans plan, avec des directives vagues du type « chaque unité est responsable de son propre déploiement ». Du coup, dans ce cas précis, il y a eu neuf interprétations différentes du modèle au sein d'une organisation et il n'a pas été possible d'en dégager une vue d'ensemble.

Il n'est jamais trop tard pour retourner à la case départ et traiter l'ensemble d'un problème pas à pas. Le premier consiste à harmoniser les pratiques suivantes :

- Comment planifier un trimestre ?
- Comment limiter le nombre d'interprétations ?
- Où et comment enregistrer les objectifs et les résultats clés ?
- Quelle est la durée du cycle ?
- Comment les OKRs s'intègrent-ils aux réunions hebdomadaires et aux autres structures de management ?

Le phénomène de tapis roulant peut également être discuté au sein de l'équipe, par exemple en posant au moins cinq fois la question « pourquoi ? » : Pourquoi les résultats clés n'ont-ils pas été atteints ? Pourquoi est-ce le cas ? Quelles sont les causes des problèmes et des retards ? Pourquoi en est-il ainsi ? À la cinquième reprise, on commence à s'attaquer à la racine du problème.

La discipline est l'élément le plus important d'un changement réussi car un changement qui s'opère sur la durée est plus stable et plus pérenne. C'est pourquoi il vaut mieux cinq trimestres incomplets qu'un seul trimestre parfait. Selon notre expérience, les bénéfices commencent à se voir à peu près au bout d'un an, quand on passe de la mise en route à la gestion de l'activité.

6.7. RÉSUMÉ ET ÉTAPE SUIVANTE

Dans ce chapitre, nous avons détaillé les vallées de la mort les plus courantes à mi-parcours du déploiement, en nous appuyant sur le modèle de gestion du changement Lippitt-Knoster.

Vision	+	Consensus	+	Compétences	+	Incitations	+	Ressources	+	Plan d'action	=	Changement
		Consensus	+	Compétences	+	Incitations	+	Ressources	+	Plan d'action	=	Confusion
Vision			+	Compétences	+	Incitations	+	Ressources	+	Plan d'action	=	Sabotage
Vision	+	Consensus			+	Incitations	+	Ressources	+	Plan d'action	=	Angoisse
Vision	+	Consensus	+	Compétences			+	Ressources	+	Plan d'action	=	Résistance
Vision	+	Consensus	+	Compétences	+	Incitations			+	Plan d'action	=	Frustration
Vision	+	Consensus	+	Compétences	+	Incitations	+	Ressources			=	Tapis roulant

Figure n° 25 : Le modèle de gestion du changement complexe adapté du modèle Lippitt-Knoster

On peut éviter les vallées de la mort en gardant les choses suivantes à l'esprit :

- La vision est claire lorsqu'on communique explicitement les raisons pour lesquelles le modèle OKR est mis en œuvre.
- On atteint un consensus quand les gens sont autorisés à participer au processus de prise de décision.
- Les compétences nécessaires peuvent être enseignées ou apportées à l'organisation pour la mise en route du modèle.

- Les incitations sont des bénéfices professionnels, comme la clarté, la focalisation et la hiérarchisation des missions ; autant d'éléments apportés par le modèle OKR.
- Disposer de trop de ressources, en particulier du temps, c'est toujours mieux que trop peu.
- Un plan d'action stable permet à chaque personne de savoir ce qui est fait, pourquoi c'est fait, qui le fait et quand.

Si ces six dimensions sont prises en compte lors de la mise en route et continuent d'être évaluées régulièrement, ce sera une réussite pour le leadership en matière de transformation. Ce qui n'empêchera pas toutes sortes de petits écueils et pièges en cours de route. On les évitera en maintenant un dialogue ouvert entre les équipes et les membres de l'organisation.

Jusqu'ici, l'hypothèse de ce livre était que les OKRs venaient d'être ou allaient prochainement être mis en place dans l'organisation. Le chapitre suivant se concentre sur ce à quoi ressemblera la nouvelle situation, une fois passés l'enthousiasme initial et les vallées de la mort de la mi-parcours. Ce chapitre étudie les conditions nécessaires pour continuer à faire fonctionner le modèle OKR avec succès. Enfin, nous étudierons comment le modèle se comporte en cas de crise soudaine.

Chapitre 7. Et après la mise en route ?

Après la mise en route du modèle OKR, de nombreux éléments au sein de l'organisation sont susceptibles de changer. Les chapitres précédents ont décrit les changements nécessaires dans les processus et la culture d'entreprise pour que le modèle fonctionne. Pour commencer, l'organisation doit adopter un nouveau type de discipline, créer de nouveaux modèles de suivi, apprendre à fixer des objectifs dynamisants, des résultats clés chiffrés, etc.

Mais les changements ne s'arrêtent pas là ; d'autres encore plus importants sont susceptibles de se produire. Simples conséquences du modèle OKR, produits presque sans efforts, ou fruits de discussions franches et honnêtes. Le modèle OKR sera finalement intégré à tous les systèmes de gestion, avec des conséquences aussi bien sur l'évaluation des performances que sur les primes. En outre, il a un impact sur la sérénité de l'organisation et sur le degré d'autonomie.

Si tous ces éléments sont des sujets de préoccupation au départ, on court le risque de ne faire aucun progrès. Les systèmes de primes et d'évaluation des performances, par exemple, peuvent être si bien établis que vouloir les modifier risque de tuer dans l'œuf la mise en place de tout modèle OKR.

Nous recommandons de ne lire ce chapitre qu'une fois le modèle OKR mis en place. Ou, si certaines de ces inquiétudes émergent en début de projet, ne vous enlisez pas dans les détails. Ce sont des problèmes sérieux, mais pas impossibles à résoudre.

Il faut avoir conscience qu'une fois qu'elle utilise le modèle OKR, une organisation n'en finit plus de changer. Le système doit être capable de se réparer lui-même pour rester utile. Heureusement, l'idée de base du modèle OKR, c'est que par le débat, l'expérimentation et l'apprentissage permanents, on finira toujours par trouver la meilleure solution à tous les problèmes.

Ce chapitre examine ce qui se passe dans une organisation au fil du temps, une fois le modèle OKR mis en place. Il détaille également ce qu'il faut faire en cas de crise. Lorsque le modèle est en place et que l'organisation est confrontée à un problème soudain, il est bon de savoir comment changer de direction au milieu d'un trimestre et comment réagir au nouveau problème sans rompre les habitudes et les processus issus du modèle OKR.

7.1. UN RYTHME COMMUN APPORTE UNE STRUCTURE

Dans ce livre, on a parlé de la discipline du modèle OKR, en matière de planification, de suivi et de communication. Cela vaut la peine d'en reparler un peu parce que dans le modèle OKR, il faut agir de manière disciplinée et systématique.

Quand on parle de discipline dans la littérature OKR, c'est souvent par rapport aux cadences, au rythme. Certaines organisations sont intrinsèquement douées pour cela, d'autres cherchent encore leur rythme. L'essentiel dans une cadence, c'est que le rythme choisi soit maintenu avec rigueur. Les OKRs sont suivis et mis à jour chaque semaine, qu'on en ait envie ou pas, et même si on a quelque chose de plus urgent à faire. Dans une organisation disciplinée, le système de gestion est extrêmement systématique.

La direction doit assumer la responsabilité de veiller à ce que tout soit traité de manière systématique. Si une entreprise a l'habitude de lancer des projets sans jamais parvenir à les intégrer dans le quotidien des processus, cette responsabilité est encore plus importante. La direction doit s'assurer que chaque équipe assume la responsabilité de ses propres OKRs. Si l'évaluation menée par la direction est trop facile, c'est que l'organisation n'est pas assez orientée résultat ou ambitieuse, et donc que la direction n'est elle-même pas suffisamment orientée résultat et ambitieuse.

Si on ne consacre pas de temps au suivi et à la mise à jour des OKRs, alors on n'a pas de temps non plus pour les priorités et les objectifs. Si c'est le cas, il faut prendre un peu de recul et se demander comment on est supposé atteindre ces objectifs. Les bonnes intentions restent souvent de simples intentions – un problème né de l'incohérence entre un grand projet et le manque de temps pour le réaliser.

L'idéal serait que des habitudes de management préexistent au modèle OKR – qu'il s'agisse de la réunion du lundi dans une petite entreprise ou d'un ensemble d'efforts émanant de la direction dans une organisation vaste et complexe. La gestion des OKRs devrait être intégrée à ces pratiques.

Si une entreprise n'a pas encore de système de gestion systématique, le modèle OKR permet d'en mettre un en place. On obtiendra des résultats si l'entreprise accepte d'aller vers plus de systématisme et si les équipes arrivent à fonctionner de manière disciplinée.

L'important, c'est de savoir ce qui est bien et comment s'en rapprocher. Dans plusieurs entreprises, la mesure des performances n'a commencé qu'après la mise en place des OKRs. Quand on réalise qu'on ne sait pas bien quantifier le travail, on se rend compte qu'il faut créer de nouveaux instruments de mesure pour faciliter les opérations.

L'utilisation d'un logiciel OKR adéquat favorise le systématisme et la discipline. De nombreux logiciels rappellent aux équipes d'actualiser leurs chiffres chaque semaine. Certains donnent l'instruction de planifier l'évaluation hebdomadaire des objectifs. Tous montrent la situation en temps réel. Mais le cœur du modèle OKR, ce sont les chiffres, qui doivent changer chaque semaine.

Cette actualisation des chiffres alimente la discipline et amorce une évolution positive. Voir les chiffres changer et les choses évoluer dans le bon sens est gratifiant. Les réunions régulières deviennent des rendez-vous motivants et utiles, les habitudes se font routines et s'intègrent au rythme naturel de l'activité.

7.2. LE MODÈLE OKR S'INSCRIT DANS LE PLANNING ANNUEL

L'outil clé d'une organisation systématique, c'est le planning annuel. Lorsqu'il en existe un, ou tout autre type de calendrier annuel, il est facile d'y intégrer les événements du modèle OKR. Dans une société cotée en Bourse, le planning annuel est évidemment indispensable. Si une société n'en a pas, il est grand temps d'en créer un.

Le planning annuel est une visualisation de l'année, où tous les événements marquants de l'entreprise sont notés. Par exemple :

- le calendrier de planification annuel et trimestriel (modèle OKR) ;
- les manifestations et réunions conjointes du personnel ;
- les principaux événements et dates importantes du secteur ;
- les dates de début et de fin de période, saisons et autres temps forts du secteur ;
- les vacances et autres périodes exceptionnelles ;
- les audits et échéances importantes.

Grâce au planning annuel, c'est toute l'année qui est rythmée puisque le planning voit plus loin que le seul trimestre suivant. Il sert aussi de moyen de communication. La direction prouve qu'elle est bien préparée en identifiant ce qui va compter dans l'année à venir.

Il est essentiel de respecter le planning annuel et le rythme de planification. Il n'y a rien de plus frustrant que de faire l'effort de créer un planning annuel en début d'année pour qu'il ne serve ensuite à rien.

Le calendrier de l'année entière doit être planifié dès la fin du premier trimestre de mise en place des OKRs. On trouvera dans le planning annuel des événements liés au système de management et les événements de planification du modèle OKR pour toute l'année. Le suivi OKR doit figurer dans le calendrier de l'entreprise au moins pour le trimestre à venir. Si possible, les réunions doivent être inscrites dans le calendrier pour toute l'année.

Quand les événements sont inscrits à temps dans le calendrier, il n'y a pas de surprises et les choses sont traitées quand il le faut.

7.3. LES OKRs GAGNERONT L'ENSEMBLE DES ACTIVITÉS

Avec le temps, le modèle OKR sera mis en place dans autant d'activités de l'entreprise que possible. Plus il y a de départements qui l'utilisent, plus le modèle est bénéfique. Cela devrait être facile parce que si les objectifs sont suffisamment dynamisants, les gens en parleront, s'y référeront et les revendiqueront.

Comme indiqué à la section 3.1*Rythme de planification et rythme d'exécution*, une entreprise a toujours une forme de planification annuelle. Une fois le modèle OKR mis en place, les OKRs seront le fruit de la planification annuelle. Le modèle OKR permet de mettre en œuvre la stratégie d'une entreprise, qui est supervisée par le conseil d'administration. Du coup, la situation par rapport aux objectifs et aux résultats clés doit être communiquée au conseil d'administration à chaque réunion. Il s'agit là de pratiques de base.

Une fois les bases posées, on peut avoir envie d'élargir les usages des OKRs. Par exemple, le partage mensuel des informations de l'entreprise ou des communications du même type pourraient être organisés conformément aux OKRs. Cela soulignerait l'importance des objectifs et inciterait à soulever systématiquement des questions importantes. Si un sujet ne figure pas dans les titres des OKRs, il n'est peut-être pas pertinent. Soit ce n'est pas la peine d'en parler, soit il faut mettre à jour les OKRs.

Le modèle OKR doit être un élément essentiel dans l'incorporation des nouveaux individus dans l'organisation. Dès leur arrivée, il faut leur enseigner les bases des OKRs et les mettre au courant des principaux objectifs de l'entreprise pour l'année. Les nouveaux membres du personnel comprennent ainsi immédiatement ce que l'entreprise vise pour l'année. En même temps, ils se familiarisent avec le vocabulaire des OKRs.

Quand on présente les objectifs et résultats clés d'une manière visuelle, on les garde mieux à l'esprit. À la section 4.3.2 *Les OKRs sur un tableau blanc – l'étude du cas Ingenico ePayments LATAM*, nous avons vu comment les objectifs et résultats clés de Ingenico ePayments sont affichés sur un mur des locaux de l'entreprise. De cette façon, les OKRs sont toujours présents à l'esprit des gens qui passent devant. Il est également facile de se réunir autour du tableau pour en discuter.

Les objectifs peuvent être imprimés sous forme de posters ou de tableaux sur un mur de l'entreprise. Les cibles OKR de Ingenico ePayments, par exemple, en plus d'être accessibles dans leurs systèmes, sont affichées sur les murs des bureaux sous forme de panneaux imprimés. Dans un monde numérique, il ne faut pas oublier la force de la communication analogique. En plus des objectifs eux-mêmes, les questions et les encouragements relatifs aux OKRs peuvent être affichés sur les murs.

À l'opposé, les logiciels proposent d'autres façons de voir et d'envisager les OKRs. Une présentation en boucle, par exemple, sur un écran de la cafétéria ou sur les écrans d'information dans les couloirs, ou sur un grand écran dans le hall d'accueil, pour que chaque personne le voie en arrivant le matin. La Société Générale a aussi un système de présentation des informations qui diffuse les données OKR en temps réel à tous.

Le modèle OKR peut être inscrit dans l'activité quotidienne de bien des façons, limitées seulement par votre imagination.

7.4. RÉCOMPENSES ET OKR

L'un des sujets les plus difficiles dans la mise en œuvre du modèle OKR est celui des mécanismes de récompense, puisque les cibles OKR ne doivent pas être liées directement à des primes. Nous avons l'habitude d'encourager les gens au travers de leur rétribution et de récompenser les bons comportements par des primes. De nombreuses organisations ont des systèmes de récompense en place, et il est difficile de les modifier car ils constituent une part des revenus du personnel.

Le principe fondamental du modèle, c'est que les OKRs ne doivent pas être directement liés à des récompenses financières. Les récompenses monétaires ne fonctionnent pas avec des objectifs ambitieux. Mais ça ne veut toutefois pas dire que le modèle OKR ne peut pas être mis en œuvre si une entreprise a déjà un système de récompenses.

Tout d'abord, Les OKRs et le système de primes peuvent être mis en place de manière complémentaire.

Par exemple, si une organisation a des objectifs ambitieux, ils sont généralement mesurés en fonction du chiffre d'affaires et du bénéfice. Les primes sont versées en fonction des montants du chiffre d'affaires et du bénéfice, mais ces chiffres ne sont pas des résultats clés OKR. Les OKRs sont des éléments qui favorisent la croissance et la soutiennent, dont la réalisation contribue au chiffre d'affaires et au bénéfice. Parmi ces objectifs, on peut trouver l'amélioration de la satisfaction client, le recrutement de nouveaux clients, le développement de nouveaux services ou la diminution du nombre de réclamations. Ces objectifs visent à atteindre la croissance souhaitée, mais ne donnent pas lieu directement à des primes.

Dans ce cas, les OKRs et les primes tirent l'activité dans la même direction, et les systèmes peuvent coexister. Si des primes sont versées pour des objectifs qui entrent en conflit avec les OKRs, c'est toujours l'argent qui gagne. C'est très humain. C'est pourquoi il faut veiller à ce que primes et OKRs tirent les équipes dans la même direction.

Dans certaines organisations, la direction a trouvé des manières créatives de motiver les équipes. Chez Dalenys, les managers sont invités à intégrer un critère d'évaluation qualitatif sur la contribution de l'individu au processus OKR ; ceci pour donner l'occasion aux individus de valoriser leurs efforts et contributions diverses à l'effort d'entreprise. Chez Simplebo, les équipes qui réussissent le mieux leurs OKRs se voient offrir un « team building ».

OKRs personnels et récompenses

Comme souligné à la section 2.2.6 *Les objectifs sont fixés au niveau de l'équipe*, les OKRs ne sont généralement valables qu'au niveau de l'équipe, de sorte qu'ils contribuent à l'effort de l'équipe et non à une sous-optimisation personnelle. Cependant, de nombreuses organisations utilisent des OKRs personnels et ils peuvent participer à la mesure des performances d'un individu.

Les OKRs sont un sujet de discussion pertinent lorsqu'il s'agit d'évaluer les performances et la contribution du travail d'un individu au sein d'une organisation. Mais ils ne peuvent pas être un instrument de mesure mathématique des performances humaines. En principe, les OKRs ne sont pas un instrument de mesure, mais un résultat souhaité. En outre, les OKRs peuvent rarement être comparés.

Prenons deux personnes avec des OKRs personnels. D'un côté, Pete négocie ses objectifs en plusieurs séances avec son manager et obtient des résultats clés dont il sait qu'il les atteindra facilement. À la fin du trimestre, les chiffres de Pete atteignent 125 % de l'objectif.

John, de son côté, parvient à se fixer un objectif ambitieux mais stimulant. L'atteindre à 100 % en un trimestre demande un très gros effort. À la fin du trimestre, John atteint 70 % de son objectif, mais son travail a contribué de manière significative aux objectifs stratégiques de l'entreprise.

Si les performances sont récompensées de façon mathématique par la formule « récompense = taux d'atteinte des objectifs », Pete, qui a négocié l'objectif le plus facile, obtiendra une récompense plus élevée. John qui, lui, a fait avancer la stratégie de l'entreprise, reçoit moins d'argent. C'est injuste.

Par ailleurs, il faut tenir compte du fait que lorsque les OKRs guident les changements, cela sort les gens de leur zone de confort et les oblige à apprendre. Pour certains, c'est plus facile que pour d'autres. Pour un individu, certains changements peuvent être faciles, d'autres moins. Du coup, les objectifs ambitieux et l'impact des résultats sur les individus et l'entreprise varient en fonction de la situation.

La réalisation des OKRs peut donc être un élément de l'évaluation des performances, mais il doit toujours y avoir une interprétation des objectifs par le manager. Ils ne peuvent pas être évalués de façon mathématique. Le manager doit évaluer la façon dont la personne gère ses objectifs et en tire les leçons. Il n'existe pas de formule mathématique pour cela, c'est une question de suivi et de jugement de la part du manager.

Les OKRs de vente

Les OKRs de vente sont un sujet particulièrement difficile. Les commissions de vente ne sont pas seulement une partie de la rémunération, mais souvent une raison de choisir ce métier. Beaucoup de spécialistes de vente ont une mentalité entrepreneuriale ; la relation directe entre leur travail et leur niveau de revenu est l'une des principales raisons qui les ont amenés à choisir cette voie professionnelle. C'est pourquoi les cibles OKR du service commercial sont l'un des aspects les plus difficiles à gérer lors de l'adoption du modèle OKR.

Il est recommandé de ne pas essayer de résoudre ce problème immédiatement. Sinon, les cibles OKR de chiffres de vente risquent de devenir un obstacle et l'ensemble du projet de mise en place du modèle va échouer avant de pouvoir en tirer les bénéfices. Aussi, il vaut mieux ne pas utiliser les instruments de mesure des ventes comme objectifs, mais les garder à part, comme les primes.

Les instruments de mesure des ventes résultent d'un certain type de travail et les commissions sont spécifiquement liées à ce travail. Il faut lier les OKRs au développement du travail qui mène à ces résultats. Voici quelques exemples d'OKRs de vente :

- Contacter clientes et clients ayant un profil spécifique.
- Augmenter le nombre d'appels clients.
- Créer avec le service marketing une campagne de recrutement client.
- Accélérer le cycle de vente du contact à la vente.
- Participer à de nouvelles formations de vente.

Ces objectifs aident le service à atteindre ses objectifs commerciaux mais ne font pas l'objet de récompenses directes. On peut facilement les rendre plus ambitieux, parce que plus un vendeur contacte de clients ou plus on multiplie les campagnes de recrutement client, plus on a de chances d'atteindre les objectifs de vente. De la même façon, l'activité de l'équipe de vente est planifiée de manière à s'aligner sur les objectifs stratégiques. Si l'objectif stratégique est de conquérir un nouveau marché, alors un objectif sera de contacter des clients de ce marché. Sans que les commissions sur les ventes soient affectées.

Tout cela semble simple, mais dans la pratique, les OKRs de vente posent souvent des problèmes. Les spécialistes de vente remettent souvent le modèle OKR en question, car ils ont l'habitude de guider eux-mêmes leur travail en fonction de leurs objectifs de vente. Il est difficile de les convaincre de l'importance des OKRs, surtout si l'entreprise essaie de viser en parallèle des objectifs « froids » de chiffre d'affaires et des objectifs OKR « inspirants ». Cette juxtaposition est examinée plus en détail à la section 7.7 *Gestion des objectifs financiers et modèle OKR*.

Les spécialistes de vente doivent néanmoins comprendre que les OKRs gouvernent les opérations de manière stratégique. Leur mise en œuvre aidera le service commercial à atteindre ses objectifs. Les OKRs ne doivent pas entrer en conflit avec les objectifs de vente, sinon le service commercial rejettera les OKRs au premier conflit.

7.5. LES OKRs AURONT UN IMPACT SUR L'ÉVALUATION DES PERFORMANCES

Les évaluations de performance sont une pratique assez bien établie dans de nombreuses entreprises. Cette évaluation a généralement lieu (au moins) une fois par an et fait l'objet d'attentes multiples. Cette rencontre comporte souvent une évaluation des performances, un feedback mutuel entre manager et membre du personnel, et une discussion sur la rémunération. Une année d'attentes condensée en une réunion d'une heure. Les conclusions sont rassemblées et documentées dans les systèmes RH et qui, dans le pire des cas, ne seront rouvert qu'au prochain entretien d'évaluation.

Du point de vue OKR, les points problématiques de cet examen des performances sont évidents. Dans le modèle traditionnel, les objectifs d'un individu ne sont pas liés aux OKRs, sont souvent éloignés de la réalité de l'activité et ne font pas l'objet d'un suivi assez régulier. Comme le modèle OKR guide une organisation sur la voie d'une évolution permanente, d'une adaptation rapide et d'une activité orientée résultat, il faut que la discussion avec les managers soit continue pour permettre un développement personnel. Une seule rencontre annuelle entre un individu et son manager n'y suffit pas.

Cette évaluation traditionnelle est en outre marquée par des attentes démesurées et un cérémonial parfois excessif. La saison des entretiens est souvent lancée de façon solennelle par une annonce du manager et divers formulaires à remplir ; ce qui donne d'emblée une impression de rigidité et de mise à distance. Tout au long de l'entretien, l'individu attend avec impatience le moment où il sera question de sa rémunération.

Le cérémonial ne fait qu'alimenter des attentes disproportionnées. L'accumulation des attentes est encore augmentée par l'importance soulignée de ces évaluations. On passe en revue toute une année de travail, ce qui représente un effort énorme, car il peut y avoir eu beaucoup à faire pendant l'année. Malheureusement, ces entretiens d'évaluation n'ont que peu de conséquences sur les activités concrètes des individus ou du manager.

Le modèle OKR n'a pas pour but de supprimer les entretiens d'évaluation. L'objectif est plutôt d'améliorer la relation entre manager et le membre d'équipe, et de modifier ces évaluations de manière organique. Avec le modèle OKR, les interactions sont plus fréquentes et plus immédiates qu'auparavant.

Que deviennent les entretiens d'évaluation ?

Si l'on peut reprocher leur côté trop cérémonieux aux entretiens d'évaluation, toute cérémonie n'est pas mauvaise. La routine apporte la sécurité et les gens apprécient certains rituels. En outre, même après la mise en route, on a besoin d'au moins un événement annuel centré sur l'avenir et l'actualisation des objectifs du poste et des objectifs personnels. Lors de ces réunions, il est utile de discuter de ce qui a été réalisé et comment, et de la façon dont les tâches de la fonction sont traitées.

Le modèle OKR n'évalue pas les performances personnelles. Même si les objectifs et les résultats clés éclairent la réalisation des objectifs, le modèle OKR ne calcule pas les performances personnelles. Les 20 % de performance OKR d'une personne peuvent représenter beaucoup plus d'efforts que les 80 % de performance d'une autre personne. Les objectifs ne peuvent pas être mesurés ou comparés avec les mêmes paramètres.

C'est pourquoi, c'est au manager de juger les performances de manière qualitative – et non aux résultats clés. Il faut aussi continuer à avoir des discussions sur la rémunération et le feedback. Le support approprié pour ces discussions peut s'apparenter à un entretien d'évaluation.

Une fois le modèle OKR mis en place, le rythme de la communication entre manager et membre du personnel à propos des objectifs et des résultats clés change, passant d'un échange annuel à des échanges tout au long de l'année. Le manager connaît mieux les objectifs d'apprentissage de la personne, les objectifs de développement et les obstacles. Dans le modèle OKR, il faut instaurer une culture du feedback instantané. Dans cet environnement, on réagit rapidement aux bonnes ou mauvaises performances pour en tirer les leçons.

Il est bon de réfléchir à la compatibilité des entretiens d'évaluation avec le modèle OKR et à la façon de les développer dans l'organisation. Par exemple, il est bon de se demander si les entretiens doivent être gérés de façon centralisée. Quels sont le rôle et le but de l'évaluation par rapport au système de management de l'entreprise ? Comment la nature de ces entretiens peut-elle changer en relation avec l'évolution des OKRs et du niveau d'autonomie ?

Types de solutions depuis un changement modeste jusqu'à une révolution complète

1 Garder les entretiens d'évaluation inchangés.

2 Garder les entretiens d'évaluation, mais synchroniser le suivi avec le rythme OKR.

3 Garder les entretiens d'évaluation, mais maintenir l'attention sur la fonction, la réussite et le développement d'un individu.

4 Garder les entretiens d'évaluation, mais lier le développement des compétences aux OKRs personnels. Effectuer un suivi trimestriel.

5 Abandonner les entretiens d'évaluation et utiliser le modèle CFR (ou tout autre modèle).

Entretiens, feedback et reconnaissance – le modèle CFR comme complément aux OKRs

Dans le modèle OKR, la réflexion et l'apprentissage sont importants. La culture de la réflexion et du feedback permanents est naturelle dans de nombreuses entreprises et ne nécessite pas forcément un nouveau modèle. Il est important que les discussions et que les retours (dans les deux sens) soient systématiques. Une culture du feedback permanent ne sort pas de nulle part, et pour tirer des leçons, il faut y consacrer du temps.

Si vous commencez seulement à mettre en pratique le feedback et la réflexion, le modèle CFR peut être utile. CFR est l'acronyme de « Conversations, Feedback et Reconnaissance ». Dans le livre *Mesurez ce qui compte* de John Doerr, le modèle

CFR est présenté comme une partie intégrante du modèle OKR. Ils se renforcent mutuellement et le CFR est, à bien des égards, un prolongement du modèle OKR.

Le CFR est conçu comme un outil pour les managers ; il élimine les entretiens d'évaluation traditionnels, les remplaçant par un feedback permanent. Les conversations CFR sont distinctes des discussions sur la rémunération, et leur but est avant tout de renforcer le coaching – pas de donner des ordres.

Des événements CFR sont organisés au cours de chaque cycle OKR, particulièrement en fin de période. Le CFR est une réunion en face-à-face où on passe en revue les objectifs, où on revient sur ce qu'on a fait et où on se demande comment progresser.

C – *Conversations*

Les conversations se déroulent aussi bien pendant le cycle OKR qu'à la fin. Les sujets dépendent du moment du cycle où on se trouve.

Les questions entre un manager et un individu en cours de période sont traditionnellement les suivantes :

1 Où en est la progression des OKRs ?

2 De quelles compétences a-t-on besoin pour atteindre les objectifs ?

3 Y a-t-il des obstacles qui empêchent d'atteindre les objectifs ?

4 Faut-il effectuer des changements dans les OKRs ? Doivent-ils être modifiés, amendés ou diminués ?

5 Quel retour ferais-tu sur mon action ou celle de l'entreprise ?

En fin de période, les sujets de discussion peuvent être :

1 Nous avons atteint l'objectif : grâce à quels facteurs ?

2 Nous n'avons pas atteint l'objectif : à cause de quels obstacles ?

3 L'objectif était-il plus difficile ou plus facile à atteindre que prévu ?

4 Qu'avons-nous appris au cours de cette période ? De quoi devons-nous tenir compte pour la prochaine ?

5 Quel retour ferais-tu sur mon action ou celle de l'entreprise ?

F – *Feedback*

Les retours d'information sont une partie intégrante du CFR. On en a besoin entre les conversations et ils permettent à une personne de fournir un feedback à l'entreprise et au manager, et au manager de donner un feedback à son subordonné, idéalement en face-à-face.

De nombreuses règles, instructions et modèles ont été élaborés en matière de feedback, par exemple *Thanks for the Feedback* de Sheila Heen et Douglas Stone.

De même, des modèles de retour d'information, comme les modèles FBI ou le SBI, peuvent aider à formaliser le feedback.

L'acronyme FBI signifie « Sentiment, Comportement et Impact » (*Feeling, Behavior and Impact*). SBI signifie « Situation, Comportement et Impact ». Ce qui est important dans les deux cas, c'est que le feedback soit donné sur un événement particulier, lui-même clairement rappelé. Le feedback doit être fourni aussitôt que possible et ne doit pas s'exprimer sous la forme « vous ne faites jamais... » ou « vous faites toujours... ».

Le retour d'information établit la situation, la manière dont le destinataire du feedback s'est comporté et l'impact que cela a eu. La version FBI commence par le sentiment que le comportement du destinataire du feedback a déclenché chez celui qui donne son feedback.

L'idée derrière ces deux modèles, ce n'est pas de reprocher ce qui s'est passé à celui qui reçoit le feedback, mais de raconter l'expérience du point de vue de celui qui fournit le feedback. FBI et SBI sont basés sur une *communication non violente*.

Voici quelques pratiques courantes en matière de feedback :

- Veillez à donner plus de feedback positif que négatif.
- Séparez les commentaires positifs des négatifs.
- N'utilisez pas le modèle du hamburger où les commentaires critiques, les pistes d'amélioration et de correction, sont pris en sandwich entre feedback positif et louanges.
- Faites toujours un retour aussi rapidement que possible après l'événement.
- Faites les retours critiques en privé en donnant au destinataire assez de temps pour demander des éclaircissements.
- Assurez-vous que les destinataires puissent donner leur version des faits.
- Le plus souvent, une personne sait déjà qu'elle a commis une erreur ; elle a juste besoin d'aide pour l'admettre et trouver des solutions.
- Soyez précis et aidez à convenir de propositions de développement claires qui peuvent être suivies ou mesurées sans équivoque.

R – Reconnaissance

La reconnaissance – au travail et pour son travail – est importante pour nourrir la confiance et l'affection. Dans son livre *Three Signs of Miserable Job*, Patrick Lencioni identifie trois signaux qui indiquent qu'on est malheureux dans son travail : l'anonymat, l'inutilité et l'incapacité à mesurer ses performances. Selon P. Lencioni, les membres du personnel ne se sentent généralement pas épanouis dans leur travail s'il n'est pas vu et reconnu comme utile par les autres. Lorsque les autres – les managers, en particulier – remarquent ce travail et lui accordent du crédit, deux facteurs d'insatisfaction sur trois disparaissent.

Il ne faut pas économiser sa reconnaissance mais la distribuer généreusement et à chaque fois qu'il y a une raison de le faire. La reconnaissance doit être immédiate et authentique. Chaque entreprise a une façon légèrement différente de marquer sa reconnaissance et chaque entreprise doit donc faire ce qui lui convient.

Montrer sa reconnaissance à une collègue

Une entreprise doit encourager les marques de reconnaissance entre collègues. La reconnaissance ne doit pas uniquement provenir du management. Certaines personnes accordent beaucoup plus d'importance à la reconnaissance de leur travail par une personne avec qui elles collaborent, car elle connaît le travail en pratique et comprend souvent mieux sa nature.

Montrer sa reconnaissance devant l'équipe

Le modèle OKR est axé sur l'équipe, du coup, un individu peut se sentir invisible. Quand une personne fait bien son travail, toute l'équipe doit le savoir. Ce feed-back peut se faire simplement en passant à la réunion hebdomadaire de revue des OKRs et en donnant ce commentaire. Le forum est déjà installé et les personnes concernées y participent.

Marquer sa reconnaissance au niveau de l'entreprise

Les entreprises disposent souvent de divers forums de communication internes, comme un intranet, une messagerie instantanée ou une newsletter électronique. Marquer sa reconnaissance pour un travail bien fait avec toute l'entreprise est facile et peu coûteux. Certes, on peut percevoir ces attentions publiques comme gênantes, voire négatives. Mais des commentaires par écrit ne mettent pas trop en avant les personnes concernées et la reconnaissance publique est toujours agréable.

Le CFR s'aligne sur le modèle OKR

John Doerr considère le modèle CFR comme essentiel à la réussite du modèle OKR. Cependant, lorsque nous avons interrogé les entreprises francophones qui utilisaient le modèle OKR, nous avons remarqué que peu d'entre elles utilisaient le CFR. Même quand la stratégie est mise en œuvre au quotidien au travers du modèle OKR, le modèle CFR n'a pas été adopté.

Peut-être parce que le modèle OKR vient juste d'être mis en œuvre et qu'il reste encore beaucoup de travail pour l'intégrer à l'activité quotidienne. Peut-être aussi parce que les entretiens d'évaluation sont érigés en véritable institution. Plus une pratique est établie, plus il est difficile de s'en défaire.

Que le modèle CFR soit utilisé ou non n'est pas essentiel. Il est plus important d'adopter un mode de communication systématique et fréquent. Il est essentiel de revenir sur le passé, d'en tirer les leçons, donner un feedback et regarder vers l'avenir. Le CFR peut servir à cela si aucun modèle n'est encore en place. Si un autre modèle est déjà en place et qu'il fonctionne, pas la peine de réparer ce qui n'est pas cassé. La bonne nouvelle c'est que les choses bougent dans l'écosystème RH et que de plus en plus d'organisations optent pour un dialogue plus continu avec des entretiens semestriels, trimestriels voire plus fréquents.

7.6. VERS UNE ORGANISATION AUTONOME

Lorsqu'on met le modèle OKR en place, il n'est pas nécessaire que le niveau d'autonomie dans l'entreprise soit très élevé. Pour tirer le plus grand profit possible du modèle, il est préférable – obligatoire, en fait – d'accroître rapidement l'autonomie des équipes. Si le but n'est pas d'augmenter le niveau d'autonomie, ça vaut la peine d'y réfléchir avant de se lancer.

Les modèles de management traditionnels, hiérarchiques du haut vers le bas, ne favorise pas l'engagement des individus. Les équipes ne sont pas motivées. C'est comme si la direction supervisait tout. La direction consacre son temps et son énergie à superviser les personnes, à répartir et contrôler les tâches. Pour réduire la charge de travail et le stress dû à ce type de management, il doit y avoir assez d'indépendance dans l'organisation dans son ensemble, pour se concentrer sur les activités utiles et obtenir des résultats.

Pour la direction, cela signifie communiquer un plan d'ensemble, expliquer le contexte des événements, surveiller l'exécution de loin et fournir une assistance lorsque c'est nécessaire ; mais pas de s'immiscer dans la répartition des tâches et diriger les opérations. Pour les membres du personnel, cela signifie assumer la responsabilité dans leur périmètre et prendre des décisions de manière indépendante dans le cadre de leurs fonctions.

Une entreprise autonome qui se dirige d'elle-même obtient de meilleurs résultats qu'avec les modèles traditionnels. Dotés de plus d'autonomie, les gens s'investissent plus dans la mise en œuvre de la stratégie. L'esprit d'initiative y est encouragé. Non seulement l'entreprise peut donner tout son potentiel, mais les gens trouvent un sens à leur travail et leur motivation est renforcée.

Nous avons déjà fait référence au livre de Daniel Pink *La vérité sur ce qui nous motive,* dont le contenu est non seulement lié aux sections 1.7 *Comment le fait de trouver un sens à son travail motive* et 4.1.2 *Pourquoi mettre en place le modèle OKR,* mais aussi à l'autonomie dans les organisations. Le livre de D. Pink explique avec beaucoup de talent pourquoi le modèle OKR affecte à la fois le sens qu'on donne à son travail et le niveau d'autonomie.

Daniel Pink décrit les facteurs qui motivent les individus et la façon dont les modèles actuels de management et de récompense de la plupart des organisations ne nourrissent vraiment ni la motivation des individus, ni le caractère attractif d'un poste. L'autonomie dans le modèle OKR correspond bien aux points que D. Pink identifie comme essentiels à la motivation : l'autonomie, la maîtrise et le sens.

L'autonomie

L'autonomie est la capacité à définir le contenu de son propre travail, au moins une partie des objectifs et des moyens d'y parvenir. C'est exactement ce que vise le modèle OKR. Même si le degré de liberté dans l'interprétation des objectifs est d'abord limité, la capacité et la possibilité pour les équipes de déterminer leurs propres objectifs vont en augmentant, voir section 3.4.4 *Le modèle se répand dans l'organisation*. Les organisations hiérarchisées, où les tâches sont commandées et leur exécution déterminée par quelqu'un d'autre, sont à l'opposé de cela.

La maîtrise

La maîtrise, c'est l'idée de s'améliorer et de se développer en tant qu'individu. Les gens s'adonnent aux choses les plus curieuses parce qu'ils y prennent du plaisir et qu'ils sentent qu'ils progressent. Ce même besoin de connaissance et de maîtrise nous anime aussi au travail. Le modèle OKR supprime la frustration qui naît quand rien ne progresse. Il encourage à identifier les obstacles et atteindre le niveau de maîtrise nécessaire pour les supprimer ou les diminuer.

Le sens

Le sens, c'est le sentiment que son travail a un effet positif qui dépasse le fait d'obtenir un salaire ou de contribuer aux performances de l'entreprise. Les gens souhaitent avoir le sentiment que, par leur travail, ils peuvent influencer positivement l'avenir des clients, de la société ou du monde. Avec le modèle OKR, les projets sont menés à bien et les objectifs sont atteints. Lorsque leurs effets ont un sens, le travail en a aussi.

Le modèle OKR est conçu pour nourrir ces trois aspects, en particulier l'autonomie. Pour accroître l'autonomie, il faut d'abord établir la confiance. La confiance croît non seulement en faisant confiance aux autres, mais aussi en s'en montrant digne. Pour la direction, cela signifie qu'il faut augmenter l'autonomie de l'équipe graduellement. Si une équipe doit prendre des responsabilités, il faut aussi lui en donner les moyens.

Pour une équipe, instaurer la confiance signifie qu'elle travaille constamment à la réalisation des objectifs du modèle OKR, rendant visible leur progression et partageant apprentissages et bonnes pratiques entre elles. C'est aux équipes et aux individus de demander de l'aide si les objectifs ne sont pas atteints. On ne peut pas toujours réussir à 100 %. Mais ce qui est important, c'est de soulever rapidement les problèmes, d'en discuter et de se mettre d'accord sur des façons de les résoudre. Voilà comment on nourrit la confiance mutuelle.

On ne peut pas augmenter la confiance si on ne traque pas les mauvaises performances au sein de l'entreprise. Gérer les récriminations est encore souvent l'affaire de la direction, d'abord en proposant son aide. Si cela a été fait et que les choses ne s'améliorent toujours pas, alors différentes mesures peuvent être nécessaires. C'est une responsabilité à laquelle la direction ne peut se soustraire.

Quand les équipes gagnent en responsabilité, la direction gagne en liberté. Il s'ensuit une spirale positive qui mène à des activités plus indépendantes les unes des autres, et des personnes plus investies dans leur travail, avec une mission claire en tête.

7.7. GESTION DES OBJECTIFS FINANCIERS ET MODÈLE OKR

On ne peut pas avoir deux modèles concurrents dans une entreprise : des résultats financiers « difficiles » et des cibles OKR « sympas ». Comme énoncé à la section 7.4 *Récompenses et OKR*, si les deux se contredisent, les OKRs perdent leur portée. Si les objectifs financiers et les OKRs sont disjoints, les gens contourneront les OKRs et ne travailleront que pour atteindre les objectifs financiers, qui sont toujours impératifs.

Les objectifs financiers et les OKRs doivent tirer les opérations dans la même direction – ensemble. Les résultats financiers découlent des activités de l'entreprise, c'est pourquoi il faut formuler les OKRs d'une façon qui contribue à atteindre les résultats financiers.

Par exemple, l'objectif de l'année peut être de mieux servir la clientèle existante, afin qu'elle achète plus de services. Au cours de l'année, suffisamment d'actions trimestrielles sont menées pour obliger à une rencontre avec les clients. Cela améliore la satisfaction client et les fidélise, tout en contribuant à la réalisation des objectifs financiers.

En pratique, on peut prendre en compte les objectifs financiers dans le cadre du modèle OKR de la façon suivante :

1 Les objectifs financiers peuvent être transposés directement en résultats clés.

2 Chaque planification, comme toute la communication en général, réaffirme que les OKRs sont alignés sur les objectifs stratégiques et économiques.

Dans ce dernier cas, le danger, c'est que les gens oublient avec le temps la relation entre les cibles OKR et les objectifs économiques, sauf si cela a été établi clairement. Ce qui provoque une divergence entre OKRs et objectifs financiers : les gens se concentrent alors uniquement sur les objectifs financiers sans être parallèlement guidés sur le plan stratégique par les OKRs.

Objectifs financiers et OKRs participent au débat qui oppose OKRs et KPIs. Les KPIs sont souvent le reflet des objectifs financiers. Mais les KPIs ne demandent pas autant d'attention si on atteint les objectifs avec les OKRs.

Il n'existe pas de solution unique pour gérer les objectifs financiers avec le modèle OKR. Le seul dénominateur commun, c'est que les objectifs financiers n'entrent pas en conflit avec les cibles OKR. Par exemple, si l'objectif est d'apporter des changements majeurs dans les opérations d'une organisation avec les mêmes ressources que l'année précédente, il faut être prêt à accepter que le chiffre d'affaires et les performances en soient affectés. Si les objectifs ne sont pas alignés, l'organisation ne consacrera pas suffisamment de temps et d'énergie aux changements nécessaires, et elle se concentrera uniquement sur les objectifs financiers.

Il vaut la peine de déterminer quelles activités et quels changements permettront le mieux de mettre en œuvre les objectifs économiques à long terme et à court terme.

Le modèle OKR permet aussi d'aller au-delà des objectifs financiers. En effet, la société dans son ensemble et un nombre grandissant d'organisations s'interrogent sur la raison d'être d'une entreprise et sur comment mesurer de manière holistique la valeur qu'elle crée. Il est évident pour de plus en plus de monde que la dimension financière n'est pas la seule en ligne de compte et d'autres dimensions sont évoquées comme le bien-être des parties prenantes de l'entreprise (membres du personnel, clientèle, fournisseurs, partenaires, etc.) ou encore l'impact environnemental. Ces éléments – lorsque ce sont des axes stratégiques de développement – peuvent aussi faire l'objet d'OKR et ainsi venir compléter les objectifs financiers.

7.8. MODIFIER LES OKRs EN PÉRIODE DE CRISE

Dernier point, et certainement pas le moindre, dans l'adoption du modèle OKR : la préparation aux crises et autres difficultés soudaines – qu'elles soient sources de dangers ou d'opportunités. Une préoccupation courante dans les systèmes qui renforcent l'autonomie, c'est « Que faire en cas de crise soudaine ? » Que faire, par exemple, si un problème du type Lehman Brothers dans la crise des *subprimes* de 2007 resurgit et que l'organisation ne dispose que de quelques heures pour faire face ?

Certaines organisations ont instauré et mis en place des cellules de crise qui pourront prendre la main dans ce genre de situation. Dans d'autres organisations, la direction conserve une sorte de droit de veto par accord mutuel. En vertu de cet accord, la direction a le droit et la possibilité de reprendre totalement le contrôle des opérations pendant un moment et de dicter les prochaines étapes, en cas de grosse surprise.

Cela peut renforcer le sentiment de sécurité au sein de l'organisation. Dans *Les vrais leaders se servent en dernier,* Simon Sinek explique par exemple comment les équipes dirigeantes sont investies du pouvoir, justement parce qu'on sait que si une crise survient, elles vont s'en occuper.

Heureusement, de telles crises ou catastrophes se produisent rarement, le temps de réaction est si réduit qu'il faut instantanément changer de mode de fonctionnement. Le plus souvent, la situation économique, la législation, la concurrence ou le marché changent suffisamment lentement pour permettre à l'organisation de s'adapter. Mais parfois, cela arrive, et il est bon de convenir à l'avance d'un processus commun en cas de crise.

Qu'il s'agisse d'un obstacle qui se dresse ou d'une nouvelle opportunité qui se présente au milieu d'un trimestre et que la direction souhaite saisir, on peut réagir conformément aux principes OKR. Il faut modifier les OKRs de façon à s'adapter rapidement à la nouvelle situation, plutôt que de faire des choses en dehors des OKRs – c'est-à-dire oublier les cibles OKR pour agir brusquement en dehors des OKRs. Si on réagit à un problème sans adapter le modèle, les membres de l'organisation auront du mal à savoir ce qu'on attend exactement d'eux. La perception des priorités est brouillée, et les équipes, sans parler des individus, ne savent plus sur quoi se concentrer.

Comment modifier les OKRs en milieu de cycle ?

Rappelons d'abord une fois encore que dans des circonstances normales, il ne faut pas modifier les OKRs en milieu d'un cycle trimestriel, sous peine de courir le risque que les gens ne puissent pas s'appuyer dessus à l'avenir. Si l'objectif fixé au début du cycle devient secondaire au cours de ce même trimestre, le travail effectué jusque-là semblera vain. De plus, les calendriers et les ressources permettent rarement de viser plus d'objectifs simultanément avec les mêmes ressources, source d'inefficacité.

Néanmoins, certaines crises ou opportunités se présentent, où on est obligé de réagir, sans attendre la fin du trimestre ou du cycle normal. Dans ce cas-là, on peut modifier les OKRs en cours de trimestre. Par exemple, un revirement en cours de trimestre peut être justifié dans les situations suivantes :

- Un équivalent de la faillite de Lehman Brothers se produit, affectant l'économie mondiale.
- Un concurrent lance sans prévenir un produit révolutionnaire sur le marché.
- La production s'arrête à la suite de la destruction des stocks d'un fournisseur.
- Une pandémie menace de ruiner la situation financière de l'entreprise.

Dans ce genre de cas, un nouveau cycle de planification est initialisé ; on détermine de quel objectif le nouveau prend la place et ce qui doit attendre jusqu'à ce que ce nouvel objectif soit établi. Une réponse à une crise ne peut jamais consister à ajouter un sixième objectif au trimestre ; un des objectifs précédents doit être supprimé.

Modifier les OKRs nécessite des discussions à tous les niveaux de l'organisation : au sein de la direction, entre la direction et les managers, entre les managers et les individus, et entre les équipes. Ce processus peut être facilité par la cellule de crise, si elle est instaurée. En outre, il faut modifier les objectifs personnels de chacun et replanifier les opérations. Tout cela coûte cher à l'organisation et ne doit donc pas être fait à la légère.

Dans le cas d'une crise aiguë où le temps de réaction n'est que de quelques heures, généralement, les opérations normales s'arrêtent et les discussions OKR peuvent être menées rapidement. La priorité, c'est le partage rapide du problème dans son ensemble et l'alignement des gens sur le nouvel objectif.

La direction doit être convaincue qu'il faut agir de façon systématique et disciplinée, y compris en période d'incertitude ou de changements rapides. Il est important de comprendre la différence entre réaction agile et réaction « au coup par coup ». Dans le premier cas, les changements sont opérés sur un rythme rapide mais jusqu'au bout. Dans le second cas, on réagit à chaque fait nouveau et les changements se font sans plan ni cadence.

Les OKRs sont une excellente occasion de relier les compétences, les savoir-faire et l'esprit d'innovation de toute l'organisation à la résolution des problèmes. Lorsqu'un problème est présenté par le système OKR comme la priorité pour l'ensemble de l'organisation, tout le monde travaille sur les façons de le résoudre.

Les changements d'OKR dus à la Covid

La plus grande partie de ce livre était déjà écrite lorsqu'a éclaté la pandémie de Covid-19. La pandémie et les mesures de sécurité associées ont durement frappé les entreprises. Ça a été, et c'est toujours au moment où nous rédigeons ces lignes, une crise nécessitant une évaluation des OKRs. En fonction de la stratégie de l'entreprise et des objectifs subséquents, les OKRs peuvent être restés les mêmes ou avoir été modifiés, partiellement ou totalement.

Lorsque nous avons parlé de la Covid avec différentes entreprises lors du choc initial, de nombreuses discussions ont montré l'activation d'un contrôle manuel pour répondre à la crise. Dans plusieurs entreprises, la direction a joué un rôle beaucoup plus actif. En cas de changement, le besoin que la direction détermine l'orientation des opérations est accru.

L'investisseur et ancien PDG Ben Horowitz a décrit ce phénomène comme un passage de PDG en temps de paix à PDG en temps de guerre. Les priorités de la direction en temps de paix consistent à bâtir un environnement rassurant, une culture de développement et à renforcer l'autonomie. Alors qu'une équipe dirigeante en temps de guerre s'attache à éradiquer tout désaccord et à superviser l'exécution de l'orientation décidée, même s'il faut donner des ordres directs.

En temps de paix, l'entreprise peut accroître sa part de marché, remplir sa mission, renforcer sa culture, innover et prospérer. Mais en temps de guerre, la survie de l'entreprise est menacée. Pour de nombreuses entreprises, cette pandémie et la récession subséquente peuvent nécessiter l'utilisation des outils des PDG en temps de guerre.

Quoi qu'il en soit, la relation entre le coronavirus et le modèle OKR est fondamentalement très simple. Comme le modèle OKR découle de la stratégie, il faut d'abord vérifier si la pandémie a un impact concret sur la stratégie de l'entreprise. Il se peut que la stratégie ait été rendue, partiellement ou totalement, obsolète.

Habituellement, une stratégie comporte un certain nombre d'hypothèses. La Covid peut en avoir détruit une grande partie. Par exemple, une entreprise qui prévoyait de conquérir le marché américain ne peut plus envoyer de personnes sur place. Il s'ensuit inévitablement que l'entreprise doit complètement réévaluer son activité. Il ne s'agit pas d'une simple révision des OKRs mais de retravailler l'ensemble de la stratégie.

- Allons-nous attendre la reprise des vols aux États-Unis ou allons-nous trouver une approche différente entre-temps ?
- Comment faire décoller les ventes numériques, et que faire sinon ?
- Quel sera l'impact de la crise à venir sur les échanges commerciaux nationaux et internationaux ?

Une fois l'orientation stratégique revue, on vérifie si les cibles OKR changent. Si les objectifs stratégiques n'ont pas changé, les OKRs peuvent aussi rester les mêmes ou ne changer que partiellement. En revanche, si les principes fondamentaux deviennent obsolètes, les OKRs perdent également leur pertinence.

L'activité d'une entreprise manufacturière est restée pratiquement inchangée, même si tout le monde a dû passer au travail à distance. Cette situation a conduit à une révision complète des OKRs du département informatique. Comme tout le monde a dû se mettre très rapidement au télétravail, ces changements ont pris le pas sur les OKRs précédents du département. Mais les OKRs des autres départements sont restés exactement les mêmes qu'avant le début de la pandémie.

Il se peut aussi que les objectifs OKR restent inchangés mais que la situation exige une révision des résultats clés et des missions. Par exemple, de nombreuses entreprises étaient habituées à établir de nouveaux contacts avec leur clientèle en face-à-face. Les rendez-vous physiques ont toujours fait partie d'une relation client réussie et apparaissent donc souvent dans les résultats clés. Dans la nouvelle situation, l'ensemble du processus d'achat et la phase de déploiement peuvent être réalisés en digital, ce qui modifie radicalement le mode opératoire, les résultats clés et les missions.

Dans plusieurs entreprises, la Covid-19 a entraîné une chute soudaine des KPIs. Les commandes se sont effondrées ou on a constaté une diminution importante des opérations facturables. Cette baisse du chiffre d'affaires a mené à un changement brutal des priorités. Premièrement, il fallait trouver des moyens de continuer à assurer la fonction de l'entreprise, pour servir la clientèle existante, assurer le bien-être de son personnel et générer des revenus pour garantir la pérennité de l'organisation. C'était devenu les nouvelles priorités pendant un certain temps, et ce jusqu'à ce que la situation se redresse et se stabilise.

En cas de crise soudaine, la façon d'agir est donc la suivante :

- D'abord vérifier comment le problème affecte la stratégie et les fonctions vitales de l'entreprise et quels sont les scénarios possibles pour l'avenir.
- Voir ensuite comment les objectifs OKR servent la stratégie dans les circonstances nouvelles et s'il est nécessaire d'effectuer des changements au vu de la nouvelle donne.
- Vérifier si les résultats clés sélectionnés sont toujours les plus pertinents et s'il est toujours possible de les mettre en œuvre ou alors et s'il est nécessaire d'effectuer des changements au vu de la nouvelle donne.
- Voir enfin quelles sont les mesures tactiques nécessaires pour atteindre les OKRs et, par extension, les objectifs stratégiques.

Quand les OKRs dérivés de la stratégie sont au centre de la gestion d'une entreprise, on garde le contrôle, même en cas de surprise. Même dans un cas comme celui de la pandémie actuelle, l'entreprise envisage la situation à travers sa stratégie et ses objectifs, sans céder à la panique et à des solutions d'urgence. Le problème peut être difficile, mais le mécanisme par lequel la nouvelle orientation est choisie fonctionne et normalise les opérations. Le modèle OKR n'est pas uniquement un système de direction en temps de paix, il guide toute l'organisation en toutes circonstances.

Étude de cas : quand la chute de l'industrie touristique force BookingSync à revoir ses priorités pour mieux rebondir

La mise en route du modèle OKR s'est faite fin 2019 pour le cycle annuel de 2020. Les équipes ont dû changer brusquement de priorités lorsque la COVID a surgi. En effet, BookingSync est spécialiste de la location saisonnière. Et à la suite de la pandémie, l'industrie du tourisme, et a fortiori de la location saisonnière, était à l'arrêt. De ce fait, un certain nombre d'OKR n'était plus pertinent.

C'est ainsi que, sous l'impulsion de l'équipe dirigeante, les OKRs sont ajustés et le focus de l'ensemble des équipes se tourne vers deux nouveaux objectifs principaux :

– Aider la clientèle à subsister malgré la crise

– Maintenir le revenu au travers d'un plan de rétention des clients et des réservations.

Ces OKRs ont été suivis durant la majeure partie de 2020. Il était indispensable de revoir les OKRs en cours de route pour éviter la confusion au sein des équipes, s'assurer que chaque personne sait ce qui est attendu et comment elle peut contribuer aux objectifs de BookingSync pour traverser la crise.

À la suite de cet épisode, fin 2020, l'organisation a pu relancer le processus OKR pour l'année 2021. Elle en profite pour y apporter des améliorations en l'intégrant au mieux dans le quotidien des équipes. Elle encourage notamment la convergence des réunions d'équipes habituelles et du suivi hebdomadaire OKR.

Ces moyens de faciliter la collaboration ont simplifié l'utilisation d'OKRs, et donc l'engouement des équipes. En outre, la création d'objectifs partagés a permis d'utiliser le modèle OKR comme plateforme pour favoriser le dialogue horizontal et vertical. S'appuyer sur le partage de savoir d'experts ou d'autres praticiens a favorisé le déploiement et l'adoption au sein des équipes.

En conclusion

Nous vous avons donné toutes les informations que nous aurions aimé avoir lorsque nous avons commencé à mettre en pratique le modèle OKR. Maintenant, c'est à votre tour, non seulement de mettre le modèle en pratique, mais peut-être aussi de nous apprendre quelque chose de nouveau.

Les OKRs ont beaucoup évolué, même au cours des dernières années. L'écriture de ce livre nous a permis d'apprendre et d'approfondir notre compréhension du sujet.

C'est pourquoi nous aimerions en savoir plus sur votre expérience lorsque vous mettrez en pratique ce que vous avez appris. N'hésitez pas à contacter les auteurs, Elie (elie@ikiom.com), Henri (sora@iki.fi) et Juuso (juuso@tangible-growth.com). Partagez également votre expérience sur les réseaux sociaux, avec le hashtag #lamethodeokr.

Le monde, aussi bien en théorie qu'en pratique, est perpétuellement en mouvement. Vous trouverez donc une bonne suite à ce livre à l'adresse suivante : www.lamethodeokr.fr. Vous y trouverez les informations les plus récentes et des ressources additionnelles pour mettre en œuvre le modèle OKR.

Si vous avez des commentaires concernant le livre, n'hésitez pas à les partager en utilisant le formulaire sur le site. Nous serons également heureux de connaître vos sentiments et vos réflexions aussi bien sur le livre que sur le modèle OKR.

Le paysage OKR s'étoffe considérablement en francophonie. Si vous souhaitez vous joindre au débat et contribuer au développement du modèle, n'hésitez pas à nous contacter par mail ou via le site mentionné plus haut. Nous avons découvert avec l'écriture de ce livre que beaucoup d'organisations et d'équipes dirigeantes sont heureuses de partager leurs enseignements et leurs expériences. Ils vous aideront à mettre en œuvre vos OKRs.

Au bout du compte, ce qui importe, c'est de démarrer. Avec ce livre, vous avez tout ce qu'il faut pour le faire. Nous vous souhaitons beaucoup d'enthousiasme, de belles découvertes et de succès collectifs sur le chemin de vos objectifs les plus ambitieux !

Annexes

Annexe 1. Modèles pour une année OKR

Cette annexe fournit quelques outils pour stimuler l'adoption du modèle OKR. On y trouve un ensemble de modèles pour des événements OKR tels que des ateliers de planification, et des questions fréquentes. Grâce à ces modèles, on peut se préparer un peu plus rapidement que si l'on planifiait à partir de zéro.

Ces modèles sont utiles à la mise en place du modèle OKR comme pour son utilisation au cours de la première année.

Il ne s'agit pas de les suivre à la lettre. Comme pour les OKRs, ces modèles doivent être appliqués en fonction des besoins et de la situation de départ de l'entreprise. À l'aide d'un de ces modèles, un programme ou un événement demandera beaucoup moins d'efforts et ira dans la bonne direction.

Cette annexe contient cinq modèles. Ils traitent du projet de mise en œuvre du modèle OKR, de la façon de présenter le modèle OKR au personnel, des premiers ateliers OKR, de la planification trimestrielle et du traitement des inquiétudes concernant les changements.

1. GRANDES LIGNES DE PROJET DE MISE EN ŒUVRE DU MODÈLE OKR

Ce plan de projet décrit la mise en place du modèle OKR dans toute l'entreprise. Un tel plan aide à répondre aux questions les plus fréquentes et oblige à envisager les étapes clés de la mise en œuvre avant de commencer. Nous y avons mis six des éléments qui reviennent le plus souvent.

Objectif du projet

Avant de commencer, il faut clarifier l'objectif. D'une manière générale, l'objectif, quand on adopte le modèle OKR, est **d'inscrire la stratégie à long terme dans l'activité quotidienne et d'améliorer les affaires** en améliorant les opérations et l'organisation.

Bien entendu, l'organisation doit avoir un problème à résoudre, par exemple : harmoniser ses activités, améliorer la mise en œuvre des objectifs stratégiques ou renforcer sa capacité à évoluer. L'objectif doit par ailleurs être profondément lié à la stratégie de l'entreprise. Si l'objectif n'est pas lié à la stratégie, il doit être reconsidéré.

L'équipe du projet (les ressources humaines)

La deuxième tâche consiste à déterminer qui est responsable de l'avancement du projet et de la mise en œuvre du modèle OKR.

L'équipe du projet comprend idéalement :

1. un ou une responsable de la direction, qui porte le point de vue de la direction ;
2. l'« OKR Lead », un ou une experte du modèle OKR appartenant à l'organisation ;
3. un ou une représentante du personnel, qui porte le point de vue des membres de l'entreprise.

Voir section 4.2 *La mise en œuvre*.

Calendrier de déploiement

La mise en œuvre du modèle OKR nécessite une période d'environ un an. Certes, les bénéfices se ressentent dès qu'on discute des premiers objectifs, mais la mise en œuvre de l'intégralité du modèle OKR prend du temps. Pour mettre en place le modèle dans toute l'entreprise, on peut suivre le calendrier suivant :

- **Premier trimestre**
  - La direction définit ses OKRs en fonction de la stratégie.
  - Le premier objectif de chaque équipe est de se familiariser avec le modèle OKR.
- **Deuxième trimestre**

  Toutes les équipes ont des OKRs.
- **Troisième trimestre**

  Le suivi est activé et les résultats clés sont majoritairement chiffrés.
- **Quatrième trimestre**

  On fait des rétrospectives et les OKRs font partie du planning annuel de l'organisation.

  Évidemment, ce calendrier va varier grandement en fonction des motivations et de la taille de l'entreprise.

Dépenses et achats

Avant le démarrage du projet, il faut calculer les coûts éventuels et les faire approuver. Les coûts d'un projet OKR consistent généralement à faire appel à un consultant externe, à payer le salaire du ou des responsables internes et le logiciel OKR et, bien sûr, à acquérir une documentation de qualité expliquant le modèle OKR à certains membres de l'organisation. Si la formation et les ateliers sont organisés en dehors des bureaux, cela génère aussi certaines dépenses.

Certaines organisations souhaitent également calculer le montant du temps de travail perdu. Il faudra plus de temps au début, à mesure que l'on apprend à fixer des objectifs et que de nouvelles pratiques sont établies. Même dans les plus petites organisations, les réunions hebdomadaires, les rétrospectives et la planification trimestrielle prennent entre un et deux jours ouvrables par personne et par trimestre.

D'autre part, il convient de rappeler qu'en réalité, il n'y a pas de réunions distinctes des OKRs. À long terme, le modèle OKR s'intègre dans le système de gestion. Si l'entreprise a déjà des réunions hebdomadaires, qu'elle est habituée à planifier ses activités et à revenir sur les travaux passés, cela ne génère aucun coût supplémentaire, passé la période d'apprentissage. De plus, quand la mise en œuvre est réussie, le modèle OKR se rembourse de lui-même plusieurs fois sur une année.

Communication

La communication est une partie essentielle de la mise en œuvre du modèle OKR. C'est une des fonctions principales de l'équipe de direction et des responsables OKR internes dans le dispositif OKR. Il est bon d'avoir un plan de communication pour garder le modèle à l'esprit et il doit faire partie intégrante du projet et de son évolution. Nous avons traité le sujet au chapitre 5 *Gérer les attentes et les personnes*. Vous y trouverez d'autres conseils pour les problèmes de communication et la façon de gérer les attentes au cours du déploiement.

Parties prenantes

Comme toujours dans les projets, il est essentiel de tenir informées les différentes parties prenantes et de les impliquer dans l'avancement du projet. Dans la mise en œuvre du modèle OKR, elles se trouvent avant tout à l'interne.

Les principales parties prenantes sont la direction de l'entreprise et toute personne occupant un poste de management, ainsi que les membres de l'équipe du projet. Comme les OKRs découlent de la stratégie, l'une des principales parties est le conseil d'administration de l'entreprise. Son rôle dans le suivi de la mise en œuvre de la stratégie est essentiel. Chaque intervenant doit être traité selon les habitudes de l'entreprise, qu'il s'agisse des créneaux de réunion de l'équipe de direction, des rapports sur le projet ou d'une réunion mensuelle.

2. PREMIER ÉVÉNEMENT ILLUSTRANT LE MODÈLE OKR

Quand le modèle OKR est mis en place, il doit être présenté à de nombreuses parties prenantes au sein de l'entreprise. Il est probable que la première démonstration soit faite aux managers qui, à leur tour, doivent diffuser le modèle auprès de leurs équipes. La liste suivante énumère les sujets susceptibles de nourrir une présentation.

- **Objectif de la mise en œuvre du modèle OKR**
  - La première chose à partager, c'est que le projet vise à intégrer la stratégie au quotidien de l'entreprise.
  - Deuxièmement, il s'agit d'améliorer l'activité – pas de copier une théorie prédéfinie.
  - Il convient souvent de rappeler la différence entre l'état des choses actuel et ce à quoi il devrait ressembler après l'implantation du modèle. Souligner fréquemment que cette mise en place est un voyage.
  - Il est également bon de faire savoir comment l'entreprise souhaite mieux impliquer son personnel dans la planification et le rôle qu'ils ont à jouer.
- **Brève introduction du modèle**
  - À ce stade, il faut présenter la théorie OKR, avec au moins les objectifs, les résultats clés et le cycle trimestriel.
  - On peut citer d'autres entreprises qui utilisent le modèle pour montrer qu'il ne s'agit pas d'une invention de la direction.
  - À ce stade, il est bon de rassurer l'audience en leur expliquant que lors de l'atelier suivant, on ira plus en détail dans la théorie.
- **Résumé de la stratégie de l'entreprise**
  - Les OKRs sont un outil de mise en œuvre de la stratégie ; donc la prochaine chose à faire, c'est de rappeler la stratégie dont les OKRs sont issus.
- **Les objectifs stratégiques de l'entreprise en OKR**
  - À ce stade, il est bon, si possible, de traduire les objectifs stratégiques de l'entreprise comme des objectifs dans le modèle OKR et des pistes pour les résultats clés. Il faut avoir au moins un exemple d'objectif et de résultat clé bien identifiés comme étant basés sur la stratégie de l'entreprise.
  - Promettre que les objectifs des managers seront gérés en coopération avec eux et rappeler que la méthode OKR est un outil facilitant le dialogue vertical et horizontal dans les deux sens.
  - Si, à ce stade, on a déjà des idées d'adaptation du modèle, on peut les présenter dans les grandes lignes et revenir dessus dans les ateliers.
- **Bénéfices**
  - Énumérer et détailler les bénéfices de l'adoption du modèle OKR dans l'entreprise.

- **Organiser la mise en place du modèle**
  - À ce stade, il faut réaffirmer que le modèle a le soutien de la direction. On rencontrera des obstacles, mais le modèle ne sera pas abandonné aux premières difficultés.
  - Si un consultant a été choisi pour aider à la mise en œuvre, il convient de le présenter.
  - On présente le rôle de responsable OKR interne et on informe les individus qu'il sera choisi parmi eux le moment venu. Il est recommandé de choisir le ou les responsables avant la présentation générale du modèle ou avant le début de la planification.
  - On présente le rôle de facilitatrice et on informe les personnes qu'elle sera choisie parmi elles le moment venu si elles n'ont pas déjà été identifiées.
  - Certaines entreprises introduisent le modèle à titre provisoire et demandent des volontaires, ce qui fonctionne également.
- **Résoudre les problèmes les plus courants du modèle**
  - À la fin de cette section, vous trouverez une série de questions fréquentes. Quand on a une réponse toute prête la première fois, c'est plus facile pour tout le monde.
  - Dire aux gens où et comment poser des questions précises. Par exemple, dans les canaux de chat, sur l'intranet de l'entreprise ou auprès des responsables internes. Il pourra réserver des plages horaires pour se rendre disponible pour répondre à ces questions.
- **Plan de mise en œuvre**
  - Un calendrier approximatif. Vous le trouverez au début de cette section.
- **Derniers mots**
  - Il s'agit de fournir le meilleur ensemble d'éléments possible pour que les gens évitent les moteurs de recherche et les informations contradictoires.
  - Enfin, répéter les choses suivantes :
    - L'adoption du modèle OKR vise à mettre en œuvre la stratégie et améliorer l'activité – pas le modèle lui-même. Le modèle est un moyen et pas une fin en soi.
    - Le but est de le mettre en œuvre ensemble et d'en tirer les leçons au fil de l'eau.
    - On a le droit de s'entraîner à utiliser le modèle.

3. ATELIER DE MISE EN ŒUVRE DU MODÈLE OKR

Il vaut mieux prévoir assez de temps pour le premier atelier. La durée exacte dépend beaucoup de la clarté de la stratégie de l'entreprise et du travail personnel à effectuer, pour se familiariser avec le modèle OKR. Dans certaines entreprises, il faut quelques jours, dans d'autres, deux après-midi peuvent suffire à s'y mettre. L'important, c'est de créer des fondations solides.

Les événements peuvent se dérouler dans les bureaux de l'entreprise ou ailleurs, dans un lieu à l'écart de l'agitation quotidienne. Le besoin d'isolement dépend de la capacité des personnes participantes à se concentrer. Des mises en œuvre réussies ont été lancées des deux manières.

Préparation de l'événement

Pour rendre efficace le travail en commun, il est recommandé de lire au préalable les principes fondamentaux du modèle OKR ou de suivre une formation en ligne. Le résumé de la stratégie de l'entreprise constitue un complément de lecture précieux. Voici un exemple de déroulement du premier atelier.

Premier jour

1. Rappel des raisons de la mise en œuvre du modèle OKR
2. La théorie du modèle OKR en profondeur
   a. Quiz de 10 questions sur la théorie OKR.
3. Application du modèle OKR spécifiquement à l'entreprise
   a. 10 questions sur des applications spécifiques à l'entreprise.
4. Déterminer les objectifs à partir de la stratégie
   a. La stratégie doit être divisée en objectifs. À ce stade, il peut encore y en avoir beaucoup.
   b. La section 3.2 *Les objectifs à long terme découlent de la stratégie* contient quelques suggestions pour cette partie.
5. Récapitulation de la journée
   a. Il y a probablement plus de cinq objectifs. Ils ne constituent encore qu'une collection d'objectifs dérivés de la stratégie. En outre, plusieurs résultats clés sont envisagés.
6. Sujet de réflexion pour la soirée et le lendemain matin
   a. Comment organiser ces objectifs pour que la stratégie réussisse ?
   b. Quels sont ceux qu'on peut laisser de côté ?
   c. Lesquels faut-il reformuler ?
7. Questions et idées

Journées suivantes

1. Questions et idées
2. Récapitulatif des raisons de la mise en œuvre du modèle OKR
3. Théorie OKR : différentes façons de rendre les résultats clés mesurables

   a. Voir les sections suivantes pour plus de détails :
      2.3.5 *Les résultats clés ne sont pas des résultats oui/non*
      2.3.6 *Une progression peut constituer un résultat clé*
      2.3.7 *La confiance peut être un résultat clé*
4. Théorie de l'OKR : SMART
   Voir la section 2.3.4 *Le résultat clé SMART*
5. On continue à préciser les objectifs stratégiques
6. Priorisation des objectifs stratégiques
   a. Selon la taille de l'organisation, cela peut prendre une journée de travail entière.
7. Définir les résultats clés
   a. Selon l'organisation, cela peut également prendre une journée de travail.
8. Bilan de la journée ou des journées
   a. Le résultat doit être les objectifs et les résultats clés pour le premier trimestre OKR.
   b. Les résultats clés et la façon de mesurer devront très probablement être clarifiés au cours du trimestre.
9. Questions et idées

Autres sujets pour les ateliers

Selon l'organisation, les sujets suivants peuvent être abordés rapidement ou nécessiter une journée entière d'atelier :

1. Intégration du modèle OKR dans le système de management actuel
   a. Les changements peuvent aller de quelques modifications d'agenda à la mise à jour du système de gestion de la qualité.
2. Stratégie de déploiement du modèle OKR au sein de l'organisation
   a. Dans un premier temps, la direction va passer un trimestre sur le modèle OKR lui-même. Ensuite, il faudra décider de tous les niveaux d'organisation auxquels le modèle sera appliqué.
   b. À quels niveaux les OKRs seront-ils positionnés (Division, Département, Équipe,...) et à quel rythme ? Y a-t-il des personnes ou groupes de personnes qui gagneraient à avoir des OKRs personnels ?
3. Formation au logiciel OKR
   a. Un tableau blanc et Excel peuvent être de bons points de départ mais dans une organisation plus grande ou plus étendue, un logiciel OKR sera rapidement nécessaire. Former tout le monde à savoir s'en servir est un projet de transformation en tant que tel.

Une alternative à cette série d'ateliers consiste à demander aux responsables OKR et/ou à des experts OKR externes, avec la direction, d'élaborer une proposition de projet qui serve de base aux discussions. Cela accélère considérablement le démarrage mais signifie généralement que le modèle n'est pas aussi bien assimilé au début. L'approche décrite au début de cette section facilite l'adhésion et fait donc gagner beaucoup de temps plus tard dans la mise en œuvre.

4. PRÉPARATION DE L'ATELIER TRIMESTRIEL

Une fois le modèle OKR en place, il est très important de préparer soigneusement les ateliers liés à la planification trimestrielle. Parfois, on peut avoir l'impression que les ateliers OKR progressent d'eux-mêmes. C'est à ce moment-là qu'il est particulièrement important de revoir toutes les bases, pour s'assurer que les OKRs sont en phase avec la stratégie et les connaissances du moment.

Chaque trimestre se termine par une rétrospective, décrite à la section 3.5.6 *Les rétrospectives*. Si l'entreprise a la possibilité d'obtenir les résultats des rétrospectives avant le début de la planification des objectifs trimestriels suivants, cela en vaut la peine de collecter les données et de les assimiler. De cette façon, les enseignements profiteront à l'activité future.

Voici une liste des choses qui sont généralement faites dans le cadre de l'atelier de planification. La personne qui dirige l'atelier doit utiliser cette liste de façon libre mais réfléchie et voir quelles questions sont importantes pour l'atelier suivant. Si certaines questions sont évidentes pour les personnes participantes, il n'est pas nécessaire de les aborder. Mais si vous estimez qu'un récapitulatif est nécessaire, alors il faut le faire.

1. Alignement des OKRs et de la stratégie
   a. Un regard sur le matériel concernant la stratégie
   b. Mise à jour des objectifs stratégiques
   c. Récapitulatif des objectifs stratégiques annuels
   d. Rappel des choix stratégiques. Quoi faire ? Quoi éviter ?
2. Comment le modèle OKR fonctionne-t-il en tant que système ?
   a. Quelles sont les données extraites des rétrospectives en termes de fonctionnement systémique ?
   b. L'organisation fonctionne-t-elle de manière systématique ? Les objectifs et les résultats clés ont-ils été mis à jour chaque semaine ?
   c. Toutes les équipes et toutes les personnes ont-elles pu mettre à jour leurs objectifs ?
   d. Les objectifs et résultats clés ont-ils guidé les opérations ?
   e. Si ce n'est pas le cas, quels sont les changements nécessaires ?
   f. Lorsque vous traitez le développement du système de gestion dans un atelier, limitez à trois les suggestions d'amélioration par personne. Si vous ne le faites pas, cela peut vous prendre beaucoup de temps.
   g. Idées d'amélioration pour le système de gestion.

3. Changements en cours de trimestre
   a. Changements dans l'environnement opérationnel
      i. Le trimestre a-t-il connu un épisode de crise ou tout autre phénomène inattendu ?
      ii. Y a-t-il des changements dans l'environnement opérationnel dont il faut tenir compte ?

1. concurrence ?
2. clientèle ?
3. produits ?
4. individus ?
5. technologie ?
6. organisation ?
7. environnement de travail et équipements/machines ?
8. infrastructure ?

   b. Idées de changement répertoriées
      i. Quelles réflexions et idées en matière de changement avons-nous enregistrées au cours du trimestre écoulé ? Auront-elles une incidence sur la planification du prochain trimestre ?
      ii. Sur la base de ces idées, la stratégie doit-elle être remise en question ?
   c. Changements au niveau du leadership de l'organisation
      i. S'il y a eu des changements dans les objectifs du management, ils doivent être pris en compte.

4. Retour sur le trimestre écoulé, perspective sur le prochain
   a. Progrès effectués
      i. Quelle a été notre progression ? L'illustrer avec quelques résultats clés.
   b. Objectif
      i. Pourquoi avait-on fixé cet objectif au trimestre précédent ?
      ii. Quels ont été les résultats clés ?
      iii. L'objectif est-il atteint ? Sera-t-il remplacé ou reformulé pour le trimestre prochain ?
      iv. Résultats clés

1. Comment le résultat clé du trimestre a-t-il été atteint ?

2. Les résultats clés seront-ils encore suivis au trimestre prochain ? Ou seront-ils remplacés par d'autres résultats clés ?

3. Répéter les mêmes étapes pour chaque résultat clé de l'objectif.
   c. Répétez les étapes a et b de l'objectif pour tous les objectifs trimestriels

5. Le résultat final constituera l'ordre du jour de l'atelier.

5. INQUIÉTUDES À PROPOS DES CHANGEMENTS – 10 QUESTIONS-RÉPONSES

1. **Les OKRs vont-ils remplacer la stratégie ?**
   a. Non. Les OKRs découlent de la stratégie de l'organisation, ce qui permet aux OKRs de faciliter la mise en œuvre des changements souhaités. La stratégie est intégrée à l'activité quotidienne en utilisant le modèle des OKRs.
   b. Pour plus de détails, voir section 1.1 *Comment les OKRs alignent l'ensemble d'une organisation*.
2. **Quelle est la différence entre les OKRs et les indicateurs KPI ?**
   a. Les OKRs sont des objectifs axés sur les résultats et des résultats clés qui aident à exécuter la stratégie. Objectifs et résultats clés peuvent avoir chacun un maximum de cinq cibles. Les indicateurs KPI mesurent la situation de l'entreprise à un moment donné. Il peut y en avoir des dizaines dans une organisation.
   b. Voir la section 2.6.2 *Les objectifs sont fixés au niveau de l'équipe*
3. **Comment les OKRs sont-ils pris en compte dans les entretiens d'évaluation ?**
   a. Il n'est pas possible de juger les performances des personnes directement sur la base des chiffres des OKRs, car les résultats clés n'affichent pas forcément les mêmes ambitions. Les OKRs sont évoqués par le manager au cours des entretiens mais la discussion porte principalement sur l'interprétation que fait le manager des performances.
   b. Pour plus de détails, voir la section 7.5 *Les OKRs auront un impact sur l'évaluation des performances*.
4. **Que se passe-t-il si d'autres personnes voient que j'ai échoué ?**
   a. Tout le monde va échouer. Si tous les objectifs ont été atteints au bout d'un trimestre, c'est que les objectifs n'étaient pas suffisamment ambitieux. Le but du modèle OKR n'est pas de suivre la réussite ou l'échec des personnes mais de tirer des leçons et d'atteindre des objectifs ensemble.
   b. Voir la section 5.6 *Le réglage par défaut, c'est la transparence totale*.
5. **Ma rémunération va-t-elle changer ?**
   a. La rémunération n'est pas liée aux cibles OKR, car elle n'est pas compatible avec des objectifs ambitieux. Ce que font les OKRs, c'est d'intégrer la stratégie dans l'activité courante. Si les objectifs stratégiques sont réalisés, les récompenses financières qui y sont liées subsisteront.
   b. Pour plus de détails, voir la section 7.4 Récompenses et OKR.

6. À quelle fréquence dois-je mettre à jour les OKRs ?

a. Chaque semaine. Il peut arriver que le rythme d'une semaine sur deux fonctionne mieux, mais en général, les OKRs sont actualisés de façon hebdomadaire. Cela permet de maintenir l'objectif au centre de l'attention et de connaître le niveau de confiance qu'on a dans sa réalisation (c'est-à-dire, quel est le « score de confiance » de l'objectif).

b. Voir la section 3.5.1 *Rythme de suivi dans le modèle OKR.*

7. Je n'ai pas le temps de planifier ces objectifs. Il y a déjà trop à faire !

a. Oui. Souvent, il y a beaucoup à faire. D'autre part, le but du modèle OKR, c'est d'instaurer le calme pendant le trimestre, pour se concentrer sur ce qui va dans le sens de la stratégie. Comme il y a beaucoup à faire, il faut faire des choix. C'est en les opérant qu'on crée un environnement de travail apaisant, débarrassé de toute précipitation.

b. Voir la section 3.1.5 *Calme et concentration pour les OKRs du trimestre.*

8. Quelle est la différence entre un résultat clé et une tâche ?

a. Le résultat clé est un chiffre qui marque les progrès réalisés par rapport à l'objectif qui lui est associé. Chaque résultat clé peut comporter de nombreuses tâches.

b. Pour plus de détails, voir les sections 2.3 *Les résultats clés* et 2.4 *Les tâches.*

9. Les OKRs vont-ils remplacer les projets de développement ?

a. Non. Les OKRs sont des objectifs et des résultats clés, pas des projets. C'est aux OKRs de démontrer ce qui est important à un moment donné. L'organisation continue à avoir des projets de développement dont la progression est suivie par les OKRs.

b. Voir la section 2.3.6 *Une progression peut constituer un résultat clé.*

10. Tous les objectifs et nouvelles idées sont importants ; aucun projet ne peut attendre trois mois. Comment choisir seulement cinq objectifs ?

a. En fait, on finit les choses plus vite quand on réduit le nombre d'objectifs sur lesquels on travaille en même temps. Même si on peut avoir l'impression de laisser quelque chose en suspens, les projets sont finalement achevés plus rapidement s'ils sont réalisés de manière successive plutôt que simultanée. La direction donne l'autorisation de hiérarchiser le travail et les meilleurs projets sont les projets qu'on mène à bien.

b. Voir la section 2.2.2. *Pas plus de cinq objectifs à la fois*

Annexe 2. Archives des études de cas

Ambientia

Ambientia est une entreprise informatique qui, depuis plus de 20 ans, combine la compréhension humaine, le business et la technologie. La mission d'Ambientia consiste à donner à ses clients la capacité durable et concrète de réussir. Le co-auteur de ce livre, Henri Sora, en a été le directeur des opérations et membre du conseil d'administration. Il y a démarré l'implantation des OKRs en 2018.

https://ambientia.fi/

Études de cas :
Reconfiguration du logiciel Jira – étude du cas Ambientia (section 4.3.3)

BookingSync

BookingSync est expert de la location saisonnière proposant des solutions pour simplifier la vie des particuliers comme des professionnels.

https://bookingsync.com/

Entretien avec :
Florian Stenström, cofondateur et COO

Étude de cas :
Comment BookingSync prépare son année avec les OKRs (section 3.1.2)
« Comment pourrait-on », l'approche préférée de Florian Stenström (section 3.2.2)
Les rétrospectives chez Bookingsync (section 3.5.6)
Les conseils de Bookingsync aux PDG ou aux championnes et champions internes (section 4.4.3)
Quand la chute de l'industrie touristique force Bookingsync à revoir ses priorités pour mieux rebondir (section 7.8)

Dalenys

Dalenys est une fintech française, spécialiste des paiements digitaux et qui accompagne ses clients dans le développement de leurs activités e-commerce, marketplace, de commerce unifié et à l'international. Dalenys fait partie du Groupe BPCE.

https://www.dalensys.com/

Entretien avec :
Ludovic Houri, PDG

Étude de cas :
Améliorer la satisfaction et le bien-être au travail en utilisant comme résultat clé l'indice « Employee Net Promoter Score » (section 2.3.4)
Chez Dalenys, on mise tout sur le dialogue horizontal et vertical (section 3.3.1)
OKR, l'opportunité d'impliquer les équipes de manière coordonnée chez Dalenys (section 3.3.2)
Le parcours OKR (section 4.2.4)

Germinal

Germinal est une société qui accompagne entrepreneuses et entrepreneurs avec des formations en ligne pour les aider à exécuter rapidement leur plan de croissance.

https://www.germinal.io

Entretien avec :
Kevin Duchier, Head of People Operations

Étude de cas :
Germinal mise tout sur l'agilité collective (section 3.3.2)
Le suivi hebdomadaire chez Germinal (section 3.5.2)

Google

Google LLC est une société américaine fondée en 1998 qui a créé de nombreux outils de base pour internet, dont Google, Gmail et le navigateur Google Chrome. Le modèle OKR a été popularisé par Google, où il a été mis en place dès les années 1990. Google a déclaré avoir décuplé ses objectifs grâce à ce modèle.

Entretien avec :
François Gilson, Directeur Brand Marketing, Google EMEA

Études de cas :
Pour Google, la valeur du modèle OKR tient à la rapidité du changement (section 1.5)
Mode d'emploi de l'outil re:Work de Google (section 3.3.1)
Les outils OKR de Google sont très simples (section 4.3)

Ingenico ePayments

Ingenico ePayments est une filiale de Worldline Global qui propose des services et technologies pour faciliter les paiements en lignes pour les commerçants à travers le monde. Le co-auteur de ce livre, Elie Casamitjana, en a été le directeur de la planification stratégique et y a démarré l'implantation des OKRs en 2018.

https://worldline.com

Entretien avec :
Alberto Libretti, Business Delivery & OKR Lead

Étude de cas :
Comment le champion interne de Ingenico ePayments a mis sur pied une communauté OKR (section 4.2.3)
Les OKRs sur un tableau blanc – étude du cas Ingenico ePayments LATAM (section 4.3.2)

Simplebo

Simplebo, une entreprise française spécialisée dans la création et le référencement de sites internet pour PME/TPE.

https://www.simplebo.fr/

Entretien avec :
Alexandre Bonetti, PDG

Étude de cas :
Les OKRs peuvent aussi être évalués « prématurément » (section 2.3.8)
Le rôle d'« OKR Setter » chez Simplebo (section 4.2.3)
L'amélioration continue chez Simplebo (section 5.5)
Encadrer pour mieux libérer chez Simplebo (section 5.8)

Société Générale

La Société Générale est un groupe européen de services financiers qui accompagne au quotidien 30 millions de clients et qui compte plus de 100 000 collaborateurs présents dans 61 pays.

https://www.societegenerale.fr/

Entretien avec :
Lamia Moussaoui, Senior Consultant Strategic Steering & Transformation et OKR Lead
Maeva Manantsara, Project Portfolio Manager et OKR Lead

Étude de cas :
Les OKRs de la Société Générale sont orientés « collaboration » (section 2.4.2)
Le dispositif à la Société Générale pour une division de 11 000 personnes (section 4.2.2)

Tangible Growth

Tangible Growth, TG pour les intimes, est une start-up spécialisée dans la gestion du changement et la mise en œuvre de stratégies. La méthodologie de TG et son outil SaaS ont aidé des entreprises à intégrer leur stratégie à leur activité courante et accélérer les transformations. Les solutions de Tangible Growth permettent de mobiliser les capacités de changement dans l'organisation et de réagir aux incertitudes. Les OKRs font partie intégrante des méthodes et du logiciel de TG. Co-auteur de ce livre, Juuso Hämäläinen, est le fondateur et le PDG de Tangible Growth.

https://www.tangible-growth.com/

Étude de cas :
Le logiciel TG se concentre sur la stratégie – étude du cas Tangible Growth (section 4.3.4)

Wemind

Wemind est une jeune et ambitieuse organisation proposant des services développés pour aider et protéger une communauté grandissante d'indépendants et leur permettre de se focaliser sur leurs propres activités avec sérénité.

https://www.wemind.io/

Entretien avec :
Magaly Fréon, Directrice des Ventes

Étude de cas :
Wemind renomme les OKRs pour favoriser l'adoption au sein de l'équipe (section 5.1)

Autres cas étudiés :

« Si vous comprenez comment ça marche, n'hésitez pas à nous l'expliquer aussi » (section 2.5)
Anonyme

Planification des objectifs directement à partir des objectifs de l'entreprise (section 3.4.2)
Anonyme

Le mauvais usage du modèle OKR augmente le désordre (section 6.5)
Anonyme

Sources

LIVRES

Acuff, J. (2017). *Finish: Give Yourself the Gift of Done.* **Portfolio.**

Allen, D. (2001). *Getting Things Done: The Art of Stress-Free Productivity*. **Penguin Books.**

Brown, B. (2018). *Dare to Lead: Brave Work. Tough Conversations*. **Whole Hearts. Random House.**

Buckingham, M. & Goodall, A. (2019). *Nine Lies About Work: A Freethinking Leader's Guide to the Real World*. **Harvard Business Review Press.**

Collins, J. (2004). *Built to Last: Successful Habits of Visionary Companies (Good to Great)*. **Harper Business.**

Doerr, J. (2018). *Measure What Matters: How Google, Bono, and the Gates Foundation Rock the World with OKRs.* **Portfolio.**

[Version française : *Mesurez ce qui compte : Comment Google, Bono et la fondation Gates ont révolutionné le monde grâce à la méthode OKR.* **Pearson, 2019.]**

Goldratt, E. (2014). *The Goal: A Process of Ongoing Improvement, 30th Anniversary Edition*. **North River Press.**

[Version française : *Le But. Un processus de progrès permanent*. **Afnor, 2017.]**

Grove, A. (1983). *High Output Management*. **Random House.**

[Version française : *Le Management multiplicateur*. **Valor Editions, 2020.]**

Heen, S. et Stone, D. (2014). *Thanks for the Feedback: The Science and Art of Receiving Feedback Well*. **Viking.**

Henriksson, J. (2018). *Building a Strategy Implementation Framework for a Consultancy Company.* **(YAMK-opinnäytetyö Metropolia) https://www.theseus.fi/handle/10024/157260.**

Horowitz, B. (2019). *What You Do Is Who You Are: How to Create Your Business Culture*. **Harper Business.**

Kim, G., Behr, K. et Spafford, G. (2013). *The Phoenix Project: A Novel about IT, DevOps, and Helping Your Business Win*. **IT Revolution Press.**

Lencioni, P. (2002). *The Five Dysfunctions of a Team: A Leadership Fable*. **Jossey-Bass.**
[Version française : Optimisez votre équipe (les cinq dysfonctionnements d'une équipe). Un monde différent, 2005.]

Lencioni, P. (2007). *The Three Signs of a Miserable Job: A Fable for Managers (And Their Employees)*. **Jossey-Bass.**

Newport, C. (2016). *Deep Work: Rules for Focused Success in a Distracted World*. **YCS Publishers.**

[Version française : *Deep Work. Retrouver la concentration dans un monde de distractions*. **Alisio, 2017.]**

Niven, P. R. et Lamorte, B. (2016). *Objectives and Key Results: Driving Focus, Alignment, and Engagement with OKRs.* **Wiley.**

Pink, D. (2009). *Drive: The Surprising Truth About What Motivates Us*. **Riverhead Books.**

La vérité sur ce qui nous motive. **Flammarion, 2016.**

Sinek, S. (2011). *Start with Why: How Great Leaders Inspire Everyone to Take Action*. **Portfolio.**

[Version française : *Trouver son pourquoi*. **Pearson, 2018.]**

Sinek, S. (2014). *Leaders Eat Last: Why Some Teams Pull Together and Others Don't*. **Portfolio.**
[Version française : *Les vrais leaders se servent en dernier*. **Pearson, 2019.]**

Sinek, S. (2019). *The Infinite Game*. **Portfolio.**

[Version française : *Le jeu infini*. **Pearson, 2020.]**

Tague, N. (2005). *The quality toolbox (2nd ed.).* **ASQ Quality Press.**

Tamm, J. W. & Luyetin, R. J. (2004). *Radical Collaboration: Five Essential Skills to Overcome Defensiveness and Build Successful Relationships*. **Harper Business.**

Torkkola, S. (2015). *Lean asiantuntijatyön johtamisessa*. **Alma Talent.**

Tracy, B. (2017). *Eat That Frog!: 21 Great Ways to Stop Procrastinating and Get More Done in Less Time*. **Berrett-Koehler Publishers.**
[Version française : *Prenez le taureau par les cornes ! 21 principes pour passer à l'action et accomplir plus en moins de temps*. **J'ai lu, 2019.]**

Wodtke, C. (2016). *Introduction to OKRs*. **O'Reilly Media.**

Wodtke, C. (2016). *Radical Focus: Achieving Your Most Important Goals with Objectives and Key Results.* **Cucina Media LLC.**

SOURCES EN LIGNE

Castro, F. (2020). *Stretch Goals: How Ambitious should Your OKRs be*. **https://felipecastro.com/en/okr/understanding-stretch-goals/ [consulté le 09/05/2020]**

Google (2018). *Guide: Set goals with OKRs*. **https://rework.withgoogle.com/guides/set-goals-with-okrs/ [consulté le 03/04/2020]**

GTMHub (2020). *All about OKRs and why They Matter*. **https://gtmhub.com/okrs [consulté le 04/04/2020]**

Horowitz, B. (2011). *Peacetime CEO/Wartime CEO.* **https://a16z.com/2011/04/14/peacetime-ceowartime-ceo-2 [consulté le 20/05/2020]**

Huy, Q. (2016). *Five Reasons Most Companies Fail at Strategy Execution*. **https://knowledge.insead.edu/blog/insead-blog/five-reasons-most-companies-fail-at-strategy-execution-4441 [consulté le 12/05/2020]**

IDEO.org (2020). *Design Kit: How Might We*. **https://www.designkit.org/methods/3 [consulté le 16/04/2020]**

Lippitt, M. (1987) et Knoster T. (1991). *Leading and Managing Complex Change.* **https://sergiocaredda.eu/organisation/tools/models-the-lippit-knoster-model-for-managing-complex-change/ [consulté le 20/05/2020]**

Spotify (2014). *Spotify engineering culture (part 1).* **https://labs.spotify.com/2014/03/27/spotify-engineering-culture-part-1/ [consulté le 03/04/2020]**

Tingvall, Johanna Bolin. (2016). *Life after OKRs – balancing between chaos and structure* **| HR Blog. https://hrblog.spotify.com/2016/09/27/keeping-your-balance-between-chaos-and-structure/ [consulté le 08/04/2020]**

Tingvall, Johanna Bolin. (2016). *Why individual OKRs don't work for us* **| HR Blog. https://hrblog.spotify.com/2016/08/15/our-beliefs/ [consulté le 08/04/2020]**

À propos des auteurs

Elie Casamitjana

Elie est un entrepreneur français, business coach et conférencier avec une expertise en stratégie, produit et innovation, à l'international et dans les industries du digital. Il a fondé ikiōm qui regroupe l'ensemble de ses activités visant à encourager et faciliter le changement par le collectif. Il est notamment fondateur d'OKRmentors, la plateforme qui donne accès au savoir des experts OKRs les plus compétents à travers le monde.

Elie s'intéresse aux enjeux et aux forces du collectif dans l'exécution de visions ambitieuses. Il conseille ainsi les équipes dirigeantes dans leur stratégie, leur produit et leurs approches organisationnelles. Il accompagne des start-ups et scale-ups dans la mise en œuvre de leur stratégie de croissance.

Juuso Hämäläinen

Juuso veut améliorer le management et les performances des entreprises dans le monde. Il est habitué à gérer des activités et des transformations, et il est coach de direction. Il est le fondateur et le PDG de la startup Tangible Growth, où lui et son équipe ont créé un modèle moderne de gestion du changement, servi par un logiciel mis au point spécialement. Ce modèle de gestion du changement et son outil aident les équipes dirigeantes à mobiliser l'agilité d'une entreprise et promouvoir une culture de haute performance.

Juuso a conseillé plusieurs entreprises et échangé avec des conseils d'administration et des équipes de managers, notamment en matière d'intégration de stratégie et de changements radicaux. Il a également été orateur et conférencier invité dans plusieurs cours d'eMBA.

Henri Sora

Henri est un gestionnaire expérimenté des entreprises et du changement, qui travaille dans le secteur des technologies de l'information depuis plus de 20 ans. Au départ programmeur, Henri est ensuite devenu directeur technique, puis directeur des opérations et directeur des opérations, avant de devenir PDG et membre du conseil d'administration. Henri a géré des entreprises technologiques et des éditeurs de logiciels.

Il s'intéresse au développement permanent des entreprises, des personnes et de lui-même. Sa curiosité l'a poussé à obtenir un diplôme d'eMBA, ainsi qu'à échanger et participer à la formation de nouveaux directeurs aux conseils d'administration de plusieurs entreprises. Dans les entreprises, il s'occupe surtout du développement du business et de l'amélioration de la maturité opérationnelle, et il a présenté le modèle OKR à plusieurs équipes dirigeantes expérimentées.

Table des matières

Dans la même collection

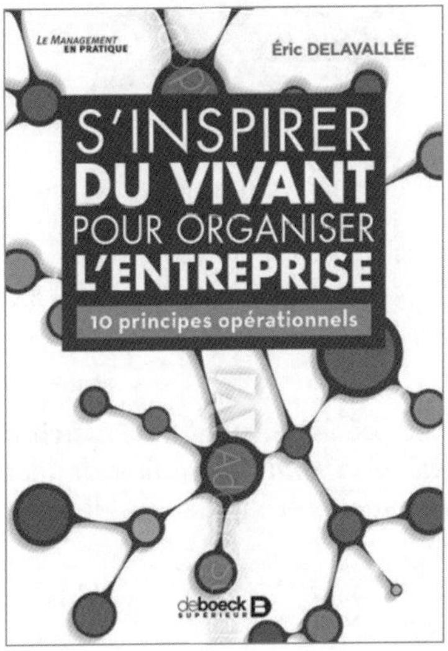

S'inspirer du vivant pour organiser l'entreprise

10 principes opérationnels

Éric Delavallée

9782807335141

Repenser le fonctionnement de l'entreprise avec l'organisation cellulaire.

Dans ce livre, Éric Delavallée propose aux entreprises d'envisager leur organisation à l'image d'un organisme vivant multicellulaire. Il s'agit d'aller puiser dans la biologie et l'écologie les fondations d'un modèle organisationnel en rupture par rapport à la bureaucratie et aux pyramides hiérarchiques.

L'auteur montre que l'organisation cellulaire est un modèle organisationnel particulièrement adapté à la complexité des environnements que nous connaissons actuellement. Chacun des dix principes clés constitutifs de l'organisation cellulaire fait l'objet d'un chapitre, illustré par un cas d'entreprise particulier qui le rend concret : MAIF, Google, Spotify, W.L. Gore (Goretex), HCL Technologies, Leroy Merlin, Spie Batignolles, Haier, l'armée américaine et Holacracy One.

Cet ouvrage intéressera tout particulièrement les dirigeants d'entreprise et les managers, mais aussi les consultants, les chefs de projets et les responsables RH.

Entreprise : les Z arrivent !

Comment les recruter, les manager et les fidéliser

Daniel Ollivier et Catherine Tanguy

9782807330023

Ce livre propose plus de 70 fiches pratiques pour recruter, manager et fidéliser les jeunes travailleurs de la génération Z.

Les Z arrivent et, du haut de leurs vingt ans, ils représentent déjà 20 % des actifs !

Nés dans la crise économique et le chaos des attentats, attentifs à l'environnement et inquiets pour la survie de l'espèce, les Z vont contribuer à une refondation du monde du travail à l'aune de leurs valeurs. **Ils ne négocieront ni l'authenticité des rapports, ni la confiance, ni l'impact environnemental et social de leurs jobs.**

Les auteurs proposent **un Vademecum documenté et précis de plus de 70 fiches pour construire et piloter un environnement de travail *Z friendly*** et profiter de leur incroyable faculté à modeler une réponse agile, pragmatique et rapide aux défis de notre temps.

Coacher avec les stoïciens

Travailler sur soi, accompagner les autres

Jordi Pià-Comella et Charles Senard

9782807328273

Ce livre constitue le premier guide pratique de coaching directement inspiré du stoïcisme, l'une des principales écoles philosophiques de l'Antiquité gréco-romaine, qui jouent aujourd'hui un rôle central dans les pratiques du développement personnel. Puisez des conseils dans la philosophie de Sénèque, Epictète et Marc Aurèle, mais aussi des modèles qui pourront vous éclairer dans votre parcours professionnel et personnel.

Face à un monde professionnel devenu hyper compétitif, le besoin se fait sentir de remettre l'humain au cœur de l'entreprise. Nombreux sont les livres qui introduisent la philosophie dans le management et le coaching : la place et le sens de chacun dans le travail, l'art de savoir diriger et gérer une équipe sont ainsi repensés à l'aide des grands philosophes de l'humanité.

Le présent livre se propose de renouveler l'approche du coaching à la lumière des grands préceptes de la philosophie stoïcienne, l'une des principales écoles philosophiques de l'Antiquité gréco-romaine, qui jouent aujourd'hui un rôle central dans les pratiques du développement personnel.

Auto-disruption

La transformation digitale des produits et services de l'entreprise

Alain Staron

9782807328884

Le livre aborde en profondeur le sujet des technologies digitales qui sont amenées à changer la nature même des produits et services que proposent les entreprises.

Au tout début de l'année 2020, le salon mondial de l'innovation CES témoignait des difficultés à conduire les innovations de rupture, à s'auto-disrupter. Et pourtant, le risque que les entreprises établies, parfois confortablement, disparaissent dans la décennie qui vient de s'ouvrir n'a jamais été aussi fort. Il leur est indispensable d'apprendre à pivoter.

À travers de très nombreux exemples dont certains très récents, ce livre a pour objet d'expliciter les mécanismes successifs de la transformation digitale, qui, après avoir touché les collaborateurs, la relation client et les processus industriels, concerne maintenant la raison d'être de l'entreprise : sa proposition de valeur. Il décrit :

- les nouvelles façons d'innover
- l'avantage de capitaliser sur les écosystèmes
- quelques clés à propos des nouveaux paradigmes qui vont émerger dans le courant de cette décennie.

Enfin, il met l'accent sur les méthodologies, les organisations et le management des équipes pour que l'entreprise allie au mieux les deux mécanismes antagonistes pourtant nécessaires à sa survie : la Transmission et la Disruption.

Notes

pca
cmb
édition pré-presse
livres numériques

44400 Rezé

PEFC PEFC/30-32-821

Achevé d'imprimer en février 2022
par Wilco aux Pays-Bas
N° d'impression : 364938
N° éditeur DBSSI20210042